思索紀行（上）——ぼくはこんな旅をしてきた

目次

マカレーナ教会の「涙の聖母像」は、イエスが十字架にかけられた「聖金曜日」の午前零時過ぎ、大群衆の前に姿をあらわす。このとき多くのセビリヤ人は、「グアパ（美女）！グアパ」と絶叫し、聖母と共に涙を流す（序論）。

10万個のパルメザンチーズを保管する、イタリア商業銀行の「チーズ倉庫」（第５章）。

アムステルダム北方にあるアルクマールの青空市場。見渡す限りゴーダとエダムが並ぶ様子はまさに壮観。青空市場は毎週金曜日に行われている（第５章）。

修道院の背後にそびえるアトス山（第6章）。

ちくま文庫

思索紀行（上）

ぼくはこんな旅をしてきた

立花隆

筑摩書房

下巻目次

注・作品タイトル下の年代は、作品中の旅が行われた年代。
出典は各作品末及び、一覧を巻末に記載。

「ニューヨーク '81」
（下巻第５章）
「AIDSの荒野を行く」
（下巻第６章）
「長崎から茨城への旅」（序論）
「無人島生活六日間」（上巻第１章）
「神の王国イグアス紀行」（上巻第７章）

本書に登場するおもな旅とそのスタート地点

口絵写真

1頁…………………Rafael Marquez

2、3頁…………岡田忠

4頁…………………須田慎太郎

思索紀行（上）——ぼくはこんな旅をしてきた

序論　世界の認識は「旅」から始まる

本書は、私がこれまでに書いてきたさまざまな文章のうち、旅にまつわる文章を集めたものである。旅にまつわる文章といっても、いわゆる旅行記、紀行文のたぐいではない。旅行記めいたものも入ってはいるが、それはかならずしも旅行記そのものを書くことを目的として書かれた文章ではない。むしろ、旅行を契機として、いろいろ考えごとをした記録といったほうがいいかもしれない。あるいは現実の旅行のずっと後になって、旅の体験もしくは旅で得た認識、知識を素材として書いた文章といったらいいかもしれない。だから、「思索紀行」なのである。

＊　＊

思えば、私はずっと旅をしてきた。人間みな四次元時空の中で人生という旅をしている旅人なのだから、それは比喩的には誰にでもあてはまることだろうが、私の場合は、引揚げ世代ということもあって、人生の最初から、文字通りの旅をしてきた。

最初の旅は一歳からはじまる。私の父は、私が生まれた頃、長崎の活水《かっすい》女学校で国語と漢文を教える若い（三〇歳）教師だった。それなりに生活も安定していたはずなのに、私が生まれて間もなく、突然家を出て中国の北京に行ってしまった。そのあたりの事情は、父が元気なうちにちゃんと確かめておかなかったので、もっぱら母親経由の情報になってしまうが、これは相当に勝手で独断的な行動だったらしい。向こうに行ってどうするつもりなのか、生活はたつのか、家族はどうするつもりなのか、ほとんど説明らしい説明がなかったのはもちろん、家族の了解を取るなどということもなかった。

もっとも、男尊女卑のあの時代の日本において、男の身勝手な行動は、社会的に容認された一般的な男性の行動様式だった。男が何かするときに家族の了解を取るなどということは、しないのがむしろ普通だった。それに私の父は、個人的性格からいっても、家族に自分の行動を説明するなどということは、その後の人生においてもいっさいしない人だった。

取り残された母親は仕方なく、私と二歳上の兄の二人を連れて、長崎から茨城県水戸市近郊の実家に帰り、父親からの連絡をひたすら待ったのである。その長崎から茨城の田舎への、母親の帰郷の旅についていったのが、私の最初の大旅行になるわけだ。

そのころ私はまだ乳飲み児《ちのご》だったわけで、母親にすれば大変な苦労をしたらしい。

幸い、一年くらいたつうちに、父は北京でなんとか暮しが立つようになったらしく、連絡を受けてわれわれは、神戸から船に乗って天津《てんしん》経由で北京に渡った。私が生まれたのは、一九四〇年だが、一九三七年に日中戦争が開始され、その年のうちに南京が陥落すると、北京に臨時政府が作られた。その臨時政府を通じて日本軍が北支《ほくし》（華北）を間接統治するという体制ができた。その体制下で、北京にいる日本人には、さまざまなチャンスが与えられた。そういうチャンスにありついて一旗あげようとする日本人が、そのころ続々中国に渡っていった。父はそういう山っ気を持った日本人の一人だったわけだ。

父はもともと早稲田の国文科の出身で、長崎の活水女学校も大学を卒業して最初の就職先として選んだところで、もともと長崎が故郷でも何でもなかった（生まれ育ったところは茨城県の水戸）。だから長崎での女学校教師のキャリアを捨てて、北京に渡るというのも、それほど大決心を要する決断ではなかったのだろうと思う。

もうひとついっておけば、そういう行動の背景には、父にどこか漂泊の人生を好む心的傾きがあったのかもしれない。父が卒論の対象として選んだのは西鶴だったが、西鶴以上に好きだったのが、芭蕉で、自分でも相当の晩年まで、俳句の同人誌に参加していた。家には西鶴に関する本より芭蕉に関する本のほうが沢山あったから、私もそういう本を高校生の頃から読んでいる。

ここでいおうとしていることは、父は芭蕉が好きだったから、漂泊の人生にあこがれる側面があったにちがいない、というような単純なことではない。

父には多分にそのような独特の血が流れているにちがいないと思われる節が他にあるのだ。

父の家の本家筋は、江戸時代からつづく大きな染物屋で、水戸藩御用の格式の高い家だった。かつて水戸唯一の染物屋だったから経済的にも大成功をおさめ、水戸で五指に入る大資産家になり、三十町歩の土地を持ち、蔵には、いつも、二、三年分の米、味噌、醤油、木炭がたくわえられていたという。ただ、父の家は、分家筋にあたり、染物屋でなく、材木問屋兼土建業を営んでいた。はじめは、本家から大きな資産を受けついだものの、父の父(私の祖父)が大酒飲みだったために、急速に資産をなくしてしまったといわれる。私たち一家が北京から帰ってきたときには、先祖伝来の資産などかけらもなく、とっくに人手にわたっていた昔の大豪邸の庭の隅にあった小さな隠居所(そこだけは祖母が長く住んでいたため所有権を残しておいたらしい)に住まわせてもらうことになった。一家は、一九四五年から一九六二年に上京するまで、十五年間そこに住んだ。

戦後は尾羽打ちからした状態になっていたものの、父が子供の頃（大正時代）はまだ大金持だったから、父も父の兄も東京の大学に入った。父の兄は東京で出版社を興し、大宅壮一の若い頃に本を出してやったりしたこともあるという。戦後は、改造社に迎えられて専務になり、後に教育産業に進出して、英語の会話学習用テープの販売会社を作ったりした。父の姉は、教育畑に一生いた人で、最後は、東京の十文字学園という女学校の副校長になっている。いずれにしても、それぞれ立派な人生をまっとうした人々である。

「深川のおじさん」と橘市兵衛

伯父伯母はそれだけかと思っていたら、実は父には、この兄、姉以外にもう一人の兄がいるということが後になってわかった。私はかなり大きくなるまでその存在を知らなかったのだが、実はその人が長男だったのである。その人には会ったこともなかったし、存在を知るようになってからも、話題にされる（そういうことはめったになかった）ときは「深川のおじさん」という謎めいた呼称で語られるだけで、どういう人かさっぱりつかめない人だった。

私が高校二年生だったときに、その「深川のおじさん」が、突然、当時千葉県柏市の団地にすんでいた私の家にやってきた。会ってみてわかったことは、そのおじさんが「深川のおじさん」なのだが、本当は深川にいるわけではなく、山谷に住み、日雇い労働のようなこと（いわゆるニコヨンと呼ばれた日雇い労働者ではなく、雇いの職人仕事をしていたらしい）で生計をたてている、まともな社会人とはとてもいえない人らしいということだった。――そのおじさんの話題が出ると、父はすぐ露骨にいやな顔をしたので、いまでもその背景事情を詳しくは知らない。

そのときも、おじさんは父の不在をみはからって来たらしく、父とおじさんがいっしょにいた場面は記憶していない。一泊して、翌日帰っていったのだが、帰るとき、家の庭先にころがっていたもう使っていないサビた古自転車を見つけると、「これ使ってないのか？」と問い、母が使ってない、と答えると、「じゃあ、もらっていっていいかい」と、その自転車にまたがって出ていった。それに乗って、東京まで帰るというのである。

それを聞いて私は唖然《あぜん》とするとともに、ある種の感動をおぼえた。私はそのころ東京の上野高校にバスと国電を乗りついで通っていたのだが、たしか、一時間以上かかっていたはずである。道はつながっているのだから、たしかに自転車に乗っても東京に行けるにちがいないが、こわれかけた古自転車では何時間かかるかしれたものではない。それなのに、古自転車を見たとたん、いささかも逡巡《しゅんじゅん》することなく、それに乗って帰ろうと決断し、話が決まると、サッと自転車にまたがって、ギコギコ音をたてながら（こわれかけていたから本当に音がした）走りだしたそのおじさんの後ろ姿に、なんともかっこいいものを感じたのである。

もちろん、客観的にはそのおじさんの姿と動きにさっそうとしたところも、かっこいいところもまるでなかった。見かけは、ちょっとアルコールが入っていいきげんの、赤ら顔をしたその辺のおっさんという感じだった。おじさんがまともな一般社会から外れていった背景には、酒好きだったことがあると後にきいている。多分その日も起きぬけに母にねだって、早くもいっぱいきこしめしていたにちがいない。おじさんは、ごく日常的にその辺に行ってくるわという感じで、自転車に乗って出ていった。

多分、そのとき感じたおじさんのかっこよさは、寅さん映画のラストシーンで、その辺にちょっといってくるわという感じで、またふらりと旅に出ていってしまう寅さんのかっこよさに通じるものがあったのだと思う。深川のおじさんに会ったのは、後にも先にも、そのときかぎりなのだが、その後、寅さんの映画を見るたびに思いだすのは（各篇合わせて何度も見ている）、あの自転車に乗ってギコギコ走り去っていったおじさんの姿である。

この深川のおじさんの存在だけをもってして、うちの父にも漂泊の旅好きの血が流れているにちがいないなどといったら、速断のそしりをまぬがれないだろうが、その血を推測させるもうひとつの話がある。それは橘《たちばな》家の先祖の話である。――私の立花隆という名前はペンネームで、本名は橘隆志《たかし》という。

水戸の橘家の一族でいちばん有名なのは、橘孝三郎《こうざぶろう》（一八九三～一九七四年）という人物で、この人は昭和七年（一九三二年）の五・一五事件の民間指導者として逮捕され、無期懲役の刑を宣告された人物である（後に減刑されて、一九四〇年に出獄）。五・一五事件は、海軍の若手将校と民間右翼が連携して起こしたテロ事件で、海軍将校グループが首相官邸を襲って、犬養首相を殺害したことはよく知られている。同時に決起した橘孝三郎率いる（本人は現場での指揮はとっていない）農民決死隊は、田端の変電所など六カ所の変電所を襲って東京中の電気を止めようとした（帝都暗黒化計画）。橘孝三郎は右翼農本主義者で、農民決死隊は、孝三郎が主宰していた愛郷塾《あいきょう》という農本主義的農業塾の塾生六人から成っていた。

この橘孝三郎と私の父は祖父を同じくする従兄弟《いとこ》同士という関係に立つが、問題はその共通祖先にあたる橘市兵衛《いちべえ》という人物（私の曾祖父）である。橘孝三郎が歴史的事件を起こした人間だったため、多くの研究者がその先祖調べをしてくれた〔保阪正康『五・一五事件　橘孝三郎と愛郷塾の軌跡』（草思社）、松沢哲成『橘孝三郎　日本ファシズム原始回帰論派』（三一書房）、豊島武雄『橘孝三郎　その生涯と周辺』（筑波書林）〕。しかし、いくら調べても、結局、この人物はもともと水戸藩の領地内にいた人物ではなく、故《ゆえ》あって故郷を出、諸国を流浪した後、水戸にたどりつき、水戸藩に足軽として召しかかえられた後、紺屋《こうや》（染物屋）を開業したということがわかっただけである。

そもそもこの人がどこのどのような出身なのか、なぜ、諸国を流浪するにいたったのか、一向にわからないのである。一説には大和のほうから流れてきた楠木正成の流れを汲む一門ともいわれるが、真偽は不明である。ただし孝三郎はそう信じていた。母方（孝三郎の）の一族が楠木正成ゆかりの瓜連《うりづら》城の城下町、瓜連（茨城県北部）の有力者の家系だったからだ。しかし理由はともかく、この人物が諸国を流浪したあげくに水戸にたどりついたという点だけは各研究者一致している。

深川のおじさんの寅さんを髣髴《ほうふつ》させる人生のスタイルの源流も、私の父のある日突然の旅立ちの源流も、おそらくは、この共通先祖の諸国流浪の血に求められるのではないか。そしてそうだとするなら、その同じ血が八分の一は私にも流れているわけで、私のあてのない旅好きの説明になるのかもしれない。

中国からの引揚げの旅

北京に行った父は、日本で女学校の教師をしていたというキャリアを生かして、当時、北京市の中学、師範学校などに臨時政府から次々に配属されていった日本人監督官のような地位（名目的には副校長）にありついたらしい。いずれにしても父は日本政府の役人になったわけで、終戦時は大東亜省所属の教育職公務員だったことになる。北京に渡って最初の数年は生活も安定していたらしく、そう悪くない生活の種々様々が、フラッシュのごとく断片的な記憶として私にも残っている。北京に渡ったのは、太平洋戦争が開始された年だったわけだから、日本ならびに日本人は意気揚々としていた時代であり、臨時政府につとめる日本人公務員もかなり恵まれた生活をしていた（中国人の要人が昔住んでいた四合院《しごういん》と呼ばれる古典的様式の大豪邸（数家族からなる一族全体が住む）を日本人、数家族で分けあって住んでいた）。

しかし、その時代の記憶は、ほとんどがちょっとした断片でしかなく、記憶が持続する連続的なものとなるのは、戦争が終って引揚げの旅がはじまってからである（終戦時、私は五歳)。

つまり、私の最初のまとまりのある記憶は、引揚者の流浪の旅そのものなのである。大きな大人用のリュックをかつがされて、えんえんと歩いたり、トラックに乗せられたり、貨物列車に乗せられたり、収容所みたいなところに入れられたり、引揚船に乗ったりと、毎日毎日が旅から旅へと連続する日々だった。

引揚船(米軍の上陸用舟艇だったと聞く)が日本に着いたのは、山口県の日本海側の小さな漁村である(青海島《おおみじま》)。そこでは二泊しただけで、翌々日から列車に列車を乗りついで、また毎日旅をつづけながら、母親の実家がある茨城県の田舎村に再び帰っていったのである。山口県の日本海側から、茨城県まで、何日かかったのか、列車を何度乗りかえたのか、判然としないが、ギュウ詰め列車の連続だったことは確かで、このギュウ詰めの旅に関しては、車窓の風景も含め、断片的な記憶がいくつもある。

後にインドを旅行したとき、金がないのでよく鉄道の一番安い切符を利用した。インドの鉄道の安い席は驚くほど安いが、そういう切符でいくと信じ難いほどのギュウ詰め列車(日本の通勤電車のいちばんひどい状態の何倍も混んでいる。列車の車体の上も外も人がへばりついており、車内では、人の上に人が乗り、アミ棚の上まで人が乗っている。車内では人の移動ができないので、乗り降りには手近な窓がよく利用される)に乗ることになるので、普通は外国人旅行者で利用する人はほとんどいない。しかし私は、そういうギュウ詰め列車に乗ってもすぐに適応できたのでよく利用した。その適応能力は、あの引揚げ体験で身についたものだと思う（当時のギュウ詰め列車でも、人々は窓からさかんに乗り降りしたものだ）。

いまでもはっきり記憶しているのは、引揚げの長旅の最終場面である。母親の実家は水戸からまた小さな私鉄の鉄道に乗って、しばらくいった田舎駅からさらに数キロ歩いたところにあるのだが、そこは大きな家で家のまわりは、林と竹ヤブで囲まれていた。ついたときはもう夜おそくなっており、暗闇の中、その林の中をほとんど手さぐり状態で歩いていかねばならなかった。そのとき、母親から「その辺に古い井戸があるから、落ちると危いよ。気をつけて」と注意を受けた。そういわれたとたん、自分が闇夜に井戸に落ちる場面を想像して、思わず足がすくんでしまったことを覚えている。

「ここではないどこか」に行きたい

こういう幼児体験で私の人生ははじまっているから、私の潜在意識には、旅にあることこそ人の世の常という意識が深く埋め込まれている。

私は、毎日毎日移動しつづけることや、屋根がないところで一晩過ごすこと、今日寝るところと明日寝るところがちがう場所であることには、なんの驚きも感じないし、むしろそのほうが心理的にはしっくりくる。どこか一定の場所にしっかり腰を落ちつけた状態というのは、あまりなじめない。どこかに生活の拠点をかまえて、あまり変化のない生活が一定限度つづくと、なにかこれは変だ、こういう状態がつづくのは、人間の精神にとって健全な状態であるはずがないという思いにかられてくる。そして一刻も早く、ちがうところ、あるいはちがう状態に移るべきだと思いはじめる。そして、実際そうしてしまうことがよくある。

だから私は、大学に入るとすぐに家を出たし、家を出てから、四〇代半ばに結婚して子供ができるまでの二十数年間、二年以上の定住をしたことがない。家を出て独立の生計を立てるようになっても、久しく自分の家を持とうとは思わず、ほぼ二年おきに引越しをつづけていた（当時二年おきに敷金をとられる風習だったこともある。一度NHKで私の二年おきの引越し全記録を番組にしたことがあるくらい引越しは多かった）。引越しはある意味で楽しみでもあった。引越しをするたびに、自分の生活環境を全く新しくすることができたからである。

同じ理由（定着志向がない。常に、うつろいゆく状態に身を置いておくという存在様式が気にいっている）で、せっかく就職した会社も二年半でやめてしまったし、フリーになってからも、仕事の関係先をあまり固定的にしないで、流動的にしておいたり、あるいは全く畑がちがう分野にすすんで身を置いたりといったことを好んでしてきた。つまり定職を持たず、アルバイト的な仕事をとっかえひっかえやってきたということで、いってみれば、私は、今日珍しくもないが、当時は珍しかった、フリーターのはしりなのである。

人間がサルから進化したことはよく知られているが、もともとジャングルを生活の場としていたサルが、なぜある日突然、食物も豊富で安定した生活パターンが確立していたジャングルを捨てて、食料が乏しく、危険も多いサヴァンナに出ていったのか、その理由はよくわかっていない（仮説はいろいろある）。しかし、いまやほとんど定説となっているのが、森を出てサヴァンナという新しい生活環境を獲得したことが、サルからヒトへの進化の決定的要因になったらしいということである。

動物が進化するとは、自分がそれまで習い覚えた生活パターンが全く通用しない新しい生活環境に身を置き、新しい適応の努力をつづけるうちに、心身両面で、新しい能力が開発され（自らのうちに発見し）、新しい生物種になっていくということである。

私は宇宙開発の問題についてたびたび発言してきたが、宇宙開発の最も古くて新しい問題である、なぜ人類は宇宙開発をする必要があるのかという疑問について問われると、私はたいてい、こう説明してきた。宇宙開発をする現実的な必要性が人間に絶対的にあるわけではないが、それはジャングルからサヴァンナに進出してヒトに進化したサルの末裔《まつえい》たるわれわれの宿命みたいなものだと。

人間は、未知なる環境を目の前に発見すると、そこにちょっと出ていってみたいという強い欲望から逃れることができないのだ。もちろんジャングルにとどまって、昔ながらの生活パターンに従おうとした保守派のサルの遺伝子をより濃く持つ人もいるだろうが、サヴァンナを見たらすぐにでも出ていきたがる冒険家のサルの遺伝子をより濃く持つ人々もいて、私の場合は明らかに後者なのである。

そういう遺伝子を持つ人はいつも、「ここではないどこか」に行きたいと思っているし、「昨日のようではない明日」に出会いたいと思っている。それ故にいつも旅することを夢見ている。旅とは「ここではないどこか」に行くということであり、「昨日のようではない明日」に確実に、しかも安全に出会えることである。「安全に」というのは、旅は、「いずれ「いま、ここ」に戻ってくる」ことを前提にした行為だからである。それはそれ故に、冒険心遺伝子を満足させるとともに、冒険心遺伝子より強い遺伝子、「不確実な未来にすべてを賭けたくはない」という「最終的安全性確保の遺伝子」をも同時に満足させてくれる行為で、「百パーセント冒険家」から見たら、ちょっとズルい行動なのである。

旅はその内容において、ひとつひとつ不確実性と安全性の間のバランスの取り方がちがう。旅行社が綿密に旅程をセットした団体ツアーにも、なにがしかの冒険心を満足させてくれる要素があるし、いかに奔放な旅でも、帰りの切符と帰りつく部屋を持っていれば、安全ネットがちゃんと用意された旅ということになる。

安全ネット付の旅の対極には、山頭火や芭蕉がしたような漂泊の旅があるのだろうが、私はそこまであてがない旅をするのは好きではない。「旅人と我名よばれん初しぐれ」ぐらいの心境にはなれても、「野ざらし*を心に風のしむ身かな」の心境にはとてもなれそうにない。〔*野原にころがった人間の頭蓋骨〕

インドで熱病にかかり意識がボーッとするくらい高熱を発しているのに、ベッドでただ寝ていることしかできなかったことがある。とにかく金がなかったので、医者にかかるなど金がかかることはいっさいできなかったのである。

ときどきうつらうつら眠ったり、目をあけて天井をぼんやりながめながら、とりとめもない考えにふけっていた。たまに起きて、水を飲むか、小便をするくらいのことしかできず、ほとんど丸二日ただ寝ていた。

そのとき、芭蕉の死の直前の病床での絶吟《ぜつぎん》、「旅に病んで夢は枯野を駆けめぐる」の句がしきりに思いだされた。そして、いろいろヤバいこともあったが、今度こそ本当にヤバいのかもしれない、と死を意識したことがある。しかし、だからといって心理的にパニくったわけではない。それはそれで仕方がないことかもしれない、とわりに冷静に事態を受けとめている自分が妙に心地よかった。

そういう意識を持ったときもあるが、私は、旅先で死のうとは思わないし、基本的に無目的の旅（いわゆる漂泊の旅、風雅の旅）に出ようとは思わない。私の旅は、基本的には当座の目的を持った旅だし、無用の危険を避け、ある程度の安全ネット（少なくも無事に帰りつけるくらいの路銀は常に用意しておく）を必ず張っておいてから出かける旅である。

しかし、だからといって、安全ネットだらけの、完璧にセットアップされた旅行はもっとしたいとは思わない。つまり私は、団体ツアーだけは、死んでも参加したくないと思っている人間なのである。しかし、時と場合によって、それしか行きたいところに行く方法がないという場合には、団体ツアーにも参加する（好き嫌いより目的達成を優先させる）。

たとえば、一九七二年にイスラエルに行ったとき（下巻第1章「パレスチナ報告」のベースになった旅の一つ）のことだが、キブツで知り合った日本人二人とレンタカーでシナイ半島一周の旅に出たことがある。シナイ半島は、ほとんどが砂漠で、もともとエジプトの領土だったところだが、その当時は、第三次中東戦争によって、イスラエルの領土になっていた（一九七九年のエジプト・イスラエル平和条約以後、ふたたびエジプト領に戻った）。シナイ半島は半島全体がユダヤ民族の聖地であるため、ずっと両国の間の争奪戦の対象となってきた。何しろこの地は、モーセに率いられたユダヤ民族が、エジプトを脱出して、紅海を渡り（映画「十戒《じっかい》」で有名な海が裂ける場面）、たどりついた最初の地である。シナイ山は、そこでモーセが神から直接に十戒を授かったといわれるユダヤ民族最大の聖地でもある。

実は、シナイ山は、それ以前に、若き日のモーセがはじめて神と出会った場所でもある。若きモーセが、ある日羊の群を追ってシナイ山の荒野の奥に迷いこんだとき、モーセは、燃え上がる柴の間から、神の声を聞く。「ここに近づくな。汝《なんじ》の足のはきものを脱ぎすてよ。ここは聖なる場所である。わたしは、あなたの父の神である」「わたしはある。「わたしはある」というものだ」（出《しゅつ》エジプト記　3・14）。神が"I AM THAT I AM"と名のりあげたわけだ。

まれてくる。

「I AM」がヘブライ語で「ヤフヴェー」であるところから神の名が「イェホヴァ」「エホバ」に転化していったことはよく知られている。西欧哲学の伝統において、「私は存在する」と断言できる者は、神のみであるとする存在論の基本命題はここから生まれてくる。

モーセが紅海を渡ってたどりついた場所を見たいというより、神から十戒を授けられた場所を見たいというより、神がはじめて人間の前に自己を顕現《けんげん》して、「私は存在する」と宣言した（といわれる）場所を見たいと思って、私はシナイ山に向かった。

シナイ半島最大の見所は、シナイ山（標高二二八五メートル）であり、その途中の山腹にあって、聖なるシナイ山をローマ時代から管理しているサンタ・カタリナ修道院（標高一五〇〇メートル）である。われわれもその修道院を目ざした（通常この修道院に夕方までに着いて、一泊させてもらい、翌日早朝からシナイ山への登山を開始する）のだが、そこまでたどりつくことは素人にはほとんど不可能だった。あまりにもへんぴな所にあり、ガイド（職業的道案内人）なしにはとてもたどりつけない。道路状況も、治安状況も悪く、危険でもあった（観光客に対してもパレスチナゲリラのテロ活動があった）。それに修道院に事前に採訪を受け入れてもらうことも必要だった。近くの町の旅行社で聞くと、民間の旅行社が組織している団体ツアーに参加する以外にそこに行く方法はない、ということだった。たしか米ドルで数十ドルくらいだったと思うが、それは破格的に安い値段だった。シナイ山探訪のツアーの出発地がテルアビブとかエルサレムなどの主要都市であれば、最低でも二泊三日か三泊四日の旅になり、参加費は数百ドルになった。

しかし、すぐ近くの町まで自力で来ている人が、シナイ山探訪の部分だけ（修道院に一泊二日）そのツアーに参加する場合は、数十ドルで参加させてもらえるのである。われわれは三人とも貧乏人で、数十ドルは払いたくなかったが、他に方法がないとなればいたしかたなかった。泣く泣く払って、アメリカ人中心の団体旅行ツアー（イスラエル一周のツアー旅行者）の、シナイ山とサンタ・カタリナ修道院探訪の部分だけに参加させてもらった。

アメリカ人の団体旅行というのは、みんな妙になれなれしげで、ほとんど信じ難いほどバカげた冗談をいいあってはドッと笑い合って喜ぶという最悪の雰囲気を持つグループが多いが、旅先で珍しいところに手軽に行こうとすると、そういうツアーにまぎれこむ以外ないということがしばしば起こる。私は団体ツアーまっぴらごめん型の人間だが、そういう「やむをえず参加体験」は何度もしている。

そういうわけで、私は旅をすることが好きといっても、大まじめないわゆる旅行らしい旅行が大好きという人間ではない。しっかり予定を立てて、切符をあらかじめ買い、宿も予約してというようなセットアップされた旅はあまりしたいとは思わない。ほんとのことをいえば、むしろ逆に、旅に予定があってはならないと思っている。「思いたったが吉日」で、ある日突然乗物に乗り、行きたいところに行くのがいちばんだし、宿も行った先々でそのとき探してきめるのがいちばんだと思っている。もちろんこういう旅の仕方では、いい宿にあたるとはかぎらないし、むしろ、とんでもなくひどい宿に泊まらざるを得ないことが度々ある。しかしそういうことは一向に苦にならない。逆にそういうひどい宿のほうが、旅の記憶に残って面白いくらいに思っている。

旅は（人生はといってもいいが）結局のところ出会いなのである。出会いは本質的に計算になじまないことなのだから、出会いに期待するなら、予定なんて立てずに成り行きにまかせるのがいちばんである。

こういう考えの持主だから、大人になってからも、成り行きまかせの長期旅行を何度もしてきた。大人になって最初の長期旅行は、上巻第8章の大学生時代に行ったヨーロッパ旅行（ならびに帰路の船旅としての地中海、中近東、アジアの旅）だが、その後も何度か大旅行を敢行している（時間的長さでは、後記する七二年の旅行がいちばん長い）。

いまいろいろ思い返してみると、私がこれまでにしてきた小旅行、大旅行、全部合わせると、全旅程は地球四周くらいになるだろうし、行ったことがない国も、ある程度大きな国なら（アフリカの小国群、中米の小国群、各地の小さな島国などはのぞくという意味）ほとんどない。ちょっと大きな国でまだ行ってない国と地域（行きたいのに）となると、アフリカなら、アルジェリアと南アフリカ共和国、米州なら、チリとグアテマラ、ヨーロッパなら、スウェーデン、アイルランド、ハンガリー、アジアならインドネシア、ベトナム、台湾、パキスタンぐらいだろうか。

しかし、ある時期以後は、行った国の半分以上が、取材（主としてテレビ）で行ったところである。取材の場合（特にテレビ）は、ほとんど駆け足旅行で、見たいところをじっくり見ているひまはほとんどない。そういう旅行で行ったところは、行ったことがあるというだけで、「旅をした」というカテゴリーにはあまり入れたくないような旅である。それでも、アゴアシ付きの取材で珍しいところに行けるということになると、つい誘いに応じてしまうのは、やはり旅が好きだからなのだろう。

一般論として、テレビ取材は、スケジュールがきつすぎて面白くない。いい旅に不可欠の精神の自由さが失われるテレビ取材でそれ以上によくないのは、ことである。しばしば旅の流れの全台本ができていて、どこでどういう感想をもらすべきかまで決められていたりする。もっとひどいと、感想のセリフまで書きこまれていたりするが、私の場合は、さすがにそのセリフをなぞることまでは要求されない（「一応書いてありますが、内容はおまかせです」などとディレクターが説明する）。

しかし、それにしても、何もいいたくないほどいい気持になっているときとか、不快な気持になっているとき。あるいは、言葉にし難いほど深い、あるいは複雑な感慨にふけっているときにかぎって、テレビは、感想を口にすることを求めてくる。ディレクターやレポーターがマイクを向けて、ぶしつけな質問をぶつけ、むりやり言葉を引きだそうとする。いま性急に言葉を求められたら、安易で月並みな表現しか出てこないから、ちょっとこのまま黙ったままでいさせてほしい、と思うときでも、マイクとカメラは暴力的に迫ってくる。そして、すべてが時間、時間で、あらゆるものをスケジュール通りこなしていかなければならない。

そういう意味では、テレビ取材は、最悪の徹底的にセットアップされた旅行である。

私は、旅することのいちばんのよさは、あらゆる日常の束縛から離れた精神の自由さにあると思っている。実際、いい旅をしていると、「ああオレはいまなんて自由なんだろう」と思わず口にだして言ってしまいそうになるくらい、自由であることの気持のよさを満喫していることがある。

しかし、テレビ取材でそういう気分が味わえることは絶対にない。成り行きまかせの自由な旅など、そもそもそれがテレビである以上、絶対にありえないのである。テレビは、取材現場ではいつも何人ものスタッフ（取材クルー）といっしょに動かなければならないし、カメラが映像を写しつづけなければならない以上、写すための条件をととのえた上で（光量、カメラワーク上の動き、カメラの角度、距離、近接度などの確認）、カメラをまわしはじめなければならないからである。成り行きまかせ的に自由に撮ろうとしても、テープの残量とバッテリー残量が常に絶対的な制限になっていて、本当の成り行きまかせはできないのである。

そういう意味で、本当の精神の自由さが味わえた旅は、若いとき（二〇代、三〇代）の長期旅行だったと思う。取材などいっさい考えず、その旅で得たものを何らかの形でアウトプットすることをいっさい考慮に入れず、時間にしばられることもなく、セットアップされた旅程に従うこともなく、本当に成り行きまかせの行動ができたのは、学生時代の旅行（上巻第8章）と、「パレスチナ報告」（下巻第1章）のベースになった二つの大旅行（七二年、七四年）だろう。

それに準ずるのは、活字メディアで行った、自分の意のままに動くことができた幾つかの長期取材旅行（四〇代）である。活字メディアはだいたいテレビほど金もないしスタッフもつけられないから、旅費と取材費は後払い清算方式で出してくれるが、旅程や現地に行ってからの動きはこちらの自由である。具体例としては、下巻第5章の「ニューヨーク'81」がある。これは、当時文春が出していた季刊誌『くりま』のニューヨーク特集号にのせたものだが、ニューヨークに四〇日間滞在して、その間自由に動いてニューヨークのすべてを勝手気ままに見て歩き、取材して歩いた（公的機関、私企業、私人公人など多数をインタビュー。パトカー同行取材もしたし、巨大な下水道の内部にも入ったし、連邦準備銀行の金庫の中にも、もぐりこんだ）。さらに多量の資料を集めて読みふけるなどした上で、執筆に三カ月かけて書いたものである。『くりま』はヴィジュアルな雑誌だったから、現地でアメリカ人カメラマンを雇った上、フォトエージェンシー、イメージバンクなどを利用して写真もたっぷり集めて記事を仕上げた。本書におさめた活字の量だけでも相当のものだが、これにいい写真がたっぷりついていたのである。あの時代のニューヨークルポとして、これ以上のものはなかったといまでも自信をもっていえる。これは一時、福武文庫の日本ペンクラブ編『〔ニューヨーク読本〕ニューヨークを知る』におさめられていたが、それはペンクラブから、ペンクラブの運営資金作りのための特別出版だから、ぜひ収録させてくれと言われて一時的に版権を与えていたものである。

「ニューヨーク'81」は、旅をベースにして書いた文章ではあるが、旅行記では全くない。あるテーマをもとにした（この場合はニューヨークそのもの、あるいは二〇世紀都市文明そのものがテーマ）取材報告というカテゴリーに入る。これと似たものが、下巻第6章の「AIDSの荒野を行く」である。これは講談社から出ていた『ペントハウス』という雑誌に、一九八七年六月号から一〇月号にかけて掲載したものである。これもアメリカで長期取材して書いた。

下巻第1章の「パレスチナ報告」は、旅とのかかわりがまたちょっとちがう。これも取材報告ではあるが、最初から、こういう取材をしようと思って、旅行に出かけて書いたものではない。旅のほうが先にあって、記事のほうは後から、その旅で得たもののごく一部を使って書いたものである。その旅の大半は後述するように、パレスチナ問題とは全く関係がない世界をめぐり歩くものだったから、この報告には全く反映されていないし、その後もどこかで字にしたということはない。

私の頭の中には、それと同様、どこにもいかなる形でもアウトプットせず、今でもしまいこまれたままの大旅行がいくつもある。量的には、何らかのアウトプットをした旅より、そちらのほうが、はるかに多い。私はもう六四歳（二〇〇四年現在）だから、それらの大旅行のひとつひとつについて書き残すなどということは、もうとてもできそうにない（後述するように、幾つかのプランはまだ残っている）。大半は私の頭の中に私的大旅行の記憶として残るだけで終る運命にあるわけだが、それを惜しいとは思わない。

なぜなら、それらの旅は全部私の中でいま現に生きているからだ。それはすでに私自身の一部をなしているのである。

英語の俗ないいまわしで、"You are what you eat."（汝は汝が食するところのものである）という表現があって、この言葉のかたわらに豚の絵が描かれた板絵が土産物屋にならんでいたりする。

しかし、これは実に含蓄《がんちく》が深い言葉で、ちょっと考えればこれと同じことが、人間のあらゆる側面について言えるということがわかるはずだ。人間の肉体は、結局、その人が過去に食べたもので構成されているように、人間の知性は、その人の脳が過去に食べた知的食物によって構成されているのだし、人間の感性は、その人のハートが過去に食べた感性の食物によって構成されているのである。

すべての人の現在は、結局、その人の過去の経験の集大成としてある。その人がかつて読んだり、見たり、聞いたりして、考え、感じたすべてのこと、誰かと交わした印象深い会話のすべて、心の中で自問自答したことのすべてが、その人の最も本質的な現存在を構成する。考えた末に、あるいは深い考えもなしにしたすべての行動、その行動から得られた結末について反省と省察を加えたすべて、あるいは獲得されたさまざまの反射反応が、その人の行動パターンを作っていく。

人間存在をこのようなものととらえるとき、その人のすべての形成要因として旅の持つ意味の大きさがわかるだろう。

日常性に支配された、パターン化された行動（ルーチン）の繰り返しからは、新しいものは何も生まれてこない。知性も感性も眠りこむばかりだろうし、意欲ある行動も生まれてこない。人間の脳は、知情意のすべてにわたって、ルーチン化されたものはいっさい意識の上にのぼらせないで処理できるようになっている。そして、そのようにして処理したものは、記憶もされないようになっている。意識の上にのぼり記憶されるのは、ノヴェルティ（新奇さ）の要素があるものだけなのである。

旅は日常性からの脱却そのものだから、その過程で得られたすべての刺激がノヴェルティの要素を持ち、記憶されると同時に、その人の個性と知情意のシステムにユニークな刻印を刻んでいく。旅で経験するすべてのことがその人を変えていく。その人を作り直していく。旅の前と旅の後では、その人は同じ人ではありえない。

旅の意味をもう少し拡張して、人の日常生活ですら無数の小さな旅の集積ととらえるなら、人は無数の小さな旅の、あるいは「大きな旅の無数の小さな構成要素」がもたらす小さな変化の集積体として常住不断《じょうじゅうふだん》の変化をとげつつある存在といってもよい。

転機となった七二年の旅と七四年の旅

「パレスチナ報告」に話を戻すと、私は、一九七二年に、中近東とヨーロッパ各地をめぐり歩くほとんど九カ月に及ぶ大旅行をした。七四年にまた中近東からインドにかけて三カ月におよぶ大旅行をした。この二つの合わせて一年に及ぶ旅が「パレスチナ報告」のベースになっているので、そのことについて、ここで若干ふれておきたい。

七二年の旅は、イスラエルからはじまり、地中海をほぼ一周する形で、イタリア、スペイン、オーストリア、ギリシア、トルコ、イラン、イラクとまわり、再びイスラエルに戻った。はじめのイスラエルと終りのイスラエルはパレスチナ問題に関係があるが、あとは全く関係がない（時間的にも関係がない部分がほとんど）。

七四年の旅も、そもそものきっかけはパレスチナ問題と関係がなく、KLM（オランダ航空）が中東で新しい路線を開設したから、その初フライトに招待したいという話がきたので、これ幸いとそれに便乗して、再び中東諸国を訪問した。このときは、イラン、レバノン、シリア、エジプトを歴訪した。この間（特にレバノンでは）パレスチナ問題を意識的にかなり取材したが、取材とは関係ない自由な旅もかなりした（とくにシリア、エジプト）。シリアではダマスクスを徹底的に見た上で、パルミラの遺跡、アレッポ周辺の遺跡などシルクロードの終結部探訪に時間をかけた。

なかでも忘れ難いのは、パルミラの遺跡である。

それは砂漠の中に残骸をさらすだけの、失われた巨大な古代都市で、中心部の「列柱大通り」と呼ばれる、大きな道の両側に美しい石柱がズラーッと並ぶところなど、一目見ただけで、この古代都市がかつてどれほどの栄耀栄華を誇っていたか、容易に想像することができた。夏の日の夕刻、この古代都市が、広大な砂漠を背景に夕日の中に沈んでいくところなど、たとえようもなく美しい。パルミラはダマスクスからイラク方面に二百キロもいったへんぴな砂漠の中にあるから、簡単には行けない。自分の車かヒッチハイクかバスでしか行けないだろうが、団体ツアーのバスでさっと行って、さっと帰るような見物だけは避けたほうがよい。遺跡の入り口のすぐそばに、ひどい安宿があるから、そこで一泊二日を費やして、朝、昼、夕方、この死せる都市がさまざまの時間帯に見せるそれぞれ独特の相貌をたっぷり楽しむのがよい。

この古代都市は隊商路の中継点としてローマ時代初期大いに栄えた。紀元三世紀にこの古代都市を支配した女王ゼノビアは伝説的に美しく（少し前の時代のクレオパトラとよく比べられた）、かつ、大変な知性と政治的軍事的才覚を兼ね備え（ギリシアの哲学者を外交顧問としていた）、この国を一時、ローマをおびやかすほどの大国に育て上げた女傑である。

ゼノビア時代その最大版図《はんと》は、いまのシリア、パレスチナ地方を全部おおい、北はトルコの半分くらいまで、南はエジプトのアレクサンドリアまで領土におさめていたというから驚きである。つまりローマ帝国のほぼ半分近くを支配していたわけで、ゼノビアはローマ帝国の東半分（オリエント部分）を全部自分の勢力下において、独立したもう一つの帝国を作りあげることを夢見、自分の息子をアウグスッス（初代ローマ皇帝に与えられた尊称。以後歴代皇帝が自分の名前に付けて名乗った）と呼ばせ、自分をアウグスタ（アウグスッスの女性形）と呼ばせた。時のローマ皇帝アウレリアヌスはその野望を打ち砕かんとして、紀元二七二年にローマから大軍を率いて遠征し、数々の戦いでパルミラ軍を打ち破り、最後は、パルミラの町を長期にわたって包囲し、ついにこれを陥落させた。陥落後、パルミラは徹底的に破壊され、それ以後いま見るような、砂漠に残骸をさらすだけの死の都市となってしまった。ゼノビアは捕えられ、ローマでのアウレリアヌス帝の凱旋行進でさらし者となった。この完全に滅んでしまったネクロポリス（死の都市）を見ていると、いかに力のある権力者といえども、政治的野望に燃えすぎると国を滅ぼし、その人自身をも亡ぼしてしまうということがよくわかる。過去の栄華の記録と目の前の瓦礫《がれき》の山の対比に、思わず、粛然とせざるを得ない。

パルミラの遺跡を見てから、わずか数カ月もしないうちに、私は日本に帰って「田中角栄研究」を書くことになった。そしてそれから長い年月をかけて、一時は日本で比類ない政治的権力を振るったこの男が、自己の政治権力をどこまでも拡大しつづけ、超権力者として日本を支配し続けようとする野望に身を焦がし、やがて自ら滅びの道をたどっていくその全過程をつぶさに観察することになった。その間何度となく、私は心の中であの男に重ねてパルミラの遺跡を思い出していた。

いかなる文明もやがて滅び、すべての巨大都市はいずれ遺跡となる

エジプトではカイロ博物館（この博物館は世界の驚異だ）とカイロ周辺をたっぷり見たあと、ルクソルにおもむき、王家の谷周辺を貸自転車でくまなく歩いた。アブ・シ

ンベル宮殿も飛行機で飛んで見に行くなどエジプト文明の遺跡を縦横に見た。さらにそのあとアレクサンドリアにおもむいて、ヘレニズム時代に世界の中心であったこの都市を丹念に見てまわった。この港の入口には高さ一一〇メートルの大灯台があり、これは当時人間が作った最も高い建造物といわれ、世界の七不思議の一つにかぞえられていた。この町にあった古代世界最大の図書館には、一説には九〇万巻ともいわれる書物があり、人類の知識はすべてその中にあるといわれていた。しかし、今はそのどちらもかけらすらない。そしてまたここは、ユリウス・カエサルとアントニウスとクレオパトラが古代世界の覇権を賭けて華麗な恋愛関係を繰り広げた世界史上最大のロマンスの舞台であったというのに、いまはアラブ世界特有の猥雑《わいざつ》な喧騒にあふれた雑踏の街で、ロマンスのかけらもない。

パルミラやアレクサンドリアにかぎらず、古代世界の栄耀栄華のあとは、どこに行っても、本当にかけらしか残っていないか、かけらもないのである。七二年から七四年にかけて、私はそういう古代遺跡を沢山見てきた。その後の旅でも、遺跡というと、好んで足を向けたから、古代遺跡を見た数において私は日本で有数の人にかぞえられるだろうと思っている。それだけ遺跡を見つづけると、自然に、現代文明が作ったものを見ても、見え方がちがってきてしまう。たしか七二年の旅から帰ってきたときだと思うが、前からつき合っていた女の子を、そのころできたばかりのホテル・ニューオータニ最上階の回転スカイレストランに誘って食事をしたことがある。会話のきっかけは、しばらく前に評判になった映画「猿の惑星」だった。あの、海岸で砂に埋もれた自由の女神像を発見して、いまいる世界が核戦争で一度滅亡したあとの地球であることを悟って愕然《がくぜん》とするという衝撃的なラストシーンの話をした。そのあと、私が旅で見てきた、千年、二千年、あるいはそれ以上昔の数々の遺跡の話をし、さらに、窓の外に広がる東京の町を指さして、

「この東京だって、これから千年、二千年たったら、いずれみんな遺跡になってしまうんだよ。このホテルだって、土の中に残骸が埋もれて、さびた鉄骨がニュッと突きだしていたりするだけの姿になってしまうんだよ」

といった。女の子はキョトンとして、私が語っていることがまるで理解できないようだった。

それは田中角栄の時代がはじまったばかりのときで、高度成長まっただ中の時代であり(石油ショック以前)、日本人のほとんどが、このブームはまだまだ続くと思いこんでいた時代だったから、東京がいずれただの遺跡になるなどという話をしても、通じるはずもなかった(実際その女の子に話は通じず、それから間もなく別れることになっ

た)。しかしあのとき、私の頭の中では、たしかに遺跡になった東京の姿が見えていた。

あれから三〇年たち、東京はまだ遺跡になっていないが、いかなる文明であれ、千年の長きにわたって繁栄が続いた文明はない(どんな文明も繁栄期はせいぜい数百年である)から、依然として、いずれ東京も遺跡になると私は今でも思っている。長いタイムスパンで多くの文明(国家)の興亡が見えてくるような旅を何度かすると、そういう歴史感覚が自然に身についてくるのはよいが、それとともに、世間一般の人々とは、どうしても意識がズレてきてしまう。そのようなズレと共に、だんだんこの世は住みづらくなってくる。

イスラエル政府のジャーナリスト招待旅行に参加する

七四年の旅では、中近東のあと、一挙に、七二年の旅で行きたかったのに行けないで終ったインドに飛んだ。それから、インド国内を相当あちこちまわった。インドでは、時間感覚を失わせるような体験をいろいろしたが、あまりに脇道に入ってしまうので、その話はさける。

ここで、最も重要な七二年の旅についてもう少し語っておく。この旅のそもそものきっかけは、一九七二年はじめに、イスラエル政府が当時毎年おこなっていたジャーナリスト招待のイスラエル見学旅行に参加したことにある。

私はそのころジャーナリズムの仕事(月刊誌の記事のまとめ、週刊誌のアンカーなど)も少しはしていたが、イスラエル政府から招待されるほどの大ジャーナリストではなかった。実はそのころメインの生業としては、新宿のゴールデン街で、「ガルガンチュア立花」というバーを経営していた。その客の一人が、イスラエル政府招待ジャーナリストに選ばれた人だった。ところがこの人が、出発直前になってやむをえざる仕事の都合で急に行けなくなった(急に某有名週刊誌の編集長になってしまった)のである。彼から直接に「お前代りにいかないか」と声がかかり、これはチャンスと、すぐ話に乗ったというのがこの話の裏側である。なにしろ、出発まで三日くらいしかないというくらい急な話だったから、私のようなまったくの自由人で、かつイスラエルに特別興味を持っている人以外、話をもちかけても、すぐに応じる人はいなかっただろう。

私は当時パレスチナ問題についてはあまり知識もなく興味もなかったが、両親がクリスチャンであったため、キリスト教に深い関心があり(信者というわけではない)、全土が聖書の舞台であるイスラエルには、前からいちど行ってみたいと思っていた。またイスラエルのキブツという独特の共同体組織に、一つの社会学的実験として興味を持っていたので、向こうに行くことがあったら、短期間でよいからその中に入ってみたいと思っていた（そのころ日本からもさまざまなバックグラウンドを持つ人たちがイスラエルに行ってキブツに住みついており、その体験記なども出版されていた）。

イスラエルに行って最初の一週間だったか十日間だったかは、完全に向こうがセットアップした見学旅行だった。観光旅行もかねてイスラエル全土を一周しつつ、同時にパレスチナ問題の現実をあちこちで見て、理解を深めてもらおうという考えで企画されたツアーだった。ベツレヘム、ガリラヤ湖、死海、エルサレムなどいわゆる聖地観光のすべてを含み、さらにユダヤ民族の現代史（ナチスのユダヤ人抹殺《まっさつ》史、シオニズム運動とイスラエル独立運動、第一次〜第三次中東戦争の歴史など）を学んでもらい、それにヨルダン国境、シリア国境、レバノン国境、エジプト国境など、国境地帯を見学してパレスチナ問題の現在の現実を理解してもらおうという盛り沢山なものだった。そしてそれは政府招待であるから、基本的にイスラエル政府の立場を徹底的に宣伝、擁護するべくセットされたツアーだった。

その見学旅行が終ると、あとは自由になり、希望すれば、イスラエルに何日滞在してもよい（ただし私費で。以後イスラエル政府の公的サポートはいっさいなくなる）ということだった。私以外の人は全員すぐに帰国（または別の国に出国）してしまったが、私は希望してイスラエルに残り、さらに数週間かけて同国内を徹底的に見てまわった。まずはツアーでは十分見られなかったキリストの足跡を丹念にたどり直した。そのあと、あるキブツに十日間ほど泊まりこんだ。エルサレムにも十日間ほどいて、一つの都市にして同時に世界三大宗教（キリスト教、イスラム教、ユダヤ教）の神聖都市というこの不思議な四次元空間を徹底的に見てまわった。占領地のガザにも四日間ほどいた。先に述べたレンタカーでシナイ半島を一周するなどしたのもこのときのことで、イスラエルには、全部で一カ月以上いた。

この自由な行動をしている間に、私は徐々にパレスチナ問題にめざめていった。招待旅行で動いている間は、問題をすべてイスラエル政府の視点からながめさせられていたが、自由に動けるようになると、自然にパレスチナ人と接触して話をするようになるし、そうなるとパレスチナ人の視点からものが見えるようになってくる。イスラエル政府がくれた活字資料もいっぱいあったが、市中にはパレスチナ人の視点から書かれたものも、イスラエル政府を批判する欧米人、イスラエル人の立場から書かれたものも沢山あって、自然に目が開かれてくるのである。そしてイスラエル政府のお仕着せの情報ばかり聞いていてはおかしな認識しか得られないということがすぐにわかってくる。

イスラエルは基本的には政治的自由、言論の自由がある国だから、ナミの右翼左翼はもちろん、極右（沢山いる）から極左（あまりいないがいることはいる）まであらゆる政治的意見が自由にとびかっている国なのだ。私の住んだキブツは、労働党系（当時のイスラエル政権党。ヨーロッパ社会民主主義系）のキブツで、そこには世界中の国から一時滞在の援農ボランティアがきていた。その中にはフランスのアナキストグループもいたりして、しょっちゅう多様な政治的議論が飛びかっていた。

パレスチナ人の視点からもものが見えはじめると、面白いもので、同じものがちがって見えてくる。はじめてイスラエルに行ったとき、エルサレムの旧市街（パレスチナ人地域）に入って、アラブ人たちにとりかこまれると、なにか気味が悪くなって、不安を感じた。恐怖感とまではいかないが、おびえの感情が走った。政府招待ツアーで動いているうちに、いつのまにか完全にイスラエルの側に身を置く意識にさせられていたらしく、パレスチナ人がみんなエイリアンのように見えたのである。しかし、パレスチナ人に日常的に接触するようになると、一人一人が人間として見えてくる。そうなると、パレスチナ人は不安や恐怖の対象ではなく、親しみがもてる善良そうな隣人に見えてくる。

自由に行動するようになって、エルサレムにかなり長く滞在していたときは、旧市街のパレスチナ人経営のホテルに泊っていた。欧米人、日本人がよく泊まる新市街のイスラエル人経営の欧米式のホテルは高いが、旧市街のパレスチナ人経営のホテルは圧倒的に安いからである。宿をイスラエル人経営のホテルからパレスチナ人経営のホテルに変えると、不思議なもので、街を歩いていても、銃を持ったイスラエル人兵士のほうがこわいものに見えてくる。ヨーロッパ人観光客のほうが変な怪しげな人々に見えてくる。

七四年の旅行で、意識的にイスラエルの周辺国家(レバノン、シリア、エジプト)をまわったのは、このときのエルサレム体験から、自分の肉体を移動させることで、文字通り視点を変えたら、見えるものがちがってくるにちがいないと思ったからである。

「パレスチナ報告」でイザヤ・ベンダサンに圧勝する

二つの旅をベースに、イスラエルという国を内側と外側の両側からながめた体験をもとに、七四年に「パレスチナ報告」(下巻第1章)を書いた。これは、実は直接的には、「諸君！」という雑誌の一九七四年六月号に発表された、イザヤ・ベンダサンの「日本人のための《アラブ史・中学生教科書》」という論文に対する反論として書いたものである。イザヤ・ベンダサンは、一九七〇年に出した大ベストセラー『日本人とユダヤ人』によって、一躍論壇の寵児《ちょうじ》となった自称ユダヤ人である。ベンダサンが実は『日本人とユダヤ人』の訳者、山本七平《しちへい》氏その人であることは、まもなくよく知られた事実となり、やがて山本七平氏はベンダサンのペンネームを使うことをやめて実名で書くようになるから、ベンダサンは世の中から消えていく。この論文はベンダサン名で書かれた最後の論文の一つである。ベンダサンはこの頃、主として「諸君！」を舞台にさまざまな問題であらゆる論者を斬りまくり、まさに当るべからざる勢いにあった。この論文は、日本人のパレスチナ問題の理解がどれほど誤っているかを指摘するという形をとって（これがベンダサンのいつもの論法）、公平をよそおいながらユダヤ人・イスラエル政府の側をそれとなく（見る人が見れば実はあからさまに）擁護したものだった。

　この論文は、私のような経験をしてきた者（イスラエル政府の宣伝文書も大量に読んだが、イスラエル政府を批判する側の論点もしっかり読んできた者）にとっては、すぐにわかる誤りを沢山含むものだった。「パレスチナ報告」はその誤りをひとつひとつ指摘し、公正な立場から〔日本のパレスチナ問題の論者で、イスラエルを批判する側に立つ者は、基本的に左翼が多く、そちらの論調（「イスラエル・シオニズム政府はアメリカ帝国主義の尖兵《せんぺい》」）と主張にもかなりの事実誤認と誇張、偏見、歪曲《わいきょく》が見られるが、そういう論調にも組《くみ》しないという意味〕、パレスチナ問題を考えるための基礎的視座を提供しようとしたもので、いまでもこれはパレスチナ問題を理解するための最良の基礎論になっていると思う。下巻第3章の「アメリカの世論を変えたパレスチナ報道」で書いたように、日本はパレスチナ問題に関しては、情報砂漠の状況にあり、日本人の相当のインテリでも、パレスチナ問題に関しては、基礎的知識が根本的に欠けている。しかし、パレスチナ問題が理解できないと、国際政治の流れがまるで見えなくなる。この報告と、下巻第I部におさめた他の文章は、その情報と知識の基礎的欠落を補うのに最適の論考になっていると思う。

幸い「パレスチナ報告」の試みは成功し、当時、論争で不敗を誇ったベンダサンに土をつけた唯一の論文との評もあった。ベンダサンは、次の号の『諸君！』で、「パレスチナ報告」に答える」と題する、反論を発表したが、これまた誤りに満ち満ちていたから、もう一度、ベンダサン批判をやりたいと、『諸君！』編集部に申し入れたが、文春社内のいろんな人から、「もうお前は「パレスチナ報告」でベンダサンに完全に勝ったのだから、これ以上、追い討ちをかけることもないだろう」と説得されて（ベンダサンは、当時の文春にとって大事なお抱え論客みたいなものだったから、それ以上傷をつけたくなかったのだろう）、再批判をとりやめた。――いずれにしても、この直後から、『文藝春秋』の「田中角栄研究」の仕事がはじまったわけだから、再批判をやらせてやるといわれても、とても時間がとれなかったろう。

イタリアからスペインへ

ここで、七二年の大旅行の、パレスチナ問題とはかかわりを持たない部分について述べておこう。七二年の大旅行では、イスラエルのあと、帰りの航空機チケットを利用してまずイタリアに飛んだ。

正規料金のＩＡＴＡ（国際航空運送協会）加盟航空会社のチケットは、自由な書きかえによって世界中の航空路線を自由に相互に分割利用できる仕組みになっている。そこでまず、日本に帰るチケットを全部書きかえて、全行程を一寸きざみのバラバラチケットにして、全行程をしゃぶりつくすような多数の各駅停車型のフライトにした。この書きかえは、もともとの目的地に向かいつづける方向での書きかえであるかぎり、書きかえは無料だし（逆行する場合は超過料金を払う）、チケットは一年有効である。日本行きのチケットの場合、東へ移動しつづける限り、どのように曲がりくねってもよいのである。そのとき私がもらったチケット（政府招待だから、イスラエル政府がくれた）は、ローマ経由になっていたから、ローマまでは無料だが、私はそこからさらにマドリードまでのチケットを買い足して、マドリードから少しずつ東へ移動して、そのチケットを最大限に利用してやろう（できるだけ多くの国に寄り、その国をできるだけ丹念に見て、日本に帰りつくまでに一年くらいの時間をかけてやろう）と思った。

各国の国内での移動は、バスと鉄道で安上がりにすませ、国と国の間の移動は空港に戻ってまた飛行機を利用するわけである。この方式なら飛行機のチケットさえ持っていれば、あとはスッテンテンになっても、最終的に空港までたどりつけば、一挙に日本に帰れる（バラバラにしたチケットをまた一本化する書きかえは無料で簡単にできる）わけだから、安心して究極の貧乏旅行ができるのである。

このときの旅行は、今から考えても、よくぞそんなにと思うほど、各国の国内を丹念にまわっている。イスラエル国内を約一カ月かけて丹念にまわった話は先にしたが、次のイタリアでも、スペインでも、それぞれ一カ月かけて国内をすみからすみまでまわった。イタリアは、フィレンツェ、ミラノは学生時代にゆっくり見ていたので、比

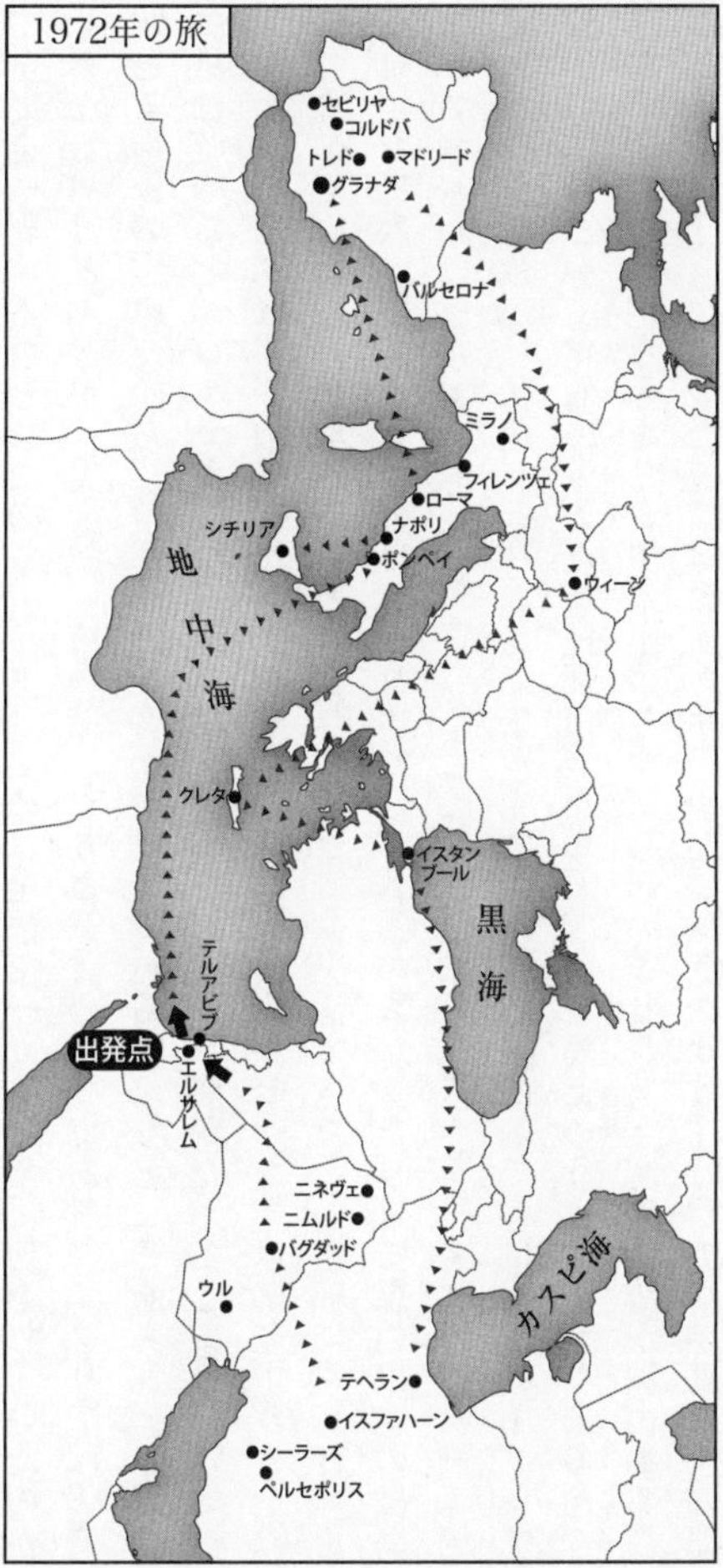
1972年の旅
セビリヤ
コルドバ
トレド
マドリード
グラナダ
バルセロナ
ミラノ
フィレンツェ
ローマ
ナポリ
シチリア
ポンペイ
ウィーン
地中海
クレタ
イスタンブール
黒海
テルアビブ
出発点
エルサレム
ニネヴェ
ニムルド
バグダッド
ウル
カスピ海
テヘラン
イスファハーン
シーラーズ
ペルセポリス

較的簡単にすませたが、ローマは見残しが多かったので、一週間以上かけてたっぷり見た。ポンペイなど、ナポリ周辺に数日かけたあと、シチリア島では一週間を費やして全島を一周するなどしたので、イタリアには全部で一カ月いた。何をしていたのかというと、ほとんどが、美術館、博物館めぐりと遺跡めぐりである。イタリアは、遺跡と美術館の宝庫だから、普通の観光客がかけ足で見るようなところをちょっと丹念に見はじめると、ローマだけでもすぐに一週間くらいの時間がたってしまう。安いペンシオンを選べば、一泊千円以下で泊まれたし、町の安いピッツェリアやトラットリアで食べていれば、日本にいるときよりずっと安く生活できた。

ローマに次いで長くいたのはシチリアだが、普通の人がシチリアで思い出すのはマフィアであり、コッポラの映画『ゴッドファーザー』やヴィスコンティの映画『山猫』だろう。しかし私がシチリア島でまっ先に頭に思い浮かべたのは、古代ギリシア時代、もっとも文化的に栄えた植民都市がならんでいた島というイメージである。

シチリアには、今もギリシア本土よりすばらしいギリシア文明の遺跡が沢山ある。中でも私が行きたかったのは、シラクサだった。シラクサは往時シチリア島最大の都市国家となり（周辺都市国家を次々吸収合併して巨大化した）、長年にわたってカルタゴと古代地中海世界の覇権を競った強国である。当時のシラクサの支配者（僭主《せんしゅ》）がプラトンの崇拝者で、プラトンが対話篇『国家』で示した哲人王による理想政治というアイデアを現実政治の上で試してみようと、プラトンその人をアテネからよんで政治を相当部分まかせるという政治史上珍しい試みが行われた。プラトンはシラクサを三度にわたって訪問したが、三度ともプラトンの理想は現実政治に裏切られ、理想国はまるでできなかった。一度などはプラトンが時の僭主の機嫌を損ねてしまったので、プラトンなぞ捕縛して奴隷市場で売りとばしてしまえとの命令が下り、プラトンが本当に市場で売られてしまう（友人が買い戻してくれたので助かった）というとんでもないことまで起きている。やがて、プラトンは失意のうちにあらゆる改革の試みから離れて、ギリシア本土に帰り、アテネでの文筆と教育一本やりの生活に戻る。プラトンにそれほど大きな夢を見させ、それほど大きな失意の念を抱かせた古代地中海世界最大の都市国家の跡を見たいと思ったのである。

ところで、古代ギリシアの政治世界を語るとき、よく「僭主」という概念が出てくるが、これは、法的正当性をもっては君主（絶対権力者）になりえないが、実力をもって、君主（絶対権力者）であることを僭称し、そのようにふるまう者のことである。

昭和五十年代の日本にあって、法的正当性は名目的にも形式的にも全くないのに、実力をもって日本の政治を牛耳《ぎゅうじ》りつづけた闇将軍田中角栄は、まさに現代日本が生んだニュータイプの「僭主」だったということができるだろう。政治というのは結局のところ、古代ギリシア時代から、理想世界とはほど遠いところで、実力者が有無をいわさず、実力をもって社会的決定を自己に有利な方向にねじまげ、国家システム全体を意のままに動かしてしまうということがよくある現実主義の世界なのである。そのような世界では、プラトンのような理想主義的政治理論家は、目の前にパワフルな政治実力者が登場して、有無を言わせず、理想などとは全く無縁の横暴なふるまいをはじめると、すぐに腰砕けになって逃げだしてしまうが、私は理想主義者でもなく、政治理論家でもなかったから、現実政治がとめどなく理想主義者の願いと反対の方向に堕《お》ちていき、世の大勢がそれに追随するようになっても、あわててバタバタしたりせず、しぶとく自分が設定した別の土俵で対決をつづけることができた。歴史上どんな僭主も永遠に権力者の座にとどまりつづけたなどということはない（永遠どころか、半世紀すら続かない）ことを知っていたからである。

シチリアでもう一つ訪れたかったのは、イタリア最大の火山、エトナ山である。エトナ山は歴史的に世界で最も活発な火山活動を繰り広げてきた山の一つで、火山としてはいま現在も活発で面白いのだが、その頃の私は、火山についてあまり知識がなかったから、火山活動が見たくて行きたかったわけではない。私はむしろ、エトナ山を古代ギリシア最大の哲学者の一人であるエンペドクレス（世界は地水火風の四元素ででできていると最初にいった人）が、火口に身を投げて死んだ山として記憶していた。といっても、カミュが『シジフォスの神話』の中でいっているように、哲学者が、「この世は生きる価値がない」などといった哲学的理由で自殺したことはいまだかつてない。エンペドクレスの場合も、自殺の理由は、哲学的煩悶《はんもん》にあったのではない。それどころか、自分は神であるという誇大妄想的考えを持つにいたり、そのことを証明するために、火口に身を投じたのだといわれている。

しかし、エンペドクレスは、それでは身を投げたあとどうなったら、自分が神であることの証明がなされたといえると思ったのだろうか。哲学者なら哲学者らしく、そのあたりを論理的に考えを詰めてから行動すればよかったのにと思うが、どうもそうではなかったらしい。しかし、ではエンペドクレスはただのバカだったのかというと、そうでもなかったらしい。エンペドクレスは、遠心力を発見したり、空気には物質的実体があることを証明したり、月は自ら発光しているわけではなく、外から来る光の反射で輝いていることを明らかにする、などといった科学的発見もいろいろとしており、この人をもって古代世界最大の知者とする人もいるくらいである。エンペドクレスは医学も呪術もよくし、伝説によると、三〇日間死んだと思われていた女性を生き返らせたこともあったという。それ以外にも、不可思議な行いが多々あったというから、彼は本当に自分を神と思いこんでいたのではないかという人もいる。

しかし、実はエンペドクレスが残した言葉の解釈によっては、彼は自分が神であるという妄想を抱いていたのではなく、この世の存在物の一切は元素の結合とその離合集散によってできているのだから、あらゆる生物が死んでも、別の物質に変化するだけで、物質としての存在は永遠に消えない（物質不滅）という、現代科学の達した世界観と同じ世界観に達していたのだと解釈する余地も残っている。古代にはそういう面白い発想をする人もいたのである。

七二年、七四年の旅で、中東地方以外を旅してまわっているときに、私が関心をもっていたのは、主としてこのような人類文化史上のさまざまなできごと（それも特に哲学のかかわる事象）に対してであって、パレスチナ問題のような現実政治のかかわる問題に対してではなかった。ましていわんや、旅先にいて全くの門外漢だった日本政治の現実に対してではなかった。

スペインも、マドリード、トレドにはじまり、南に下ってセビリヤ、コルドバ、グラナダをまわり、さらには北に転じて、バルセロナをゆっくり見るなど、やはり一カ月は時間をかけている。

その間にもっぱら私が何を見ていたかというと、美術館見学を別にすると（マドリードのプラド美術館、バルセロナのカタロニア美術館、ピカソ美術館など、この国は超特級の美術館があちこちにあり、その見物に費やした時間は相当長い。それに対する言及をはじめると、あまりに長くなるからここではそれはしないでおくということ）、さまざまのスペイン文化独特のものを見物することだった。それは、たとえば、セビリヤでは、セマナサンタ（聖週間。たまたまついた日がその初日だった）の聖像行列見物であり、マドリードその他では闘牛見物である。あるいは、幾つかの都市で見たフラメンコ見物である。そのいずれをとっても、今日では観光客がどっとおしかける観光資源となっており、それを見物したことがある日本人も少なからずいるにちがいないが、その本質的部分を体験した人がどれだけいるかということになると、おそらくきわめて少ないとしかいいようがあるまい。それは日本にやってくる外国人観光客で、能、歌舞伎、文楽を見世物として見物する人は沢山いても、その本質的部分までつかみとって、深く感動する人がほとんどいないのと同じことである。

スペインというのは不思議な国で、伝統文化のすべてにおいて、深い精神性と、狂おしいばかりの情念のほとばしりと、生と死のギリギリのせめぎ合いの表現がみなぎっている。しかし、それは、観光客にはおいそれとは見えてこない。

たとえば闘牛だが、闘牛という生と死を賭けたドラマのいちばんの見どころは、闘牛士が首尾よく牛を仕とめるクライマックスシーンにあるのではなく、そのあとにやってくる場面だ。闘牛士相手に力のかぎり闘った雄牛が力つきて、ドッと音をたてて地面にころがる。少しの間のたうち、断末魔の苦しみに体をひくつかせた牛は、やがて、ピクリとも動かなくなる。その巨体に引き綱がかけられ、馬が引っぱって場外に運びだされていく。

もの悲しいラッパによる葬送の音楽とともに、牛の死体が引かれ、闘牛場の砂の上に、その跡が長くつけられる。やがて、出場門が開き、馬と牛はその向こうに消えていく。場内では、見物客がとっくに立ちあがって、出口に向ってゾロゾロ歩きだしたりしているところで、場外に消える牛の死体の後ろ姿など誰も気にかけない。

そこまできたときに、はじめて闘牛という大きなドラマの最大の見せ場がそこにあったのだということがわかる。最もよく闘った者が倒れ、ついさっきまで生命の輝きそのものであった闘争心を噴出させ、それによって見物客たちを魅了していた巨牛が、生命を失った瞬間にただのモノとなる。巨牛がモノに化したほんのちょっとあとには、巨牛の死体がもはやモノとしてすら誰の関心もひかず、ただの廃棄物となってしまう日常性の支配する時間がやってくる。

さっきまで歓声をあげて生と死のドラマを夢中になって見ていた見物客たちは、ドラマの後の廃棄物の行方には全く無関心である。もはや死体の行方などには一顧だに与えようとしない。このドラマの終りのすべての変化のプロセスがなんともいえず、もの悲しいのである。

闘牛のこの本当のラストシーンを味わうためには、その場にいなければならない。二時間以上かけて、前座からはじまる沢山の闘牛シーン（通常六回）を見て、幕下から、幕内へ、上位陣の取組みへと、闘牛士も牛も、だんだんランクが上がっていき、ついにその日の最後の決戦をかざるにふさわしいスター的闘牛士とスター的巨牛が登場して文字通りの血戦を繰り広げるさまを見て、大観衆とともに興奮の度を高めていかなければならない。

日本の大相撲と同じで、この全プロセスを十分に味わうためには時間をタップリかけて、つまらないところから全部見ていく必要がある。最後のメインの牛殺しのクライマックスシーンだけを見て、闘牛を見たつもりになるのは、テレビの大相撲ダイジェストで最後の横綱の相撲だけ、それも、最後の仕切り直しが終って、時間いっぱいで立ち上がってからの勝負を見ただけで相撲を語るみたいなもので、実は大事なところを何も見ていないに等しい。本当に大事なのはそこにいたるプロセスと終ったあとの悲劇的な余韻である。

たっぷり時間をかけることが必要なのは、スペインのパフォーマンス芸術の華であるフラメンコにしても同じことだ。

日本からスペインの観光旅行に出かけて、日程にフラメンコ見物がちゃんと組みこまれていれば、それなりの場所でたしかに、なかなか見事なフラメンコを見ることができる。それでたいていの人は、本場のフラメンコを見たつもりになって喜ぶのだろうが、はっきりいって、その人たちが見たフラメンコは本物のフラメンコではない。例外なしにまがいものである。そういって悪ければ、観光客向けのセッションとして行われた演奏で、プレーヤーたちが適当なところで気を抜いてお茶をにごしたものにすぎない。それは彼らに悪気があってそうしているということではない。いいフラメンコには、演奏者と観客の一体感が不可欠の要素として必要なのだが、観客の水準が低いと、どうしても演奏者も気合いが入らなくてそういうレベルで終ってしまうということなのである。

通常フラメンコは、フラメンコ専門のレストランシアター的なお店(タブラオ。店の一画にちょっとした舞台がある)で演じられる。

スペインに行ってしばらくするとすぐにわかるが、スペイン人の一日の時間の組み立て方は、ヨーロッパの他の国とは全くちがっている。朝は九時くらいにはじまるが、午後二時からの昼食はみな家に帰ってゆっくりとり、それからシェスタといって必ず昼寝（家庭ではしばしばセックス付き）をするから午後四時までは誰も働かない。そのあと、もう一度オフィス、商店に出てきて午後の労働をする人は午後八時まで働く。八時になるとほとんどの人が夕食の前に街をそぞろ歩きして、バールと呼ばれる一杯飲み屋で小皿をつまんでワインをひっかけ、おしゃべり社交タイムをたっぷりとる。ディナータイムはそれからである。

ディナーは常識的には九時くらいから始まる。フラメンコはディナーをしっかり食べてからだからまあ十時くらいになるのが普通である。しかし、はじめの頃の演奏は、ほとんど前座みたいなもので、彼らが本気を出すのは、たいてい夜中の十二時すぎなのである。

つまり、観光客たちが、これが今日のメインの演奏ね、いい演奏を聞かせて（見せて）もらったわ、と満足して立ち上がり、次の日の予定があるからということで、ホテルに帰ってしまうあたりから、プレーヤーたちの「本当の本気」を出した演奏が始まるのである。これが、彼らに悪気がなくても、観光客には決してほんもののフラメンコが見られない主たる理由である。

夜中の十二時ごろ、観光客がみんな帰って、客の大きな入れかえ（観光客に代わってフラメンコの通のなじみ客たちがドッと入ってくる）が終ると、どこのタブラオも、雰囲気がまるでちがったものになる。「子供の時間、観光客の時間はハイこれで終り。ここからは大人の時間だよ」という感じになる。演奏も、そうなってからは、それまでと全くちがうものになる。今までのフラメンコはいったいなんだったのだといいたくなるほど、演奏者たちの気合いの入れ方がまるでちがったものになる。踊り手の床の踏みならし方、歌い手の発声、ギターのかきならし方、演奏者たち同士がかけ合うかけ声など、すべてがちがってくる。すべてが二ランクくらい上になるといってもよい。

演奏者同士のかけ合いの調子がどんどん上がっていき、やがてプレーヤー全員が（踊り手も、歌い手も、ギタリストも）、バトンタッチしながら入魂の演奏を次々に披露していくようになる。一人のあまりに見事な演奏が終ると、舞台の上の仲間からも、観客席からも感嘆の声がもれ、大きな拍手がわく。するとすぐ別の演奏者が立ち上って、踊るか、声を出すか、ギターをかきならして、自分の演奏をはじめる。周囲からかけ声がかかり、本人の意識もどんどん高まっていき、やがて演奏はほとんど鬼気迫るといっていいような神がかり状態のレベルに達する。観客は思わず息をのんで、茫《ぼう》然《ぜん》とそれを見守るばかりという瞬間がおとずれる。そういう瞬間をフラメンコでは「ドゥエンデ」（原義は魔物にのりうつられること）という。「ドゥエンデ」にまで達したフラメンコが、本当の本物のフラメンコで、ドゥエンデ以前は、まがいものなのである。そして、どんないいフラメンコハウスでも、観光客向けのショータイム、お子さまタイムでは、フラメンコがその域に達することはない。ドゥエンデを味わいたかったら、いい店、いい演奏者を選ぶことも大切だが、何より大切なのは、時間である。フラメンコの演奏レベルがその域に達するのは基本的に夜中すぎなのだからその時間まで付き合うことである。そのために必要なのは、今日はとことんフラメンコに付き合ってやろうと思ったら、昼間からスペイン人の生活時間に合わせて、自分もたっぷり昼寝をして、体調をととのえておくことである。

フラメンコにかぎらず、若いころの旅では、機会さえあれば、パフォーミングアーツに積極的に足を運んだ。あちこちでコンサートも、バレエも、オペラも沢山見た。日本に一流のパフォーミングアーチストが来るときは、どんな領域のアーチストであれ、目の玉が飛び出るほどのお金が取られるが、その国で見れば、たいていのものが驚くほど安い。これぞ外国に行ったときの最高の贅沢と思って、行く先々でいろんなものを見まくった。

その他、スペインで印象深く見たものをあげておくと、一つはスペイン伝統の彩色された聖像彫刻である。スペインにはバロック様式の巨大な聖堂（カテドラル）が沢山あるが、その正面の祭壇にはきまって、数多くの彩色された聖像がならんでいる。一つ一つの聖像が、聖書の物語（基本的にはキリストの受難の物語）の一つの場面になっている。

このような彩色聖像彫刻は、カテドラルにならぶだけでなく、町々の小さな教会堂にもある。それが祭礼の日に花とローソクで美麗にかざりたてられ、まるで日本の祭礼で、町内ごとに山車《だし》を引きまわすようにして、教区の住民たちが引きまわすという習慣がある。聖週間《セマナサンタ》のときは、スペイン中でそういう行列が行われる。なかでも有名なのがセビリヤのセマナサンタの聖像行列で、その行列のはじめから終りまで見ると、何時間もかかるくらい大規模なものである。そのうち最も有名な聖像が、マカレーナ教会の涙の聖母像「エスペランサ」（口絵頁参照）である。これは驚くほど美しい聖母像で、その聖母像が教会から引きだされるときの、それを囲む信者たちのあがめぶりは熱狂的である。聖母をあがめる聖歌がカンテフラメンコの形で自然に信者の口をついて出て、町全体が歌声と、歓声とどよめきに包まれる。その様子を知ろうと思ったら、イタリアのフランチェスコ・ロージ監督がビゼーのオペラを忠実に映画化した

「カルメン」（一九八四年）を見るとよい。その冒頭、「涙の聖母像」がマカレーナ教会から出御《しゅつぎょ》していくときの光景が、まるでドキュメンタリー映画のごとく信者たちの歓声とともに再現されている。

私はたまたま、セビリヤに着いたその日に、これと同じ光景を見てしまった。この像にすっかり見ほれてしまった私は、それから丸二日間セビリヤの町を歩きまわって、次々といろんな聖像を見てまわった。日本人にはほとんど知られていないが、この彩色聖像彫刻の世界こそ、歴史的にスペインの造形芸術の最もユニークで、最もすぐれた作品群を生みだしてきた世界なのである。

スペイン中部に、ヴァリャドリードという町がある。ここは十六世紀にカスティリャ王国の首都だったところだが、この町に、国立彫刻博物館があって、そこを訪ねると、グレゴリオ・フェルナンデス、ファン・デ・フーニ、アロンソ・ベルグエテといった有名作家たちの彩色彫刻の傑作を沢山見ることができる。ここにならぶ彫刻群も、もちろん傑作ぞろいなのだが、スペインではこの国立博物館にあるよりずっと多くの傑作彫像が、各地のカテドラルや教会堂の中にあって、地域住民の日常的な崇敬を受けている。これは、日本でも、仏像の最高傑作群が、博物館にあるのではなく、寺院の中にあって、信者の日常的な崇敬の対象になっているのと同じことだ。

お寺に行けば、一つ一つの仏像を比較的近いところから見ることができるが、カテドラルの聖像の場合は、カテドラルが巨大なために、すぐ近くで見るというわけにはいかない。

私はセビリヤのマカレーナ教会の「涙の聖母像」を見て以来、スペインのこの手の彩色彫像に魅せられている（その驚くほどの写実性とドラマチックな表現様式がなんともいえない）。この話をしても、日本ではそれらの彫像を知る人があまりにも少ないため、話がさっぱりはずまない。そのうちいつか、もう一度カメラマンと共にスペインを訪れ、各地のカテドラル、教会堂をめぐり歩いて、傑作彫像の写真集でも作ってみたいと思っているが、その望みはなかなか果たせそうにない。

こういうことに関して、これまで私はほとんど文字にしてきていないから、それほど知られていないが、私は美術、建築、音楽、宗教、思想、歴史、考古学など、文化のあらゆる局面にわたって全方位的に関心がある人間で、どこに行っても時間があるかぎり、貪欲に歩きまわることをいとわなかったから、スペインでは歩きに歩いた。人類の文化遺産的なものがどこそこにあると聞くと、欠かさずそこに足を運んだ。スペインは国中にそういうものがあふれているから、とにかく歩いたのである。

自分の肉体を移動させて、はじめて見えてくるものがある

そういう場所のひとつで、いまでも印象深く記憶に残っているのが、マドリードから鉄道で約一時間ばかり西北に行ったところにある、エル・エスコリアル修道院だ。これは十六世紀半ば、スペインが絶頂期にあったときにフェリペ二世が作った修道院で、付属の大教会堂の祭壇の下は、カルロス一世以来の歴代の王、王妃、息子たちが眠る（三人をのぞく）墓がズラリとならぶ霊廟《れいびょう》となっている。ここは修道院といっても、王の宮殿、博物館、図書館なども一体となった建物で、とにかく大きい（二〇三メートル×一五八メートル）。これを作るために一五〇〇人の労働者が二一年間にわたって毎日働きつづけたというが、さもありなんと思う。ここは石材の産地でもあり、これだけ巨大な建造物を作るには石材の産地そのものに作ってしまうのがいい（合理的）だろうと判断されてこの場所が選ばれたという。

ここまで足をのばす日本人観光客はほとんどいない（よその国の観光客も来るのが大変なせいかあまりいない）。実際、この日一日中この中を歩きまわっていて、日本人に一人も会わなかった。

しかし、帰りの鉄道の同じコンパートメントで、偶然一人の日本人にあった。なんとなく言葉を交すうちに、その人が商社マンでスペインには何度もきていたが、エル・エスコリアルは見ていなかったので、たまたま丸一日ひまな時間ができたので、来てみたということがわかった。言葉の端々から、この人が相当のインテリであることがわかったが、そのうち、こちらが出版関係の世界にいるということがわかると、

「いやあ、ぼくは埴谷雄高《はにやゆたか》と学校でいっしょだったんですよ」

という話をはじめた。

「ぼくは日本人で、本質的にヨーロッパというものを一番理解しているのは埴谷にちがいないとずっと思っていたんです。あいつは実際にはヨーロッパに来たことがなかったから、あいつのヨーロッパに関する知識は全部書物を通して得たものです。だけどあいつの書くものすべてに、ヨーロッパ文化の根っこがしっかりついている。あいつの文学はもし翻訳されたら、そのまま世界文学として通用する。そんな日本人が他にいますか。ヨーロッパ文化について、いろいろ言ったり書いたりする人は沢山いるけど、埴谷以上にヨーロッパ文化の本質がわかっている人がどれだけいるかといったら、ぼくはほとんどいないだろうと思ってました。書物を通してだけなのに、それだけわかるんだから、やっぱりすごい奴はすごい、と思っていたんです。だけど、今日

エル・エスコリアルを見て、やっぱりこれは本をいくら読んでもダメだなと思いました。こういうものは、やっぱり自分の肉眼で見ないとわかりません。今日は、本当に埴谷をヨーロッパに連れてきてやりたかったなと思いました。連れてきて、これを見せてやりたかったなと思いました」

それは本当にそうだと思った。

建築というのは、しばしば時の権力の性格を最もよく示すが、エル・エスコリアルは、黄金期のスペインの世俗的権力の大きさと同時にその厳しい宗教性を見事に表現した建造物で、それは当時の世界最大の建造物（それまで世界最大であったローマのサンピエトロ大寺院をはるかに凌駕《りようが》した）であると同時に、世界で最も厳しい美しさをもった建造物であるともいわれてきた。最高の大理石を惜しみなく使った建物だが、華美なところは全くない。建物の外部、内部のあらゆるところから、装飾性がいっさいはぎとられている。一見質素そのものといっていい建物なのに、なんとも表現しがたい、目に見えない豪華さがいたるところに感じられる。これ見よがしに金がかけられたところはどこにもない。誰の目にもすぐわかるような成金的豪華さは全くない。それにもかかわらず、とてつもなく金をかけたにちがいないことがすぐにわかるのである（事実、黄金期のスペインの宮廷にしてはじめて可能だったといっていいほど巨額な費用がかけられている）。

この巨大な建物はその中央に、巨大な聖堂を包み込んだ構造になっており、同時に、この建物の大きな一画は丸々修道院となっていて、現に多数の修道僧たちがここで生活し、学び、祈る日々を送っている。また別の一画は丸々王の離宮《りきゅう》になっている。信仰深いフェリペ二世は、ひまがあると好んでこの離宮にやってきて、しょっちゅう聖堂で祈りをささげていたという。そしてまた別の一画は、数々のスペイン宮廷所蔵の名美術品をおさめた美術館となっており、また同時に、ヨーロッパ有数の古写本を集めた図書館ともなっている。

黄金期のスペインは、世界の富を一手にかき集めた。新大陸の銀山から入ってくる銀は、それまでに掘り出された世界の銀総生産量（総貯蔵量）の五分の四にも及び、ヨーロッパ経済に大インフレを起したといわれるほどだった。その富を最も多く手にしたスペイン国王は、もはや世俗的富で得られる贅沢はいっさい欲しなくなり、金銭では得られない、宗教的救いを求めて、このような宗教的厳しさをもった大建造物を造ったといわれる。

宮殿の中や、美術館をすみずみまで見て歩いてクタクタになったあげく、まだ帰りの列車までかなり時間があったので、私はほとんど誰も人がいない大聖堂にいって、しばらくただ座っていた。

そのとき突然、巨大なパイプオルガンが鳴りだした。何かはじまったというわけではない。オルガン奏者がただ練習のために弾いている様子だった。それは圧倒的な量感をもって鳴る、バッハの「大フーガ」だった。大聖堂でたまたまオルガンを聞くことは、ヨーロッパでは珍しいことではない。むしろ、しばしばあるといってもいい。しかし、このとき聞いたオルガンは、どこで聞いたオルガンともちがっていた。あの静けさがよかったのかもしれない。他に誰も人がいず、何のざわめきも聞こえなかった（一般には、どこの大聖堂も結構ざわめいているものだ）。ミサをあげる司祭の声がきこえるわけでもなかった。ただ音楽が鳴っていた。あの巨大な音響空間がフルにオルガンに共鳴して鳴っており、自分がまるでオルガンの中に入っているみたいだった。そしてバッハだった。「大フーガ」だった。

突然なぜか涙が出てきた。涙は出はじめると、とめどなく流れ出た。自分がなぜそのとき泣いたのか、説明しろといわれてもできない。そのときもできなかったし、今もできない。しかし、なぜか、涙は自然にあふれ出た。悲しくて泣いたのではない。なんらかの理由で心が乱れていたというわけでもない。ただ自然だった。だから涙を止めようとはしなかったし、止めようとも思わなかった。日常性をこえたところで起きた突然の感動、エモーションのほとばしりとでもいったらいいだろうか。

いまでもあれは、私の人生における不思議な体験のひとつとして、心の中にずっと残っている。何だったのだろう。音楽だったのだろうか。バッハだったのだろうか。私には、その音楽を聞くと、なぜかとたんに心が冷静でいられなくなり、思わず涙が出そうになる音楽が幾つかある。モーツァルトに幾つかあり、バッハにも幾つかある。「大フーガ」でもそういうことが前にあったかもしれない。しかし、きまってということはなかった。

前に「大フーガ」で涙が出るほど感動したのはいつだったろうか。ジュールス・ダッシンの「死んでもいい（原題 Phaedra）」のラストシーンではなかったろうか。あれはラシーヌの『フェードル』を現代風のシチュエーションに置きかえた悲劇だった。義理の母と通じるという罪を犯した息子が、最新のスポーツカーで断崖の道を突っ走り、転落して死んでしまう場面がラストだ。アンソニー・パーキンス演じる息子が、逃れようもない運命の手を逃れようとして暴走し、死に向ってまっしぐらに走っていくあの場面がはじまると、突然「大フーガ」がはじまり、車の疾走と共に緊張が高まっていき、車が空を飛ぶ瞬間に合わせてオルガンが爆発的に鳴り響いた。

あの場面は、圧倒的な運命の力を前にしたときの人間存在の無力さと空しさを、いやでも観客に突きつけるために、実に見事にバッハを利用した例だ。バッハの音楽の宗教性は、ああいう場面に使うと、見事にはまる。神の存在を前にしたときの人間の卑小さを表現するのに、バッハくらいピッタリなものはない。あのとき私の胸を叩いたものはそういうバッハの音楽的効果だったのだろうか。そうだったのかもしれないと思う。いまそれに加えて思うことは、エル・エスコリアルの大聖堂の空間それ自体が、そのような目的をもって設計されていたのではないかということだ。見た目もそうだったし、音響空間としてもそうだった。あの大聖堂に座っていると、信者でなくても偉大な聖なる空間における人間の小ささを思い知らされるような気がした。そして、あれだけオルガンが朗々と鳴り響き、人間を圧倒するような響きを持つ、音響空間も少ないだろうと思う。バッハの「大フーガ」はあそこにあまりにもピッタリの音楽だった。あれがエル・エスコリアルでなかったら、そしてあれが「大フーガ」でなかったら、あれほど自然に涙が流れ出なかったのではないだろうか、と思った。

そして、やはり、この世の中には行ってみないとわからないもの、自分の肉眼で見ないとわからないもの、自分がその空間に身を置いてみないとわからないものが沢山あるのだ、という思いを深くした。あの感動を味わうためには、あのとき、あの瞬間に、私が自分の肉体をもってあの空間に身を置いていなければならなかったのだ。

この世は、ヴァーチャルな認識装置を通したのでは決してとらえることができないもので満ち満ちている。自分の肉体に付属した「ワンセットの感覚装置(それが私自身だ)」からなる「リアルな現実」認識装置をそこまでもっていかないと成立しない認識というものがある。旅というのは、リアルな体験をしない限りどうしてもつかめないリアルな現実というものがある。旅という作業を経ないかぎり、そのリアルな現実認識に不可欠な一つの手続きなのである。旅という作業を経ないかぎり、われわれの肉体に付属している「全方位的・全感覚的「リアルな現実」認識装置」を現場に運ぶことはできないのである。

情報化時代といわれ、IT時代といわれるようになり、もうリアルな現実にふれなくても、基本的な情報伝達はすんでしまう時代になったと思いこんでいる人が最近は多いようだが、現実は決してそうではないと思う。

誰にとっても、最も大切で最も基本的な情報伝達は、「自分の自分に対する情報伝達」だと思う。いま目の前にあるリアルな現実を、自分の感覚器官のセットを通して、自分の脳の中に取り込み、それを脳の中の情報空間に正しく定位づけることだと思う。

それは、外部世界を四六時中機械的にモニターしつづけている感覚器官が吐き出す無数の外界情報の中から、自分のために重要と思われる情報を取捨選択し、編集加工して、意識と呼ばれる個性的なまとまりをもった内部情報世界に組み込んでいくということである。

そうすることによって、意識レベルをワンランク上のところに押し上げることである。

この一番大事なプロセスは、脳の中だけにあるヴァーチャルな認識世界の中だけで完結させることはできない。外部世界もリアルなら、意識という内部世界もリアルな世界であるから、ここでは、すべてをリアルな肉体を持ったプロセスとして進行させなければならない。

つまりここでは、肉体を運ぶ旅というプロセスが絶対に必要となるのである。それは男と女の間に生まれるラブと呼ばれる独特の心情が、最後は性と呼ばれる肉体を介在させた交情のプロセスを求めさせずにはおかないようなものだ。

一言でいうなら、この世界を本当に認識しようと思ったら、必ず生身の旅が必要になるということだ。

そういう意味において、人生の大きな切れ目ごとに旅から旅への日々をつづけてきた私は、その旅を利用して、最大限の自己教育というか自己学習をやってきたのだと思う。これまで外部に語ることが少なかった旅ほど、私の内部的自己形成に役立ってきたのだと思っている。学生時代の旅にしろ、七二年、七四年の旅にしろ、あるいはその後の幾つかの旅にしろ、どの一つを欠いても、いまある私はなかったと思う。

古代世界の中心地——ギリシア、トルコ、イラン、イラクへ

紙数の都合もあるので、このあとはあまり細々と語るのは避けつつ、七二年の旅についてもう少し語っておこう。

スペインの次はウィーンにまわり、約一週間かけて、美術と音楽をたっぷり楽しんだ。ウィーンの国立歌劇場は、毎日朝からならぶと、学生用の平土間《ひらどま》の立見席があって、オペラを安く見られる。このことを日本人観光客はほとんど知らないし、知っていてもならぶのが大変だし、席がとれても、オペラをはじめから終わりまで立って見るのも大変だから利用する人はほとんどいない。しかし、欧米の貧乏学生は利用者が多い。この席取りに何度も通った。

次にギリシアに行き、ギリシアでたまたま出会った商社マンの在欧留学生と金を出しあってレンタカーを借り、本土部分をすみずみまでまわった。ギリシア本土部分の遺跡はとことん見た。その男と離れてからは、安い船の便を利用して、キクラデス諸

島、サントリーニ島、クレタ島までいった。

その途中で、精神的にかなり消耗した感じのする若い日本人旅行者と出会って話をしているうちに、その若者が赤軍派の残党であることがわかった。日本にいる頃、彼にはある時期から四六時中公安の公然《こうぜん》尾行《びこう》（タクシーに乗ったら、タクシーの中まで入ってきて横に座ったという）が付くようになり、どこにいっても公安の目から一瞬たりとも離れることができなくなった。全く動きがとれなくなって、運動を離れ、国外に出る決意をして、シベリア鉄道で北欧に出た。その後、ヨーロッパをあちこち動きながらギリシアまで流れてきたのだという。

話を聞いているうちに、日本では何かとても異様なことが起きていると思った。公安が過激派の活動家を尾行するのは今にはじまった話ではないが、タクシーの中にまで押し入ってくる公然尾行というのは、聞いたこともなかった。赤軍派の存在は、私が日本にいる間からニュースになっていたが（武装蜂起をたくらんで一斉検挙された大《だい》菩薩峠《ぼさつとうげ》事件が起きたのは、私が旅に出るずっと前の六九年一一月のことだ）、軽井沢山荘にとじこもっての銃撃戦とか、その後明るみに出る連合赤軍のリンチ殺人事件などは、私が旅に出たあとで起きたことだから、まるで知らなかった。軽井沢山荘の銃撃戦だけは、イスラエルでキブツに滞在しているときに、現地の新聞に小さく報道されたのを、同じキブツにいた日本人が知らせてくれた。詳細は何も報じられていなかったので、なんだかすごいことが起きたらしいと思っただけだった。学生時代にヨーロッパを旅行している最中に、パリの新聞に「東京で暴動！」という大きな記事が出て、六〇年の六・一五事件（樺《かん》美智子さんが死んだ国会突入事件）が報じられているのを見て、なんだかすごいことが起きたらしいと思ったことを思いだした。

しかし、そのときは、その赤軍派くずれの男とクレタ島で別れるとそのままになり、あとはニュースも入らなくなった（土地の言葉がわからない地域を旅行しているときは、新聞を見てもテレビを見てもわけがわからないから、基本的にニュースにうとくなる）。

そのあと私はトルコに渡り、トルコ国内をバスと乗り合い自動車を乗りつぎながら、ほとんど一周した。——中近東では、どこの国でもバスとタクシーの中間のような乗り合い自動車がいたるところに向けて（近距離、中距離、遠距離いろいろ）随時走っていて、それを利用するとたいていのところに行ける。料金は定額でなく乗るときに交渉する。

トルコはトロイ、ヒッタイトなど歴史以前の文明にはじまり、ギリシア時代、ヘレニズム時代、ローマ時代の遺跡が世界で最も豊富に残っている国だから、ここでも遺跡めぐりを徹底的にやった。特にイスタンブール（ここは東ローマ帝国時代、コンスタンティノポリスと呼ばれた古代文明世界の中心地だったところだ）は気にいって、ここだけで十日間くらいいた。

そのころは、アメリカ人、ヨーロッパ人の若者がヒッピーになって世界を放浪してまわっていた時代で、彼らの流れるルートが自然にインドとロンドンの間にできあがっていた。要所要所に彼らの常宿があり、そこではだいたい数百円で泊まることができた（といってもワンルームではなくてワンベッドであることが多い）。近くのコーヒーハウスが彼らのたまり場で、そこでは口頭の、あるいはノート書き込みによる情報交換がさかんに行われていた。イスタンブールのブルーモスク（アフメディエ・ジャーミ）の近くに、彼らに特に好まれている簡易二段ベッドをならべた宿があって、正確な値段は忘れたが、ワンベッドだと（それも二段ベッドの一段だけだと）、驚くほど安く泊れた。貴重品はロッカーを借りて入れておけばよいから安全でもあった。私はそこにずっと泊っていたから、宿代はほとんどかからなかった。

トルコの次にイランに飛んだ。私は、大学時代、イスラム文化に深い関心を持っていたので、アラビア語の授業もペルシア語（イランの国語）の授業もとっていた。特にペルシア語については、十三、十四世紀のペルシアの神秘主義詩人が好きだったこともあって、ペルシア語をもう少し本格的に勉強したいと思って、駒場の留学生会館でイラン人の学生を見つけて月謝を払い、特別にペルシア語の個人的家庭教師になってもらったことがある。そこまでしたのだから、ペルシアは徹底的に見てやろうと思った。イスファハーン、ペルセポリスなど誰でも行く観光地に行ったのはもちろん、バス、乗り合い自動車利用あるいはヒッチハイクですみずみまで歩き、シーラーズなど神秘主義詩人ゆかりの土地とか、パサルガダエにある古代ペルシアのキュロス大王の墓など、めったなことでは観光客がいかないようなところまでいった。イラン国内をあちこち歩いているときに、イスラエルのロッド空港における岡本公三らの銃乱射事件（下巻29頁参照）が起きた。英語が少しできる人をつかまえて、事件の輪郭を知ったが、それ以上興味を持たず、そのままイラクに飛んだ。

イラクでも、バスと自分の足で、国内を北から南まで徹底的にまわった。イラクは遺跡が多い中近東においてもきわだって遺跡が多いところで、その頃、古代文明に最も関心が深かった私にとって、夢のような国だった。

バグダッドそのものが、古代文明の一大中心地であり、その近くには、古代バビロンの遺跡がある。北のニネヴェやニムルドには最も古い文明のひとつである古代アッシリアの壮大な遺跡がある。南には、バベルの塔の神話のもとになったウルのジッグラトの遺跡がある。最も古い文明といわれるシュメール文明の遺跡もある。世界文明は、チグリスとユーフラテスの二つの大河の間の地域（メソポタミアの語源は〝河の間〟）で生まれたのであり、それがすなわち現在のイラクに重なる地域だから、この国は北から南まで遺跡だらけなのである。歴史以前の旧石器時代の石器が山のように出土する地域もあれば、旧約聖書によるとエデンの園があったとされる場所の記述にピッタリの場所もあり、そこに行くと、アダムとイブが食べたリンゴの木の子孫というふれこみのリンゴの木が植えられていたりする。

私はこの国に、ほぼ一カ月いた。いよいよ金がなくなっていたが、現地人と同じような生活スタイルで、できるだけお金をつかわないような生活をすることでなんとか切り抜けていた。

イラクはその頃、若い社会主義国家（最近では悪評しか聞かれないのがかつての政権党バース党だが、あの党はもともとアラブ民族主義が加味された社会主義政党）で、アラブ民族主義勢力が専制的な王制（最近ではフセイン大統領が悪の権化のごとくいわれているが、昔の王制はその何層倍も悪かった）を倒して政権を握った革命（一九五八年）の余韻がまだ残っている時代（六三年バース党政権参与、六八年バース党一党独裁体制）だったから、若い社会主義国によくある、若さと明るい未来への期待が社会全体にみなぎっている、なんとも感じがよい国だった。私は一九六〇年のロンドンで、政権を取る前のバース党の未来を夢見る若者たち（留学生）に沢山出会い、そのとき彼らに好感を持ったということがあったので、ますますそう思ったのかもしれない。

ニネヴェのアッシリアの遺跡を見にいったときのことだが、例によってバスで近くまでいって、数キロ先の遺跡をめざしてテクテク歩きだしたら、向こうから畑仕事の帰りとおぼしき農民の一団と出会った。「サラーム・アライコム」（定型的な挨拶の言葉だが、原義は「汝に平安あれ」）と挨拶すると向こうも挨拶を返した。サラーム・アライコムの挨拶をするだけで、アラビア語圏では外国人でも土地の人とのコミュニケーションがたちまち成立する。私のアラビア語は、片コトなら、なんとか必要最小限のコミュニケーションをとることができたので、バグダッドでは、外国語が全く通じないホテル（その方が英語の通じるホテルの何倍も安い）に泊っていた。そういう生活の中で、とにかく見知らぬ人に会ったら、まず「サラーム・アライコム」の挨拶をするべしという生活の知恵を身につけていた。アラビア語圏は、サラセン帝国の昔から異国人がいっぱい共生するコスモポリタン社会として発展してきた。そこでは、サラーム・アライコムの一言で、同じ文化共同体に属するもの同士であることを確認しあうと、どんな異国人でも仲間として受け入れてもらえるという風習ができていた。挨拶のあとのアラビア語による会話が十分通じあわなくても問題はない。アラビア語はあまりに方言、なまりが強いから、アラブ人の間でも、出身地がちがうと口語で通じあえないことはよくあることなのだ。

向こうは、見知らぬ東洋人からサラーム・アライコムの挨拶を受けてびっくりしている。そこで、「ニネヴェの遺跡へはこの道でいいのか?」と、半分身ぶり手ぶりで問うと、農民の一人が、自分の乗っていた自転車から降りて、それをクルリと反対向きにすると、荷台をポンと手で叩き、ここに乗れというサインを身ぶりで示した。要するに、自転車の荷台に乗せて、そこまで連れていってやるということらしい。何かいろいろしゃべりまくっていたが、こちらが理解できたのは、その身ぶり手ぶりによる表現だけだった。しかし、私がサラーム・アライコムの挨拶をしたので、向こうはアラビア語が完全に通じると思ってしまったらしい。自転車に乗せてもらうのはいくらなんでも悪いと思って遠慮していると、強引に手をとるようにして乗せられてしまった。私の体重は軽くないから、それを荷台に乗せて運んでいくのは決して楽ではないはずで、すぐにそのおじさんの息もハーハーゼーゼーになった。それでもおじさんは、自転車のひとこぎごとに、

「アッラー・アクバル」(アラーは偉大なり)

をとなえて頑張り通し、とうとう本当に遺跡の入口のところまで私を運んでくれた。

こういう経験をひとつでもすると、その国に好意を持たざるを得なくなる。おまけにこのおじさんは遺跡の中も案内してくれて、そのあと、自分の家にぜひよってくれといって、家に案内し、食事まで出してくれた。その間おじさんはこちらが理解するしないにかかわらずしゃべりまくり、私も何か言葉を口に出していたが、お互いほとんど言葉では通じていなかった。しかし、ときどき発された言葉の中のほんの一言二言の意味が通じるだけのやりとりで、お互いの気持のやりとりは十分にできていたような気がする。こういう経験をすると、言葉はコミュニケーションの道具として必要不可欠と思われているが、コミュニケーションの最も本質的で最も大切な部分は、言葉によって媒介される部分ではないということがわかる。

「独占スクープ・テルアビブ事件」

イラクをひとまわりしたところで、ほぼ手持の金はスッテンテン状態になったが、テヘランに戻ったところで、耳よりな情報を聞いた。イスラエルで岡本公三の裁判がはじまるので、日本の報道陣がドッと押しよせているという。日本の雑誌社にコレクトコールで電話をして、金を送ってくれたら、イスラエルに飛んで岡本裁判をカバーしてやるがどうかと提案した。テヘランからならテルアビブまでひとっ飛びだし、イスラエルなら知っている人があちこちにいるし、土地カンもあるから、取材も十分できると思うという と、すぐに電報為替で金を送ってくれた。

テルアビブには新聞もテレビも全社から記者が来ていたが、雑誌社で独自に記者を送っていたところはなかったから、あまりあせらずに仕事ができた。

ここで私がしたスクープは二本ある。一つは、下巻第2章の岡本公三との一問一答である。普通の常識では、獄中にいる岡本に対して一問一答などできるはずがないから、発表当時、これはデッチ上げだろうと思われていたらしい。しかし、これは本当に岡本との間でやった問答なのである。どうやったかというと、そのころ獄中の岡本に対して、職務上毎日面会しなければならない日本大使館の参事官がいた。彼は岡本のような過激派の人間とは全く別世界の人間だから、毎日会っても、話のきっかけがつかめない。岡本との間に共通言語がなく、一言二言のやりとりがあっても、次にそれをどうつなげていいかわからず、困っていた。話がつながらないと岡本の心を開かせることができず、岡本の心が開かないと、何の情報も取れなかったからである。

彼は大使館の広報担当者でもあったから、われわれ記者とは毎日顔を合わせていた。私は前にイスラエル政府招待でイスラエルに滞在していたジャーナリストだから、大使館の信頼もあつく、参事官から、「どうしたら、いいんですかね。岡本に何を聞いたらいいんですか」と半分個人的な相談を受けた（もちろん他の記者がいない席で）。私はもともとインタビューで人から話を聞くのが商売だったから、心を開かない人間の心を開かせるにはどうしたらいいかという、それなりのインタビューテクニックを心得ていた。過激派の取材も何度かしたことがある。しばらく前には、多くの関係者の取材をもとに「実像・山本義隆と秋田明大」（『文藝春秋』一九六九年一〇月号）というタイトルで、東大全共闘の議長と日大全共闘の議長をならべて論じる人物論を書いたこともあるし、「この果てしなき断絶」（『諸君！』同年七月号）というタイトルで全共闘世代の親と子の間の葛藤を書いたこともあった。いちおう当時の学生運動の先端部分にいる活動家のものの考え方と心理を知っていたから、「じゃあ、こんなことを聞いてみたらどうですか？」と、思いつくかぎりの、岡本のような立場の人間の心を開かせるのにいいだろうと思われる質問を、次から次にならべてみせた。

こういう場合、内容的な質問項目より大事なのは、それを質問するときの具体的な表現（言葉づかいと心づかい）である。そして相手に、この人なら自分が何かいったときにそれをわかってくれるのではないかと思わせるような、質問者自身の人間性表出《ひょうしゅつ》が大切である。そのあたりを含めて、懇切《こんせつ》丁寧に岡本の心の開かせ方を指導してやると、なるほどなるほどという顔でメモを取りながら聞いていた。翌日また会うと、嬉しそうな顔で、岡本が質問の幾つかに反応して、はじめて会話らしい会話が成立したということだった。大事なのは、その岡本の反応に対して、こちらからも適切な反応を返して、さらに会話をつなげていくことだといい、岡本が返した反応をすべて詳しく聞いた上で、それに対して、参事官の側がどういう反応を返せばいいかをまた助言してやった。それがまた功を奏し、岡本は少しずつ心を開き、会話がつながるようになっていった。次にまたその内容を詳しく聞き、また助言する。これを毎日やったのである。それをあとで全部つなげることで、あのような一問一答形式にまとめることができたわけだ。つまりあの一問一答は、間にメッセンジャーを置き、相当の時間をかけることでできあがった本当の岡本との一問一答なのである（このウラ話をいままで隠しておいたのは、参事官の立場をおもんばかってのことである。いまはとっくに退職しているから問題ない）。

下巻第2章に収録してあるもう一つの週刊誌記事「狙いはダヤン暗殺だった」は、この岡本裁判をカバーしているときに、現地の裏情報に詳しい男からの聞きこみをもとに、あちこちにあててみたら、なるほどと思われる情報がいろいろ出てきたので、自分の推測をまじえて書いたものである。私はいまでも、事件の本当の裏筋はあそこに書いたようなことであったと思っている。

この岡本裁判でもう一つのウラ話をしておくと、日本に帰って、日経新聞の私の担当者（出発するしばらく前に、日経新書から『思考の技術』――のちに『エコロジー的思考のすすめ』と改題――という本を出したばかりだった）から聞いたびっくりするような話がある。

あのテルアビブ事件が起きた直後、第一報が入っただけで、まだ、どこの誰が起こした事件なのかさっぱりわからない段階で、警察が、私を犯人の一人と目《もく》しているという話が日経の警察担当記者から彼のところに入ってきたというのである。そのときは、「？　そんなバカな？」と思っただけだったが、あとから考えてみると、なるほどと思った。ああいう事件が起きて、犯人のめぼしが全くつかない場合に、警察がまず何をやるのかというと、出国記録を全部調べて、中東、イスラエル方面に出国したまま行方不明になっている人間を全部洗い出すのである。

そういう調査をしたら、たちまち、私が網にかかるはずである。イスラエルに出国し、しばらくイスラエルにいたと思ったら、次にヨーロッパ経由で中東方面に行き（飛行機のチケットを追っていくとそこまではわかるはず）、その後、全く行方知れずになっていたのである。しかも、過去のキャリアを調べると、学生運動や過激派の取材なんかも結構やっている。取材しているうちにミイラとりがミイラになってしまったジャーナリストというのは過去にも結構例がある。こいつがそれだと警察の担当官は思いこんだのだろう。今となっては笑い話だが、その担当者、一時は、本当にそうかもしれないと思って、蒼《あお》くなっていたという。

以上の話でわかるように、七二年、七四年の旅は、岡本裁判関係をのぞくと、今にいたるもほとんど活字にしていない。ずーっと頭の中にあっただけの私の個人的な旅経験にとどまっていたが、二〇〇一年のニューヨークの自爆テロ事件のときに、記憶の底からさまざまの記憶が噴出してきて、それをまじえて書いたのが、下巻第４章「自爆テロの研究」である。頭の中に保存されているものは、こういう具合に時がいたれば自然に噴出してくることがあるのだ。

これを読んでもらうと、ここにおいて、私の「パレスチナ報告」（下巻第１章）の旅と、「ニューヨーク'81」（下巻第５章）の二つの旅が、一つの結節点を持ち、それがここにあらわれてきているということがわかるだろう。

かくて、個人の世界認識においても、旅は旅へとつながっていくのである。

なぜ未完の旅になるのか

なぜものを書くことを職業にしていながら、字にしていない旅がそんなに多いのかというと、どの旅も、書くとなったら、書くことが多すぎて、まとめきれないと思うから、そもそも書くことに着手していないのである。

もちろん、はじめから書く意志をもってした旅（あるいは書くことが義務づけられていた旅。いわゆる取材旅行）も幾つかあって、その義務の部分だけはとりあえず果たしているのだが、私の旅は実は大半がそうではない。特に若いときの旅はそうだ。「旅をすることそれ自体」が目的だったものがほとんどである。だから、旅が終ったからといって、何かそれについてまとめようとは必ずしも思わなかったのだ。

私は旅をしているときは、旅それ自体に熱中している。自分が体験していることそれ自体に熱中している。その体験について何か記述しようと全く思わないほど、その体験に熱中している。

いい体験とは、すべてそのような性格を持つのではないだろうか。たとえば、ほんとにおいしいものを食べているときに、そのおいしさについて記述しようと思うだろうか（そのおいしさについて書くことが目的で食べた場合はもちろん別だが）。ほんとにいいセックスをしている最中に、そのセックスのよさについて記述しようと思うだろうか。ほんとに面白い映画を見ている最中に、その映画のおもしろさについて記述しようと思うだろうか。ほんとにいい音楽を聞いているとき、ほんとに面白い芝居を見ているとき、ほんとに面白いゲームをしているとき、何らかのスポーツのクライマックスシーンを見ているとき、……などなど、いくらでもこのようなリストをつづけることができる。

どのような人にとっても、自分を没入させてくれるような体験をしているときには、没入体験をつづけることそれ自体が常に第一義的に重要なはずである。それについて何ごとかを記述するなどということは、二義的、三義的な重要性しか持たない。記録、記述のたぐいは、ずっと後になってひまができたときにすればよいことである。私は一般論として、旅をしている最中に、その旅について何か記述することを試みる人は、貧しい旅をしている人だと思う。私の場合は、旅に出ると毎日クタクタになるまで歩きまわるほうだから、一日の終りに日記程度の記録をすることすら疲れきってできないことが多い。日記程度の記録ですらそうなのだから、紀行文などの旅のまとめをする、あるいは紀行文に使える水準の記録をするなどということはとてもできない。

では旅が終ったらどうかというと、もちろん何か書く約束で出かけた場合は、約束の分量の原稿を書くことは書くが、一般的にそれは内容的に決して満足がいくものではない。本格的に活字にするためには、いずれもっとブラッシュアップして、などと思っているうちに、その機会を逸して、書きかけの紀行めいたものがそのまま残ってしまったということが、これまでにも幾つかある。本書におさめられた幾つかの文章は、そのたぐいである。いずれ本にまとめられたらいいなと思いつつ、まとまらなかった文章である。

それにも二種類あって、一つは、明確な本のプランがありながら、まだできあがっていないものだ。もう一つは、明確な本のプランはないが、これは本一冊分の契機を内容的に含んでいるから、これをベースにして、少し書き足せば本にできるなと思いつつ、そのままになっているものである。

後者の具体的な例をあげると、たとえば上巻第3章の「「ガルガンチュア風」暴飲暴食の旅」である。

お読みになっていただくとすぐにわかるが、これはひとつのまとまりのある記述ではあっても、旅行記としては全く完結していないどころか、旅がはじまったばかりのところ（長い旅の二日目の朝）で不意に終っている。

この記事のベースになった現実の旅は、ここに書いたような調子でフランスを一周したのだから、いやはやといいたくなるほど大変な（大変に結構な）ものであったことは容易に想像がつくだろう。事実そうだった。

なにしろ、後にソムリエ日本一どころか世界一にまでなってしまう田崎真也氏が旅行の相方だし、もう一人の相方、岡昌治氏も何度もソムリエコンクールで上位に入ったことで知られる某有名ホテルの有名ソムリエである。そういう二人にはさまれて、フランスを一周しつつ、フランスの三つ星、二つ星の一流レストランの食事を食べまくり、土地土地の一級ワインを飲みまくってきたのである。これは、往時《おうじ》の王侯貴族にもなかなかできなかった贅沢のきわみの大旅行だったといってよいだろう。

だから、これはそのまま書きつづけていけば、フランス料理とワインについて中身の濃い作品に仕上げることができたにちがいないとは思うものの、これを書きあげたあと、なぜかそこまでしようというエネルギーが出てこなかった。ひとつはこの時期、ロッキード裁判の第一審判決が出てまもなくの時期で、ロッキード裁判を批判する論調が一部のマスコミを通じてかなり強く世の中に流布しはじめていた。それに対抗しての論戦を繰り広げるために、時間とエネルギーを相当にとられざるをえなくなったのである――このあと約一年半にわたって「朝日ジャーナル」誌上を舞台に繰り広げた論戦は、のちに『論駁《ろんばく》』という本にまとめられている。さらにこの時期、同じく『朝日ジャーナル』に七年ごしで連載してきた「ロッキード裁判傍聴記」を本にまとめるという仕事が進行中で、それに優先的に時間をさかねばならないということがあった。

フランス料理とワインにひたる旅は、それにひたっている間は、個人的に十分楽しく、それはそれでよかったのだが、仕事の優先順位ということになると、やはりロッキード裁判関連の仕事を優先させなければならなかった。

もうひとつそれに熱が入らなかった理由は、これは書き継いでみても、テレビのグルメ探求の旅のような内容になっていかざるをえない側面があり（完全にパターン化した画一的な内容の旅が、行く先やワインの名称を変えただけで繰り返される）、そうなると、書きかたも、同じパターンの繰り返しにならざるをえないだろうから、書く前からげんなりしてしまったのである。

旅の本来的な目的が日常性からの脱出にあるとするなら、旅のパターン化（日常性化）などというものは最悪の退行現象といえるだろう。昨今のＴＶグルメの旅番組は、退行がどこまで進むか、その極限形を示しているといっても過言ではない。旅先の有名旅館の評判のおかみさん（あるいは板前さん）による自慢料理のプレゼンテーション。その素材のよさ、料理人の腕のよさの自慢。秘伝の味つけの紹介。レポーターが賞味するときのおいしさの表現（「おいしい」というときの表情、発声、発語、味わいの描写）、すべてが完全にパターン化している。演じる人も、見る人もそこに客観的真実などあるはずもない（ある必要もない）と思いつつ、ほんのちょっとしたノヴェルティだけを頼りに、完全にパターン化したシーケンスを、ただのパフォーマンスとして演じているだけなのだ。

これを退廃といわずして何といおうか。

そういう番組を見るたびに、あのワインの旅の話を書きつぐことで、同じような愚を犯すことにならなくてよかったと思っている。

旅のパターン化は旅の自殺である。

旅の本質は発見にある。日常性のパターーンの外に出たときに何が発見できるか。何か全く新しいものに接したときに、自分がどう変化するか、新しい自分の発見にある。

もちろん、パターン化したものの中にも新しい発見はありうるし、新しい自己実現もありうる。実際、歌舞伎役者も、オペラ歌手も、同じ台本による、同じ様式（演出）の芝居を何年も演じつづけながら、なおそこに、その役者ならではの、あるいはその歌手ならではの自己表現を付け加えることができる。それによって、凡庸な役者

（歌手）なら凡庸に演じてしまうにちがいない、パターン化されたシーンを希代の名演技たらしめることもできるのである。

ソムリエのワインのテイスティングも、最後は、表現力の勝負である。ワインの味と風味の表現は、相当程度パターン化されたものになっているが、いざ具体的な一本一本のワインが目の前に出され、それを口にふくんでその味わいを表現する段になると、やはり、すぐれたソムリエは「ウーン、なるほど」と思わせる表現をくり出すし、凡庸なソムリエは凡庸な表現しかくり出せない。

だが、その勝負を端でウォッチしていてレポートするレポーターはその微妙な勝負をどう表現すればいいのか。それが「ウーン、なるほど」か、「まあ当たらずといえども遠からず」かは、同じワインを同じようにテイスティングした人には、疑問の余地なく伝えられるが、そのワインを全く知らない人には、どう表現しても、通じようがない。

ワインの世界は基本的に言語表現に適していないのである。それはまずは直接的な感覚そのものの世界の話であり、感覚の世界は、同一感覚体験をした者同士なら、「あのときのあれ」みたいな指示代名詞を多用しての共通感覚体験への言及によって語り合うことが可能だが、そういう共通体験がない者にも通じるように話をするとなると飛躍的に難しくなる。それどころかそれは通常不可能である。もし本当に語ろうと思うなら、書物に小さなワイン入りのボトルを沢山くくりつけて、読者にも話題のワインを味わってもらいつつ話をすすめなければなるまい（もちろんこれは実際上は技術的に不可能である。手間やコストもさることながら、ワインは栓を開けたとたんすぐに劣化するから、小分けできないし、同じ状態を保つこともできない）。

型にはまった紀行文ほどくだらないものはない

このような幾つもの要因が積み重なって、この原稿はそのまま寝てしまったわけだが、あらためて読み直してみると、これはこれで終りにしてもいいかという気持になった。ワインのテイスティングにおける個々の具体的なワインの官能表現には、どこまでいっても日本語のボキャブラリー不足によるむずかしさがつきまとうが、より本質的なワインの一般論に関してなら、この旅のはじめの部分で、体験を微細に書きこんだ文章によって、大事なことは、ほとんど言いつくしていると思ったからである。

客観的な旅としては、たしかにこれは未完の旅であるが、そもそも人生なんていうものは、誰にとっても、未完の旅の集積みたいなものとしてあるのだから、旅の記述の集積である本書の中に、未完の旅のままに終っている文章があったっていっこうにかまわないではないかという気持になったのである。

実際、西洋文学史上、旅行記の傑作のひとつにかぞえられる作品として、スターンの『センチメンタル・ジャーニー』（一七六八年）があるが、これも実は、出発したとたんに突然旅が終ってしまう、未完の旅そのものといってよいような中途半端な旅行記である。これを読んだときに、あ、そうか、こういう旅行記もありなんだと思った。そして、このワインの旅でずっと気にかかっていた、未完の旅行記を書き放しで終っていることに対して、少しホッとする気持になれた。

もともとこの小説、原題は、『フランス・イタリアのセンチメンタル・ジャーニー』といい、イギリス人の主人公がフランスに渡り、イタリアまで旅していく過程を書きつづける予定になっていたのに、主人公がイタリアに入る以前、まだサヴォイ公国にいる間に終ってしまうのである。その最後の日、主人公がとったと同じ部屋に、遅い時間に到着した女中を従えた貴婦人の一行が入ってきて、宿のおかみから、彼女たちを、相部屋で泊めてやってくれないかといわれる（部屋が満室だった）。三つのベッド（二つは主寝室、一つはそれに付属の小部屋）を三人でわけあって、いざ寝ようとしてローソクの火を消しても、三人とも眠れない。暗闇の中で二つの主寝室のベッドをわけあっている主人公と貴婦人が言い争いをしていると、暗闇の中で女中が小部屋からやってきて二人のベッドの間に割って入る。「そうなったものだから、手をさし伸べて、わたしが抱えたのは、女中の……」（松村達雄訳）

　この小説はこんな思わせぶりなところで終っている。そのあとどのように展開しようとしているのか、まるで推測の手がかりすらつかめないような終り方である。『センチメンタル・ジャーニー』は、終り方だけでなく、はじめから終りまで奇妙としかいいようがないおかしな旅の記録である。フランスとイタリアの旅行記になるはずのものが、なぜサヴォイ公国で終ってしまったのかというと、この小説ははじめから終りまで、ひたすら脱線に次ぐ脱線で、旅程がさっぱり進まなかったからだ。

　スターンにはもともと脱線癖があって、彼の一番の代表作である『トリストラム・シャンディー』にいたっては、はじめから『センチメンタル・ジャーニー』以上の、脱線に次ぐ脱線で、全九巻のこの小説の主人公が生まれる前のところを延々と語りつづけ、主人公の生まれるのは第三巻の終りになってからという脱線ぶりである。『センチメンタル・ジャーニー』においても、ロンドンを出発した主人公がドーヴァー海峡をわたってフランスのカレーにたどりつき、食事をしているところに、聖フランシス教団の托鉢僧《たくはつそう》がやってきて喜捨《きしや》を願ったのに対して、ちょっと意地悪なことをいってその願いをはねつけたという、たったそれだけのことを語るために、三章も費やしてしまうのである。

この小説は全篇が主人公のモノローグという形式で書かれているから、客観的事実関係の描写はあまりなく、もっぱら主人公の心の中の動きが描かれている。といって、日本の私小説のように、主人公がつまらないことにいつまでもウジウジと悩み苦しむようなしめっぽいところはぜんぜんない。つい笑ってしまうような奔放な語りが続いていく。面白いことは面白いのだが、筋らしい筋は何もない。この小説には筋がないだけでなく、普通の小説が当然そなえているはずの、その他の構造もほとんどない(客観的な状況の叙述もなければ、主人公の心の葛藤の描写も、何らかのドラマツルギーもない)。それでも妙に面白くて、最後まで読者を離さずに読ませてしまうところが高く評価されている(似ていると言えば、日本では内田百閒《ひやつけん》の『阿房列車《あほうれつしや》』などが構造的に似ているといえばいえるかもしれない)。その古典的小説の構造の欠如の故に、これは後に二〇世紀の現代小説の源流とまでいわれるようになった。小説の叙述の対象を、外的な事実関係から、内面的なものに変えた点、登場人物たちの交わす言葉より沈黙のほうが重視され、旅行記でありながら、旅行案内的要素がいっさい無視され、主人公が通った街道の様子は描写されなくても、主人公の心の中の屈折が微細に描かれることなど、小説らしからぬ小説であり、旅行記らしからぬ旅行記である点が、高く評価されるようになったのである。

　クラシックな旅行記の体裁を踏襲した旅行記がくだらないということは、実は日本におけるスターンの同時代人で、日本の最もすぐれた旅行記の作者でもある松尾芭蕉がすでにいっていることである。

「抑《そもそも》、道の日記といふものは、紀《き》氏《し》・長明《ちやうめい》・阿仏《あぶつ》の尼《あま》の、文《ぶん》をふるひ情《じやう》を尽《つく》してより、余《よ》は皆、俤《おもかげ》似かよひて、其糟粕《そのさうはく》を改《あらたむ》る事あたはず。まして浅智短才《せんちたんさい》の筆の及《およぶ》べくもあらず。其《その》日は雨降《ふり》、昼より晴《はれ》て、そこに松有《あり》、かしこに何と云《いふ》川流れたりなどいふ事、たれたれもいふべく覚侍《おぼえはべ》れども、黄奇蘇新《くわうきそしん》のたぐひにあらずば云事《いふこと》なかれ。されども其所々《そのところどころ》の風景心に残り、山舘野亭《さんくわんやてい》の苦しき愁《うれひ》も、且《かつ》ははなしの種となり、風雲《ふううん》の便《たよ》りともおもひなして、わすれぬ所々、跡や先やと書集侍《かきあつめはべ》るぞ、猶酔《なほよへ》ル者の猛語《まうご》にひとしく、いねる人の譫言《うはごと》するたぐひに見なして、人また亡聴《ばうちやう》せよ」（『笈《おぃ》の小文《こぶみ》』）

　要するに、世の紀行文なるものは、どうしても紀貫之の『土佐日記』や鴨長明の『長明海道記』、阿仏尼《あぶつに》の『十六夜《いざよい》日記』など紀行文の古典的名作をモデルにして書かれがちだが、そういうものをいくらまねしても、名作のカスをなめるくらいのことにしかならない。「その日は雨降り、昼から晴れて、そこに松があった、あちらには何という川が流れていた」などという、紀行文でみなが書き記すようなことはくだらないからもう記すのもやめたほうがいい。心に残った美しい風景のありさまとか、旅の途中の苦労話なども、みんな話の種になると思って、ついつい書きつらねてしまうが、そういうこともみんな酔っ払いのふりまくタワ言か、寝ている人が夢を見ながらいうウワ言と同じようにくだらないから、そんなものは聞く必要もない、といっているのである。

要するに、一言でいえば、型にはまった紀行文くらいくだらないものはないということである。

私も芭蕉のこの意見に全く賛成である。その辺のいかにも紀行文的な紀行文はほとんど読む価値がないと思っている。コンパクトに旅行情報をまとめた実用的な旅行案内書はそれなりに役に立つが、凡庸な作者による凡庸な紀行文など、読むだけ時間のムダだと思う。

そういうわけで、いかにも紀行文らしい文章は本書には全く登場しない。

ここにあるのはいずれも、形式においても内容においても、ちょっと風変りな旅の記録である。いつも何か考えごとをしていて、いつか何らかの洞察が得られる瞬間と出会えないだろうかと、そればかりを楽しみに生きてきた男の頭の中を、旅をきっかけによぎったいろいろな想いの記録である。それプラス取材旅行的な旅を通して得た情報と、そのような旅をしながら思索した結果を記述した濃厚な報告書の幾つかである。

これは相当に変な作りの本である。なにしろ、あちこちが未完の部分だらけなのである。それでもそれをよしとする理由があってそうしたということは、先に述べたとおりである。

本人はこれをまとめるにあたって、楽しみながらまとめたので、読者諸氏においても楽しんで読んでいただければ幸いである。質量ともに楽しむに足るだけのいろんな材料をとにかく詰め込みに詰め込んだ、幕の内弁当のような作りになっているので、たいていの人に楽しんでいただけるはずと思っている（幕の内弁当と同じで、残らず食べてくださっても、もちろんけっこうだが、気にいったところだけつまみ食いしていただいても、もちろんよい）。

序論を書くにあたって、昔の旅を思いだしながら書き込みをはじめたら書いても書いても止まらなくなってとても困った。とことん書き込みをつづけたら、序論だけで本二冊分くらいになってしまったのではないかと思うくらいだ。

これだけ年をとると、変な旅の思い出も、いい思い出に変っており、しかも、その思い出が次々につらなって出てきて（脳の構造がそうなっている）、止まらなくなってしまうのである。

このあたりで止めないと本当に止まらないから、ここで止めておく。

果たされていない約束

最後にもうひとつだけ述べておきたいことは、先にちょっとふれたことだが、私には本書に収録していない、旅にまつわる重要な文章が幾つかあるということだ。その代表的なものは、いずれもはっきりした本を作るプランがすでにできあがっていて、作業も途中まで進んでいたのに、何らかの事情で中断したままの状態になっているものなのである。他のプランが進行中だから本書にも収録していない。

具体的には、一九八三年五月から八月にかけて、『月刊プレイボーイ』誌に連載した、「レンタカー・オデュッセイ　八〇〇〇キロ」という文章などがそれである。これは、新進（当時）カメラマンの須田慎太郎氏といっしょに、レンタカーで、ギリシア、トルコを徹底的に走りまわった（本当に八〇〇〇キロ走った）記録である。なぜギリシア、トルコかというと、先にも書いた七二年の大旅行など、私がもっと若いときにした大旅行でいちばん心に残っていたのが、ギリシア、トルコの遺跡だったからである。『月刊プレイボーイ』の編集部から、何か書いてくれるなら、金はいくらでも出すから、世界のどこにでも行ってくださいと、とても断れないくらい美味しい話を持ちかけられたときに、ギリシア・トルコでよかったらと、それにのってしまったのである。

ギリシア北部のハルキディキ地方にアトス半島という特別の半島がある。ここは、ギリシア国内でありながら、ギリシア政府の主権が完全には及ばず、一種の治外法権的区域になっている。どういうことかというと、幅一〇キロ、長さ五四キロ（面積三三六平方キロ）のこの半島には、ギリシア正教の大修道院が全部で二〇もあって、半島全体が修道院の共同体によって自治的に治められ、いわば修道院共和国になっているのである。この半島に修道院ができはじめたのは、一三〇〇年前、八世紀までさかのぼる。はじめは小さなものが一つ、二つできただけだったが、八世紀の終り頃になると、大きな修道院が続々できるようになり、時の東ローマ皇帝レオ四世（日本でいえば奈良時代、中国なら唐時代にあたる頃の皇帝）から、この半島全体を修道院共同体の自治にまかせ、それを管轄するのは、コンスタンティノポリス大司教とするという勅許状が与えられたのである。それ以来、一三〇〇年にわたって、この地域の世俗権力の側は、東ローマ帝国から、オスマン・トルコ帝国、ギリシア王国、ギリシア共和国などさまざまに変ったが、どの権力者も、東ローマ帝国以来の慣行を尊重して、この半島全域を修道院共同体の自治にまかせて今日にいたっている。

そのしばらく前にこの半島の持つ独特な文化と生活様式の話を聞いて、私はそこに行きたくてたまらない気持になっていたので、旅の目的地として、ここを提案した。それだけでなく、ここに行く前に、ギリシア、トルコに沢山残る古代文明の遺跡を次々に探訪していくことで、この地域が人類の文化史にどれほど大きな意味をもっているかを明らかにしたいと提案して、その企画にOKが出た。

そして実際に、八二年夏に、約二カ月間に及ぶ旅をして、雑誌連載も四回まではしたのだが、残りは本にするときに書き加えるということにして、連載を中断してしまった。中断するにいたった正確な事情は覚えていないが、このとき、同時にかかえていた他の連載が三本あり、さらにもう一本はじまろうとしていたときで、少しオーバーワークになっていた上に、メインの仕事にしていたロッキード裁判の仕事が、政治状況の変化で、急に忙しくなったことなどが重なったのだと思う。しかし、連載の仕事というのは、連載がつづいている間は、無理をしてでもバカ力を発揮してこなしてしまうものだが、いったん休載が入ると、エネルギーのポテンシャルが急に落ちて、なかなか元に戻れなくなってしまう。それに、雑誌連載だとスペースの制限があって、毎号そのスペース内でまとまりをつけていく書き方ができるが、次は単行本ということになって、その制限が外れると、あれもこれもと欲が出て、材料の取捨選択のまとまりがつかなくなってしまうというのも遅れた理由だ。

この本の企画は今も生きていて、自分としては、早く再開したいのだが、新しい仕事が次々に入ってくるので、いまだに寝かせたままになっている。気の毒なのは、カメラの須田慎太郎氏で、あのとき撮った写真は七千枚もあり、その整理もできていて、活字部分さえできあがれば、いつでも本にして出せるところまできているのに、その写真も寝たままになっている（一度「エーゲ　永遠回帰の海」というタイトルで富士フォトサロンでの写真展は開催できた）。

ちなみに本書におさめた上巻第6章「神のための音楽」は、このアトス半島の修道院で聞いた音楽をもとに書いた文章である。

これと似たような、長らく寝たままの運命をたどっているのが、いちどは出版予告のポスターまで作った「インディオの聖像」である。これは、上巻第7章の「神の王国イグアス紀行」を書いたときに、佐々木芳郎カメラマンとパラグアイに行き、イエズス会の修道士たちが十六世紀から十八世紀にかけてそのあたりの現地のインディオたちと作りあげた、イエズス会共和国ともいうべき共同体の教会に、いまも沢山残っている修道士たちと現地インディオたちが手造りで作った素朴で独特に美しい聖像の写真集を作ろうとした企画である。これも、写真の選択も終り、ラフの編集も終り、仮綴じの見本版まで作り、それをローマ法王に献呈するところまでこぎつけたのに、そこで中断されて寝てしまったのだ。

一九八八年六月二三日の『毎日新聞』夕刊のコラムに、私はこんなことを書いている。

＊　＊

近々『インディオの聖像』という本を上梓《じょうし》する予定である。本当は、今年の四月に出す予定だったのだが、原稿ができなくて伸び伸びになっている。

もっとも、原稿の筆が遅い私には、こんなことは珍しくない。約束の時期をもう半年すぎているとか、一年すぎているという例は他にも幾つかある。数年前の約束もあるし、一番ひどいのは十数年前の約束でまだ果たしていないものもある。

つきあいが古い編集者になると、私の原稿が遅いことがわかっているので、必ず〆切《しめきり》のサバを読む。こちらも編集者あがりだから、本当のギリギリの〆切がいつというのはたいていの雑誌についてだいたいわかっている。向こうも私がそれを知っているのは承知の上で、なおかつサバを読む。「今回はサバなしです」というときでも、まだ若干のサバを読んでいるのが普通である。

そこで〆切前後に、編集者との間で虚々実々の駆け引きが毎度くり返されることになる。

こうして、毎週ならびに毎月、〆切から〆切へ綱渡りをつづけている状態なので、その合間の時間を利用してする単行本の仕事は、どうしても後まわしになり、遅れに遅れることになる。単行本の〆切は雑誌の〆切ほど厳密なものではないからである。

しかし、『インディオの聖像』には大事な〆切があった。この五月にローマ法王がこの本の舞台であるパラグアイを訪問するので、そのとき献本することになっていたからである。それに間に合わなかったので、ローマ法王には、できていた表紙とカラー写真のページに、できていない原稿のページを白紙のまままくっつけて、でき上がり見本のようなものを特別に製本してもらって、それを献本した。活字の部分が全部白紙という本を受け取ったのは、ローマ法王もはじめてだったろう。

＊　＊

この企画はなぜ寝てしまったのか、年譜を見ると、この時期同時並行で連載を五本かかえている。うち一本は週刊誌の連載だから、やはりオーバーワークでバテていたのだと思う。しかしこれも途中まで原稿を書いてあり、時間ができたら、いつでも仕事を再開する予定ではいる。

以上、須田慎太郎カメラマンと佐々木芳郎カメラマンに、かつて切ったまま、不渡り状態になっている手形の書き換え手形として、ここに「今度こそほんとにやるぞ」という決意表明をもう一度繰り返しておく。

I

無人島の思索

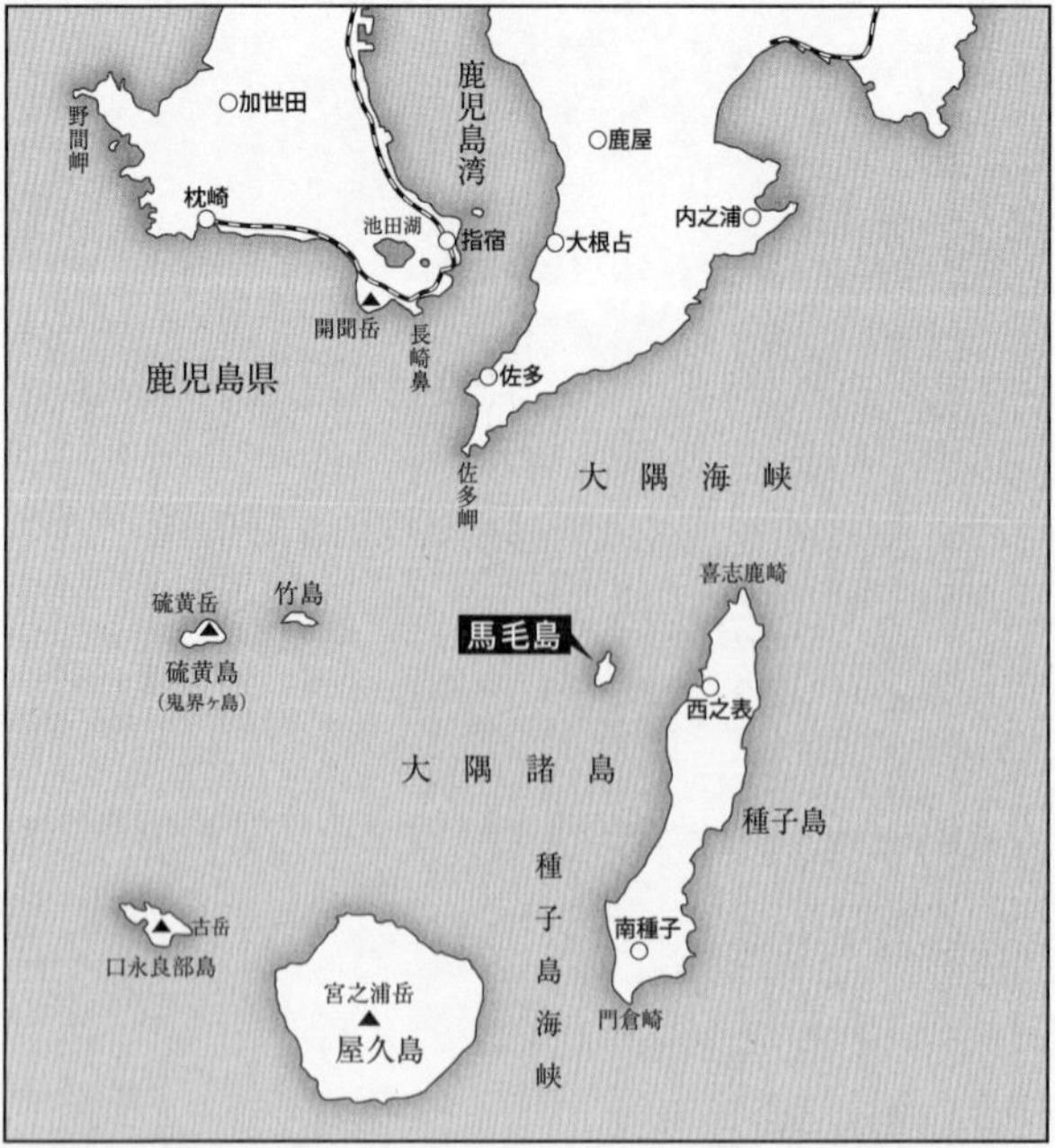
加世田
野間岬
鹿児島湾
鹿屋
枕崎
池田湖
指宿
大根占
内之浦
開聞岳
長崎鼻
鹿児島県
佐多
佐多岬
大隅海峡
喜志鹿崎
硫黄岳
竹島
馬毛島
硫黄島
(鬼界ヶ島)
西之表
大隅諸島
種子島
種子島海峡
古岳
口永良部島
南種子
宮之浦岳
屋久島
門倉崎

第1章　無人島生活六日間（'82・6）

「昔、ロビンソン・クルーソーのやった通りのことができるかどうか実験してみた男がいましてね。結局、発狂寸前までいってしまってやめたらしいんですが、まあ、今回は期間も短いから、別に気が狂うということもないと思うんです……」

と、担当編集者はニヤニヤ笑いながら説明する。

発狂まではいかないにしろ、アルコール中毒、ニコチン中毒、活字中毒、仕事中毒、情報中毒など、各種中毒の複合症状を呈している男を、無人島に島流しにして、禁酒、禁煙、禁活字、禁仕事、禁情報を強制すれば、各種の禁断症状が同時に起り、その複合作用によって、何か相当のことが起るにちがいないと編集者は期待しているようだった。

ここで私の各種中毒状況を記しておけば、アルコール中毒については、毎日の酒量はそう大したことはないにしろ（ビール二、三本、日本酒なら二、三合程度）、まず毎晩欠かしたことがない。タバコは、一日一箱強だが、原稿を執筆して徹夜をするなどというときは、一晩に三箱以上は吸ってしまう。

仕事中毒は、いささか度がすぎた中毒状態である。仕事と無関係の自由な時間などというものはほとんど持ったことがない。そして、仕事の性質上、活字をはじめとする各種情報媒体に朝から晩まで浸りきっているといっても過言ではない生活である。

そのすべてから切り離されたらどうなるのか。

持参するものは、初歩的キャンプ用具一式に、食料と水だけ。酒、タバコのたぐいはすべて取り上げられる。時計も取り上げられ、時間の観念を捨てさせられる。夜の明りはカンテラとし、懐中電燈を一応持参するが、なるべく使わない。原則として、日の出とともに起き、日没とともに寝ることとする。

ラジオ等のニュース・メディアとの接触はいっさいなし。トランシーバーは持参するが、事故等の緊急連絡以外はスイッチを入れない約束である。それ以外の社会とのコミュニケーションは皆無である。

活字はすべて取り上げられる。ノートと筆記用具は持参してよいが、心覚え程度のメモのみとして、書くことに熱中したりしない。

以上の制限内で六日間何をしてもよい。好きなことを好きなようにしていてよい。ただし、何をするにしても、なるべく文明社会の利便から離れて、できるだけプリミティブにというのが、編集部からの注文であった。

私は本質的には文明人より野蛮人

私はこの企画を二つ返事で引き受けた。私は子供のときからこういうことが大好きなたちなのである。編集部は文明社会に毒された人間の典型として、私を実験材料に選んだのだろうが、私は現象的にはともかく、本質的には文明人より野蛮人に近いと自分では思っている。

正式の文明人的野外生活の訓練を受けたことは一度もない。しかし、道端でごろ寝しながら旅をした経験なら、国内でも海外でもある。テントを張ったり、キャンプ用具を扱ったりという経験は、これまでしたことがないが、人間は必要に迫られれば、自分どんな場所でも寝られるし、ありあわせの道具とありあわせの材料さえあれば、自分の食べるものを作るくらい簡単にできるものだということを知るに十分な経験はつんでいる。だいたい、六日間ぐらいなら、水さえ飲んでいれば、何も食べなくたって死ぬことはない。

よく、知らない土地に行ったら水に気をつけろ、土地の人が飲んでいる水を気やすく飲むなというようなことが旅の心得として説かれている。しかし土地の人が飲んでいる水なら、旅行者が飲んだってどうということはない。腹をこわすことはあっても、死ぬことはない。昔、一カ月に一国ぐらいの割で、次々と一〇カ国ぐらいを旅したことがあったが、そのときも土地の水を飲みつづけた。後進国の田舎に行けば、水道などというものはない。近くの川の水を汲み上げてそのまま飲用に供していることがよくある。ひどいときは、それが文字通りの泥水で、全体が濁っているし、コップの底には土砂が沈澱しているというようなこともある。中近東の田舎の地元レストラン（といっても掘立小屋程度の食事処《どころ》）で給仕が供する水がそういう水だったときには仰天した。それでも土地の人が飲んでいるものなら大丈夫である。

それが今回の場合は、水道の水をポリ容器に入れて持参できるうえに、近くには小川もあるという。これだけで生存は保障されたようなものだ。

編集部が見つけてきた無人島は、種子島の西方一二キロにある馬毛島《まげしま》という島である。一時は島民が五百人もおり、半農半漁の生活を営んでいたが、人口流出がつづいていたところに、開発会社が土地を買占めたので、ついに住民が一人もいなくなったという島である。開発会社はこの島をレジャー基地と石油備蓄基地にすることを狙ったが、どちらも成功せず、今日にいたるまで無人のままである（編集部注　その後日本政府が軍事訓練場として買収した）。

島の周囲は約一六キロ。かつては、田畑や牧場があり、集落があり、道路があった。しかし、無人島となってからは、それまで人間に押えこまれていた亜熱帯性の植物群がどんどん進出してきて、全島をジャングル化しつつある。かつては舗装されていた道路も、いまでは左右から進出してくる植物群でふさがれ、それをジープの力で押しわけかきわけしないと進めない。亜熱帯においては、植物の持つ生命力は暴力的ですらある。あと何年かこの島を無人島のままに放っておいたら、人間が住んだ痕跡は植物におおいかくされ、すべてはジャングルに帰ってしまうだろう。人間の生の営みの跡など、自然にとっては、いかほどのものでもない。

マムシ対策と食料計画

いま島に住んでいる動物は、主として野生の鹿で、百頭以上いるといわれる。馬毛島の鹿は、最盛期には一万頭いたといわれるが、人間の進出にともなって激減しつつあった。無人島化によって、再度ふえつつあるとみられるものの、正確なところはわからない。

鹿のほかには、マムシとムカデが多いことで有名だという。ムカデに手を刺されると、腕全体がはれあがってしまうという。

それでも死ぬことはないが、マムシに咬《か》まれたときは手当が遅れたら命の危険性がある。万一に備えてトランシーバーを用意したのも、実はこのマムシに咬まれた場合に備えてのことなのだ。

かつて島に住んでいたという老人が、マムシ、ムカデの習性と、マムシに咬まれたときの応急手当を教えてくれた。咬まれたところをすぐカミソリで切り開いて、毒を吸い出す。そして、そこから心臓に近い部分を縛りあげて血の流れを止める。それで病院に行って血清をうってもらえば、死ぬことはまずないという。

「ほら見てごらん、これがマムシに咬まれた跡だ」

と老人は、手に鮮明に残っている小さな深い咬み跡を示して、

「ここをこういう風に、サッ、サッと切らなければいかん。切るのはカミソリが一番だからね、いつでもカミソリをポケットに入れておいたほうがよい。それと血管を縛りあげるためのゴムも持っていたほうがいいね」

老人の忠告をいれて、島に滞在中、カミソリとゴムひもをいつもポケットに入れておいたが、幸いそれを使わねばならぬような破目にはおちいらずにすんだ。実をいうと、もし本当にマムシに咬まれていたら、大変なことになるところだった。というのは、あとになってわかったのだが、持参したトランシーバーが、とても馬毛島と種子島の間で交信できるだけの性能を持っていなかったからである。

さて、では、馬毛島における六日間を順を追って語ってみよう。

六月九日㈬

裁判（ロッキード裁判丸紅ルート）の傍聴を終えてすぐに羽田にかけつけ、鹿児島に飛ぶ。鹿児島空港ホテルで一泊し、翌朝種子島に飛ぶ予定である。ホテルに入ったのが午後八時半ごろ。食堂が九時までしかやっていないというので、部屋に入らず、食堂に直行し、ひたすら飲みかつ食う。編集者と二人で、刺身の盛合せ、キビナゴの刺身、牛刺し、豚骨、生ウニ、それに上寿司一人前ずつを食べ、生ビールの大ジョッキにつづいて、白ワインの小ビンを四本飲みほす。明日出征する兵士か、ムショ入りするヤクザかという感じで、閉店時間ギリギリまで、かつ胃袋の収容能力ギリギリまで、詰め込みに詰め込む。わずか三〇分間でこれだけのものを胃袋におさめる我々の姿を店の人たちが呆然《ぼうぜん》と見ている。

閉店時間までに、動くのも苦しいほど食べ、かつへべれけに酔う。部屋に入ると、ほとんどそのまま寝てしまう。明日からは早寝早起きの生活をしなければならないのだから、早く寝るにこしたことはない。

六月一〇日㈭

前夜早く就寝したおかげで、早朝五時ごろ目がさめる。

昨夜の暴飲暴食のおかげで、生活のリズムを一夜にして変えることに成功したらしい。

午前九時一〇分の飛行機で種子島に。まず食料の買出し。主食としては、米、ウドン、マカロニ、スパゲッティを買い込む。野菜は、キュウリ二本、ピーマン二袋、ナス六コ、キャベツ一コ、玉ネギ一袋、ニンジン二本、大根一本、味つけワラビ一パック。果物として夏ミカン二コ、サマーオレンジ四コ、レモン四コ。肉類、牛肉二〇〇グラム、ミートローフ一パック、ソフトサラミ一本。缶詰として、ニューコンビーフ、ツナ、鯨大和煮、サバの味噌煮を各一。調味料一そろいといったところである。嗜好《しこう》品《ひん》として許されたのはインスタント・コーヒーのみ。

水は、二〇リットル入りのポリ容器四つに、六リットル入りのポリ容器一つ、それにミネラルウォーター一ダースを買い込んだが、実際に使用したのは、二〇リットルのポリ容器一つ分と、六リットルのポリ容器一つ分ぐらいだった。一日、四リットル強しか使わなかったわけだ。

人間は一日最低二リットル余の水を飲んでいるはずだから、約半分が飲用である。あとは調理と歯みがきに使用した。米や野菜を洗うとか、調理器具を洗うといった目的には、水をいっさい使用しなかった。米や野菜はそもそも洗わなかったし、調理器具を洗うためには、海水を利用した。もちろん、手を洗うとか、顔を洗うといった目的にも利用していない（つまり全滞在期間を通して、手も顔も全く洗わなかったということ。幸い昔からそういうことが苦になる人間ではなかった）。ソックス以外は洗濯もしていない。洗濯をする代りに、三日に一度ずつパンツを焼却した。あとの衣類は着たままである。

こういう水の使い方であれば、一日四リットル程度ですむ。ちなみに東京都の水道の基本料金は一〇立方メートルで六一〇円。一リットル当りにすると、わずか六銭である。生存に必要な水だけを考えれば、タダ同然の値段である。

釣りを初歩から学ぶ

ひと通りの買物を終えて、島に船で渡ったのが、午後二時ごろである。編集者が下見にきてキャンプ設営場所として設定していた場所は、島の南東端で、島の中でも一番殺風景な場所である。背後からは密林が迫り、前方は岩石がゴロゴロしているだけの磯。これといったものは何もない。

実はこの馬毛島周辺はかなりいい漁場でもある。だから、無人島とはいえ、漁師や釣人がかなりやってくる（日本の無人島はたいていそうであって、完全に人がこない島というのは、めったにない）。人がきたのでは無人島の意味がないから、この島の中で、人がくる心配が全然ない場所としてここが選ばれたのである。人がこないというのは、この辺では魚が釣れないということでもある。

食料は一応六日間食べるに足るだけの材料を持ち込みはしたが、できるだけ現地調達もすることになっていた。つまり、魚を釣り、海草を拾って食べろということなのだ。

しかし、困ったことには、私は魚釣りの経験がまるでないのだ。純粋にまるでない。

唯一魚釣りに近い経験としてあるのは、小学生のころ、近くの釣堀で、ライギョを釣針でひっかけて釣り上げる遊びを一度したくらいのものである。ほんとの釣竿、釣針には手を触れたこともない。

無人島に来る前に子供向けの釣りの本を一冊買ってパラパラめくってみたが、とても一夜漬けで身につく知識ではないことがわかったので、すぐに独学をあきらめ、現場にきてから地元の人にここの釣場で必要なことだけを教わろうと心にきめた。編集部の事前の依頼で、地元の案内人が、釣り道具一式に仕掛け多数を用意しておいてくれることになっていたのだ。

たしかにその用意はあった。用意されていた竿は、大型のリール竿で、仕掛けはすべてアオブダイ用だった。

「アオブダイなら誰でも釣れますよ。リール竿は投げたことがありますか。え、ない。釣りはどれくらいやったんですか。え、ぜんぜん」

ここにいたって、案内人も私もお互いに置かれた恐ろしいシチュエーションにはじめて気がついたのだ。向こうは釣りの経験者であることを当然の前提とした用意をしており、こちらは全くの未経験者に対する初歩の初歩からのオリエンテーションを期待していたのだ。

案内人は困った顔をして、ミチイトがどうで、ハリスがどうでと、ごく初歩的な説明をはじめようとした。ところがこちらは、ミチイトもハリスもわからないから、それでもわからない。時間もあまりないことだし、案内人は、説明のポイントをギリギリ四点にしぼることにした。まずエサである。このあたりで入手できるエサはカニである。小さなカニがその辺いたるところにいるから、それをつかまえて、脚とハサミを全部もいで、胴体だけにしてしまう。そして、目玉から目玉へ針を通すようにする。説明しながらそれを実演してみせる。こともなげにつかまえたカニの脚をもぎ、目玉に針を突きさす。突き刺された瞬間、カニの目玉が痛みに耐えかねたかのように、外にピョンと飛びだすのである。釣りをする人というのは、みんなこんな残酷で恐ろしいことを平気でやっているのかと思ってアゼンとした。明日からこんな恐ろしいことが自分にできるようになるのだろうかと、そのときは思ったのだが、翌日は、最初の一匹、二匹こそ内心の抵抗があったものの、あとは全く平然とカニの脚をもぎ、目玉に針を突きさせるようになった。自分にはとてもできまいと思ったことに、こうも簡単に自分が慣れていく姿を見るのは恐ろしい体験である。

カニ以外には、貝の身もエサになるが、カニにくらべるとだいぶ劣る。

「牛肉はエサになりませんか」

牛肉があることを思い出して、そう案内人にたずねてみると、
「やってみたことはないけど、ダメでしょうね」
と彼はまじめにとりあおうともせず、説明を急いだ。あとは、針を失った場合の結び方、仕掛け全体を失った場合の仕掛けの結び方である。これを両方とも実習させられた。これは大変役にたった。仕掛けも針も一度も失わなかったのだが、やがて、アオブダイを狙うのをやめて、もっと小さな魚を狙って、独自に仕掛けを作ったりするようになったからである。

最後の説明は漁場だった。アオブダイはこの辺では釣れないから、北の方にいくか、西の方にいくかして、岩場か突堤の先からかなり深いところに針を投げろという忠告だった。

約一時間くらいかけて、手短かにこれだけの説明を受けたところで、これで私にも魚が釣れそうだとは全く思わなかった。説明をしてくれた案内人もそう考えているだろうことは、その表情からすぐにわかった。

実をいえば、ここにくるまでは、毎日のように食べきれないほど魚が釣れて、刺身にしたり、塩焼きにしたり、魚にウンザリして捨てたりという光景を頭に描いていた。だから、魚を焼くための焼き串を用意したし、出刃包丁に刺身包丁もわざわざ金物屋

で買いそろえてきたのである。

ところが、結論から先にいってしまうと、それから六日間にわたって、毎日少なくも一度は釣糸をたれながら、ついに、刺身にしたり、塩焼きにしたりするような魚は一匹も釣れなかった。包丁も焼き串も包装から出されることなく終ったのである。

豪華だった最初の晩餐

魚が一匹も釣れなかったというのではない。仕掛けをいろいろ変えてみて、長さ一五センチぐらいのベラなら、いくらでも釣れることがわかったが、それがあまりにも毒々しい色をしているので、気味が悪くて食べなかったのである。

だから、結局、海草と貝類を少し拾って食べた以外は、食料の現地調達はまるでできなかった。持参したものを食いつぶしていっただけである。

そういうことになるとは夢にも思わず、初日は二〇〇グラムの牛肉をオイル焼きにし、キュウリを一本生で丸かじりにし、飯ごうで炊いた温かいごはんを食べながら、なかなかいける晩めしだわいと思っていた。

案内人と編集者が去り、一人取り残されてから、すでに二、三時間たつはずだが

（これ以後時計がないので、時間はすべて当てずっぽうである）、ことさらに心境の変化は何もなく、ただ快い疲れを感じていた。そして、テントに入って、ちょっと横になると、そのまま服も脱がず寝袋にも入らず、グッスリ寝入ってしまった。酒なしで夜簡単に眠りにつけるだろうかという心配は全くの取り越し苦労に終わった。

六月一一日㈮

目がさめると、すでに陽は高い。テントの中は暑さでムンムンする。何時なのか。時計がないので時間がわからない。時間にしばられた予定は何もないのだから、時間などどうでもよさそうなものだが、それがそうではない。時計がないと、一日の生活時間の適正な配分ができない。たいていのものがないことには簡単に適応できたが、時計がないことには、最後まで慣れることができなかった。無意識のうちに、「いま何時だろう」と自分の手首に目をやり、そこに腕時計がないことにあらためて気づくということを何度となくくり返した。

小学校の理科の時間に習ったことを思い出して、太陽の位置や、潮の干満から時間を判断しようとするのだが、観察の積み重ねがないから、すぐにはわからない。島に来る前に、新聞をよく読んで、日の出、日の入り、潮の干満の時刻を覚えておくのだったと悔んだが、もう後のまつりである。

この日の日記を見ると、「午前九時か一〇時ごろか。満潮をちょっとすぎている」とある。後に当日の暦を調べてみると、満潮は午前一〇時ごろ。まあまあいい線をいっていたことになる。しかし、島に来る前に新聞で干潮、満潮の時刻を見ておいても、あまり役に立たなかったろう。これまた帰ってから学び直してわかったことだが、干潮、満潮の時刻は、毎日約五〇分ずつ遅れていくなどということは、すっかり忘れていたからだ。

目はさめたものの、元気はつらつというわけではない。体は重いし、気も重い。体が重いのは疲れがよくとれていないため。気が重いのは朝めしを作るのが面倒くさいため。いつもなら、トースターにパンを一枚ほうり込んで、紅茶を入れれば、それだけで朝食の準備は終りだが、ここではそうもいかない。

朝食の準備の前に、与えられた装備品をあらためて仔細に検討してみて、これは大変だと思った。調理用具はコッヘルと飯ごうしかない。コッヘルというのは、直径一四センチぐらいのナベが二つとフライパンが入れ子になっているものである。見るからにチャチで、フライパンなどあまりにヘナヘナで、これで料理ができるのかと心配になってくる。そして困ったことには菜ばしがない。菜ばしなしで、どうやって調理をするのか。さらに驚いたことには、食器が何一つない。茶ワン、皿、カップのたぐいがいっさいない。どうやら、ナベやフライパンから直接食することが期待されているらしい。恐ろしいことになったものである。

ともかく、菜ばしなしでは料理ができない。まず菜ばしを作ることからはじめた。幸い、海岸には、木材にまじって、竹材が何本か漂着してころがっている。これをナイフで割って、適当な長さに折り、菜ばしとした。

朝食の献立は次の通りである。まず、ナスの味噌汁を作り、これに昨日の夕飯の残りをぶち込んでおじやとした。ミートローフのパック（二〇〇グラム）をあけ、これをサラダオイルで焼いて、醤油をひとさしした。このパックを破くときはじめて気がついたのだが、ミートローフは製造年月日が五月一日で、賞味期間は三五日間とある。とっくに賞味期間がすぎたものが売られていたわけである。しかも、昨日から今日にかけては、冷蔵庫にも入れていない。悪くなっていないかどうか、丹念に、においをかぎ、手ざわりを試し、口にふくんでみて舌ざわりを調べてみる。まあ、死ぬほどのことはあるまいと結論を下す。ナスとピーマンの油味噌炒めを作る。コッヘルのフライパンでは小さすぎるので、大きいほうのナベを使う。

以上の三品を作るのに、おそらく一時間はたっぷりかかったろう。設備と道具がそろっている家なら、一五分ぐらいですんだはずだ。ともかく、まあ満足すべき朝食を終え、コーヒーをわかして飲み、タバコに火をつけて記念写真を撮る。実をいうと、タバコを三本だけ胸のポケットに隠しておいたのである。うち二本は昨日の夕食後に吸ってしまったから、これがほんとの最後の一本である。

それがすんだところで、トイレの場所をさがす。陸上にするか、海中にするか迷ったあげく、海なら水洗便所になるだろうと、海岸べりの場所を見て歩く。

絶好の場所を発見。ほどよい幅で入江状の地形が開けている岩場があり、足をのせるのにおあつらえ向きの岩が同じ高さで左右対称にちゃんとある。腰を落とせば、さわやかな潮風が尻のあたりをくすぐり、岩場を洗う波の音が耳に入るのみで、きわめて快適。目を下に落とせば、入江状の地形に寄せては返す波の動きが目に入る。このあたりの海は、谷間の渓流かと見まごうほどに水が澄んでおり、そこにこれから排泄物を落とすのかと思うと、何か悪事をたくらんでいるような気がする。

しかし、たちまちにして、腰に快感が走り、中サイズ五本を一挙に排出。量がかくも多かったのは、やはり一昨夜の島流し前、最後の晩餐にと暴飲暴食した故だろうと思われる。翌日からは、量が激減した。この日の三分の一以下になった。食生活が乏しくなったうえに、運動量がふえて、消化吸収がよくなったからだろう。

四二歳の惑い

出すものを出したところで、何をしようかと考えた。別にこれといって何もしなくてよいのだが、人間はやはり何もしないでいるということには耐えられない生物である。暇な時間ができると、すぐに、さて何をしようかと考えてしまう。

私が無人島に行くということを知ったときの、周囲の人々の反応が面白かった。「そりゃ退屈だろうな。何もすることがないでしょう」といった人もいるし、「海岸だったら、何を見ててもあきないですよ。ヤドカリを観察しているだけだって一日楽しめますよ」といった人もいる。ワンゲル出身の担当編集者は、「島をずっと探検して地図を作ったら面白いですよ」と目を輝かせていった。その他、終日魚釣りをするなどいろいろのことをすすめてくれた人がいるが、結局、誰もかも、その立場に置かれたら自分がやってみたい、あるいはやるだろうと思うことをすすめていることが明らかだった。

私自身はどう考えていたかというと、これという具体的な腹案は何も持っていなかった。ただ、ぼんやりと考えていたことは、この機会を利用して、自分の生活と人生にまとまった反省を加えてみたいということだった。

無人島に来る直前に、私は四二歳の誕生日を迎えた。四二歳といえば、男の大厄《たいやく》の年である。厄よけをしないと厄年に厄難にあうなどということを信じているわけではないが、四二歳を男の大厄としたことには、それなりの古人の知恵が働いていると近ごろつくづく思うようになった。四二歳というのは変調の年なのである。実際、肉体的にも精神的にも、これまでに体験したことがないほど、大きな変調がきていることを実感しつつある。肉体的には、なべてに無理がきかなくなった。先だって、徹夜がつづいたときに、突然目まいに襲われ、壁に手をやらなければ立っていられないほどの目にあい、愕然《がくぜん》とした。ちょっとした坂道や長い階段で、すぐに息切れがする。酒量が落ちた。深酒するとてきめんに身体各所にひびく。下痢をする。痔の気が出る。心身ともに半日ぐらいすっきりしない。腰のあたりにだるさを感じることはしょっちゅうあるし、膝のあたりに痛みが走ることもある。ジョギングをする元気など到底ない。

精神能力の面でも、記憶力の減退、思考能力の衰退が自覚できるほどにあらわれてきている。新しいことには何でもすぐに好奇心を持つのを常としていたのが、次第に、好奇心の対象領域が狭くなった。「これは面白い」と感ずるものより、「ふん、くだらん」と感ずるもののほうが多くなった。若さに対して、好意を寄せるより反感を感じることのほうが多くなった。若さの持つ青くささが耐え難くなってきたのである。だいたい、三〇歳以下の人間をローティーンまで含めて一括して「いまのガキどもは……」と語れるようになった。

要するに、精神的にも肉体的にも、老化現象、保守化現象が明らかにあらわれているのだ。考えてみれば、肉体的には人生の折り返し点をとっくにすぎている。人生の半分以上はすでに終っているのだ。生理的年齢だけでなく、社会的年齢についても同じことがいえる。現代人はおおむね二〇歳前後で社会人となり、六〇歳前後で社会から引退する。四二歳という年は、この社会的年齢からいっても、折り返し点をちょうどすぎたところにあたるのだ。

ふり返ってみると、状況に流されているうちに、いつのまにか人生の半分が終わってしまったような気がする。あとの半分も状況に流されているうちに終ってしまったということになってよいのか。だが、状況に流されて終るのがいやだとして、何をどうすればよいのか。

四二歳というのは、こういう惑いが生じる年なのである。孔子が「四十にして惑わず」といったのも、四〇歳が人生における惑いの年齢であるからに相違ない。

自分が人生の節目にさしかかっていることを自覚しても、ただ日常生活をつづけているだけでは、日常性に追われて、節目を真の節目たらしむることができない。そんなことを感じていたときだったから、無人島の企画は日常性から離れて自己を省《かえり》みる絶好のチャンスだと思って話に乗ったのである。無人島に一人でほったらかしにされるくらい、ものごとを考えるのにいい環境はないだろうと思ったのだ。いろいろ考えながらノート一冊くらい書きつぶすのではないかと思って、一冊七〇〇円もする高級ノートをわざわざ買ってきた。しかし、現実には、高級ノートの大半は白紙のままに終った。一日平均三ページくらい、大きな字のなぐり書きで、もっぱら即物的な行動記録をのこしたにすぎない。たとえば、この日の記録の最後の一ページのメモは次のようになっている。

魚つり、まったくダメ。突堤までいくがダメ。
夕メシ——支度中に日没。
キャベツ炒め。ナス和風煮。
ナス塩もみ。
コーヒー飲んで寝る。

けっこう忙しい。

ものを考えているひまなどあまりない。

このメモでわかるように、いろいろ考えごとをしようと思って無人島にきたものの、まとまりのあることは何一つ考えずに終ったのである。

それだけではない。活字の持ち込みをいっさい禁じられていたにもかかわらず、実をいうと、私はひそかに一冊の本を隠し持っていた。ところが、それを取り出して読むという気力が全く起らなかった。結局、その本には指一本触れずに終ったのである。

生活改善のための重労働

無人島生活というのは、全く知的なものではない。知的生活などという贅沢が許される環境ではないのである。とにかく生活に追われる。まず、家事に追われる。掃除、洗濯のたぐいはいっさい省略したが、それでも食事だけは欠かすことができない。何を食べるかを考え、その支度をし、できたら食べる。食べたら後かたづけをする。日に三度それをくり返す。それだけで、一日五時間前後、起きてる時間の三分の一は費やしてしまうのではないだろうか。今回は食料を一応持参したからまだよい。これで毎日毎日、その日食べる食材そのものを自分の手で調達しなければならないとなったら、一日中、食べることだけにかまけて終るだろう。人間にとって食べるということは、こんなにも大変なことなのか。通常は食物獲得を社会システムの共同作業でこなしてしまうから、その大変さが実感としてわからないが、社会システムから切り離されて単なる一個人になってしまったら、とたんにその大変な作業が全部かぶってきて、一個人はその作業にアップアップするだけの貧しい存在になってしまう。

ひまができて、さて何をしようかと考えたときに、まず何よりも先に思いつくのは生活環境の改善である。人間の二大本能といえば、食と性だが、三番目の本能が何かといったら生活環境の改善であるという説があるが、なるほどそうかもしれない。

食事をするにも、何をするにも、座る場所がない。そこで付近の海岸を歩いて、漂着している流木の中から、座るのに適当なものを見つけだしてかついでくる。うち一つは電柱ぐらいの大きさの材木であったために、汗水たらしながらの大奮闘となる。一キロばかり離れたところに、リンゴ箱をひとまわり大きくしたような丈夫な木の箱が漂着していたので、これまたかついでくる。かなり厚手の板で作ってあったために、これまた大変な重労働。重さでよろめき、途中で何度も放棄したくなりながら、ようやくテントのところまで運んでくる。しかし、これは運んだかいがあった。箱の中に調味料や、コッヘル、包丁などの用具類をおさめ、箱の上部は、調理台と同時に、食卓として使うことができる。箱一つで生活環境がこんなにも変るものかと感心する。

次に、プロパンガスのコンロを使うのは面白くないので、石を積み重ねて、流木を燃やすカマドを作ろうと思った。これまた沢山の石を手で運んでこなければならないので重労働である。ところが、どう構成しても、コッヘルのごとき小さなものをのせて安定させ、しかも流木を燃やせるというようなカマドを石の積み重ねで作ることはできず、この計画は失敗に終る。

こういうちょっとした生活環境の改善をはかるためだけでも、大変なエネルギーと時間を必要とする。こうした即物的、技術的なことに頭をあれこれ使わねばならないから、とても目の前の生活事実を離れた考えごとなどしている余裕がないのである。

夜、寝床につくときには、前日と同じように、クタクタに疲れきっており、またも、服も脱がず、寝袋にも入らず、そのままゴロンと横になって寝入ってしまった。いつもなら、頭の中を余計なことがあれこれ去来するのを殺すために、ここで酒が必要になるところだが、そんな必要性が生じる前に、頭は寝入ってしまっていた。

不思議な心理体験

六月一二日(土)

早朝に目をさます。少し腰が痛い。朝食は昨日の残りもの。ナスを醤油味で煮た汁の中に冷ごはんを入れて温めて食べる。午前中はもっぱら魚釣りをする。歩いて三〇分ほどのところにある廃港の突堤までいって、釣糸をたれるが一匹も釣れない。昨日の午後も同じ場所で数時間にわたって釣糸をたれてみたが、やはり一匹も釣れなかった。しかし、エサのカニとりはうまくなったし、竿さばきも様《さま》になってきた。なるほどこれが魚信というものかという手ごたえも二度ばかり味わうことができた。しかし、あまりにも釣れないので、ウキの位置を変えたり、針を小さなものに変えてみたり、エサを投げ込む場所をあちこち変えてみたり、いろいろ試してみる。魚釣りというのは、釣れなくてもそれなりに面白いものだということがわかってくる。人間はついつい工夫に工夫を重ねる動物なのだ。これは第四の本能といってもいい。

テントまで戻り、昼食。たきたてのメシにマヨネーズをまぶし、それに醤油をたらして食べる。海岸に無数にころがっている小さな巻貝を拾ってきて、それと千切り大根を実にして味噌汁を作る。大根の薄切りの酢醤油漬と、おかずはソフトサラミ。これで、持参した動物性蛋白源は缶詰を除いてすべて食べ尽くしたことになる。野菜もナス三コが腐っているのを発見するなど、どんどんだめになってゆく。果物は、もともとものが悪かったらしく、夏ミカン、サマーオレンジ、いずれもパサパサ。レモンは腐りかけ。冷蔵庫なしの生活の恐ろしさ。

これではビタミン不足になる恐れがでてくると思って、夕食のとき、名前はよく知らないが、海草サラダなどにたしかに入っていたと記憶する海草類を拾ってきて、酢味噌あえにして食べる。意外にやわらかくてうまい。ちなみに夕食の献立は、この他に、ツナ缶をあけてチャーハン（ツナ、ニンジン、ピーマン、玉ネギ）、オニオンスライスとツナのサラダ、ニンジンを一〇センチばかりそのまま丸かじりというもの。

この日は、午後も、場所を変え、エサを変えして釣りにしばらくはげんでみたものの、やはり収穫なし。そのうち釣りにあきたので、服を脱ぎすて、フリチンにてあたりを徘徊し、しばし水とたわむれなどする。誰もいないので、いかに子供っぽいことをしても平気なのだ。ふと気がつくと、両腕の日焼けがひどい。朝から強い日射しの下で、半袖で動きまわっていたからである。腕は熱を持ちはじめている。これはやばいと思い、あわててテントに戻り、腕にタオルをまきつけ、水をかける。ポリタンクの水は太陽熱でお湯に変っている。それくらいこの日は暑かった。照りつける太陽に恐怖を感じる。この恐怖感は、インドや中近東で感じたことはよくあるが、日本で感じることは珍しい。このまま太陽に焼かれつづけたら火傷《やけど》をすると思って、テントの中に入ると、これがサウナの中よりひどい暑さ。いたたまれずに外に出る。帽子をかぶり、長袖のシャツを着て、腕のところに水をかけながら、しばらくジッとしていることにする。インドでも中近東でも、太陽が兇暴なときは、みな太陽に逆らわずにジッとしているものだ。

夕暮になって、なにげなしにあたりを見まわしているときに、ふと、周囲の風景が、これまでにない親しみを帯びて迫ってくるのを感じた。これまで、自分と周囲の風景との間には、どこかよそよそしいものがあった。それが突然かき消えてしまったのだ。これは自分がずっと前から知っている風景で、自分はこの風景のあらゆる細部に通じているというような気がする。不思議な心理体験だった。全く新しい環境に慣れ親しむのに充分な時間をここですごしたということだろうか。まだ三日弱なのだが。

嵐が来た！

六月一三日(日)

夜中にすさまじい風雨の音で目がさめる。大嵐である。いつも夜中に起きて小便をするときは、テントから離れたところにいくのだが、今日は、どうせ雨が洗い流してくれるだろうと思い、テントの出入口に立って外に向かって放出する。

もう一寝入りすると夜が明けていた。強風はまだ吹いているが、雨はやんでいる。外に出てみると、あたり一面に海草がちらばっている。ナベにたまっている水をなめてみるとしょっぱい。夜中に大波の飛沫《しぶき》がここまで飛んできたのだろう。

朝食を作ろうとするが、どんな強風でも消えないはずのガスコンロが役に立たない。別に用意してあった固型燃料を使う。メシをたき、玉ネギの味噌汁、ピーマン、ニンジン、キャベツを細かく切ってサラダとし、それに鯨大和煮の缶詰をあけて朝食とする。しかし、風が激しく、サラダなどは切ってるそばから風で飛ばされてしまう。なかなかメシもたけない。そのうち止んでいた雨がまた激しく降りだす。しばらくはレインコートを着て頑張るが、雨が土砂降りになり、あわてて、準備中の食事ごとテントの中に緊急避難。

テントの中で朝食をすませるが、嵐はいよいよ激しくなる。このテントは、強風のときは、ひしゃげて風を逃がす構造になっているために、内容積がいつもの三分の一くらいの大きさになってしまっている。これでよくこわれないものだと感心する。そのうち、異様な音をたてながら、テントがバタつきはじめる。どうやら、テントの張り綱が飛んでしまったようだ。なんとかしなければ、今度はテントが危い。レインコートを着て外に出てみると、吹き飛ばされそうな風。これだけの強風は、台風に直撃されたときでもなければ体験できない。なにしろ、雨があたると、石つぶてをぶつけられたように痛いのだ。このあたりは地盤が固いので杭がきかず、テントの張り綱はすべて石で押さえてあった。それが風で外れて、あちこちでロープがバタバタしている。海岸から重そうな石を運んでは、全面的に押さえを補強し直さなければならない。その重労働を終えて、テントの中に戻ると、もらないはずだった水がもって、テントの中はビチョビチョ。

しかし、ジタバタしても仕方がない。なるようになれと覚悟をきめて、寝袋の中に入りひとカキすると、うまい具合に眠気が押しよせてきて、そのまま寝入ってしまった。

目をさますと、嵐はほぼやんでいる。まず、シャツを雑巾の代りにし、テントの中の水を吸わせてはしぼりして排出する。昼食の用意をする。残りごはんをサラダオイルで焼き、それに醬油をかける。ピーマンと玉ネギを炒める。ニンジンを五センチくらいかじる。だんだん貧しい献立になってきた。缶詰をあけないとこういうことしかできない。

この嵐で打ち上げられた魚はないかと付近を見てまわるも、やはり世の中そう甘くはない。仕方なく、再び釣りに出かける。この日の午後も、ほぼ釣りに費やす。今日は海が荒れているせいか魚信すらない。カニを二〇匹ぐらい犠牲にするも空《むな》し。これだけ沢山のカニの手足をむしり取って、一匹も魚が釣れないようでは、カニに申しわけないような気がする。

夕刻になってから、方針を変えて、小さな魚を釣ろうとする。ここの海は澄んでいるから、小さな魚なら、いくらでも泳いでいるところを肉眼で観察することができる。一番小さな針に、小さな巻貝を叩き割って中の身をエサとしてつけてやり、そっと魚が見えるあたりにたらしてやると、たちまち一〇匹くらいの魚がむらがり集まったかと思うと、ピクンピクンと大きなアタリが手にくる。文字通りの入れ食いである。釣れたのは、一〇センチくらいの青と赤のまだら模様の気味が悪い魚。もう一度同じエサを同じところにたらしてやると、またも入れ食いで、同じ魚が釣れる。大きさは少し大きくて一五センチくらい。食べれば食べられるのかもしれないが、気味が悪いので、たしかに魚を釣ったぞという証拠写真だけとって、捨てて帰る。

夕食にウドンを作る。大根、玉ネギ、キャベツを入れた野菜ウドン。つゆのほうはうまくできたのだが、ウドンをゆでるのに失敗。風が強くていつまでたってもお湯が沸騰するところまでゆかない。待ちきれずにウドンを入れてしばらくゆでたのだが、これを口に入れたら、ネチョネチョ。とても食えたものではない。思わず吐き出してしまう。結局、この日の夕食はウドンのつゆだけになってしまう。別のものを作り直す気力もなく、そのまま寝る。

島内一周を試みる

六月一四日(月)

快晴なれど風強し。一日をフルに使えるのは今日が最後なので、島を一周してみようと決心する。一日仕事になりそうなので、にぎりめしの弁当を作る。ノリもウメボシもないので、塩味だけのおむすびである。これをサラダオイルでよく焼いて醬油をかける。子供のころ海水浴というと必ずこの油焼きおにぎりが弁当だった。ニューコンビーフをあけ、これをキャベツと炒めておかずとする。朝食も弁当も同じ献立である。残っていた大根を味噌漬と酢醬油漬にする。しなびさせるより、漬物にしたほうがよい。

楽しみながら歩いたので、島内一周には、ほぼ丸一日かかった。ここにその詳細を記す余裕はないが、この島の西半分は驚くほど美しい。東京の近くだったら、たちまち観光開発されていただろう。特に、大平瀬は忘れ難い。とてつもなく巨大な一枚岩が海中にすべり込み、そこに大波がくり返し打ち寄せてくる勇壮な眺めは、いま思い出すだに感動的で、あれを見るためだけにでも、もう一度あの島にいってみたいと思うくらいだ。

島を一周しながら、あちこちで釣糸をたれてみたが、やはり食べられそうな魚は一匹も釣れなかった。翌朝、迎えの人々が来る前に、もう一度挑戦してみたのだが、やはりだめだった。こうして、出刃包丁も、刺身包丁も、ついに使うことなく終ってしまった。

持参の食料があったからよかったようなものの、それがなければ栄養失調になるところだった。毎日魚釣りから戻るたびに、一人でよかったと思った。これでテントには、魚が釣れるのを待ちわびている妻や子がいるとしたら、帰りの足は、日ごとに重くなっていったろう。そして、状況が改善されなければ、魚釣りがうまい男のところに、私か妻かが頭を下げて魚をもらいにいかねばならなかったろう。おそらく、権力の起源というのはそういうところにあるのだ。

いつの世でも、権力はプラクティカルな人間の手元にあるのである。非プラクティカルな人間、つまり、無人島で暇ができたら、ぼんやり考えごとをしてみたいとか、自然を観察してすごしたいとか、風景を眺めていたいとか、未知の世界を探検してみたいとかいう非実用的文化的性向を持った人間は、権力とは本質的に無縁なのである。そして私は、自分がきわめつきに非プラクティカルな人間であることを無人島で再発見した。これからも心おきなく汚職政治家たちへの批判をつづけられそうである。

仕事中毒も治った

ところで、無人島で強制された、禁酒、禁煙、禁情報だが、不思議なことに、私には何の禁断症状ももたらさなかった。禁情報は商売柄つづけるわけにはいかなかったが、禁酒、禁煙はそのまま今日にいたるまで何の困難もなく継続している。おそらく、無人島にいる間に、ニコチンもアルコールも体内から抜けきってしまったのだろう。別にほしいという気も起らない。禁酒、禁煙を実現するのに、あるいは、無人島生活は最良の方法なのかもしれない。

困ったことが一つある。日常社会生活から無人島生活への移行には、きわめてスムーズに適応することができたのに、その逆が必ずしもスムーズでないことである。つまり、昔のような仕事中毒症的生活にいまだにうまく適応できないでいる。この世の中で起きていることどれ一つとっても、それほど大したことではないと思えてしまう。そうあくせく働く必要はないと思う。要するに仕事中毒からも脱してしまったのである。困ったことというよりは幸いなことというべきかもしれない。

（『週刊文春』一九八二年七月一日号・八日号）

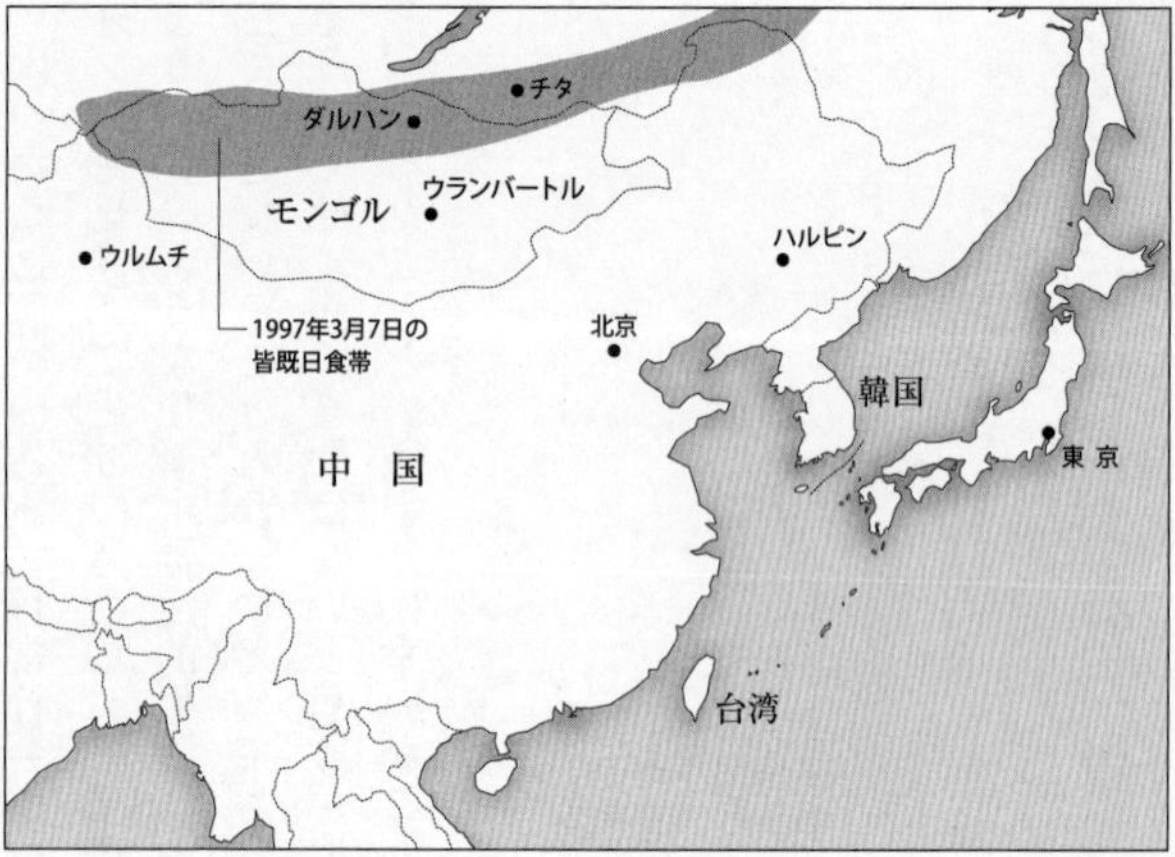
チタ
ダルハン
ウランバートル
モンゴル
ウルムチ
ハルビン
1997年3月7日の
皆既日食帯
北京
韓国
東京
中国
台湾

第2章　モンゴル「皆既日食」体験（'97・3）

「モンゴルに皆既日食を見に行きませんか?」

と、テレビ朝日のプロデューサーからさそわれた。

「いまヘール・ボップ彗星がどんどん大きくなっていて、その頃ちょうど見ごろになるんですよ。皆既日食で空が真っ暗になると、今度はヘール・ボップが見えてくる。こんなことは二度とありません。世紀の天文ショーだというので、世界中から天文ファンがモンゴルに押しかけるらしいです」

私は実は、中学生のときには望遠鏡を手作りして（当時はみんな金がなかったから、よほどの金持でないと、望遠鏡は手作りしたものだ。そのための自作キットがあった）星や月を観測して喜んでいたし、いまは口径二五センチの反射望遠鏡を持っていて、ときどき自宅二階の物干場から星を見ている隠れ天文ファンなのである。

こんな魅惑的な提案を受けては乗らないわけにいかない。無理やり他のスケジュールをおしのけて、モンゴルに行くことにした。

モンゴルには世界中の天文ファンが押しかけている、というのはうそではなかった。北京から乗ったモンゴル航空ウランバートル行は、それらしい人でいっぱいだった。

日食観測のための基地を設営したのは、ウランバートルから二〇〇キロほど北上したところにある、ダルハンという町の郊外である。もうシベリアがすぐ近くという場所だった。

「ほとんど南極越冬隊という感じの場所ですよ」

といわれていたが、たどりついてみると、なるほど南極越冬隊である。小高い丘の上にあって、三六〇度ほとんど見わたすかぎりの大雪原なのである。そこに、モンゴルの遊牧民たちが使う組立式の移動住居「ゲル」（日本ではよくパオといわれているが、パオは中国語。これは実に合理的にできていて、組立てるのに一時間もかからない）が四棟とテントが二張り。それにプレハブ仮設住宅が一つあって、そこに日本から約三トンの機材を持ちこんだ。二〇人のカメラクルーと技術スタッフがいて、生中継からVTRの編集まで、何でもできるようになっている。KDDの技術者も一チームいて、日本との衛星通信も万全になっている。なにしろ、皆既日食そのものの生中継特番が一時間あるだけでなく、四日前からその前後さまざまな番組が七本も組まれていて、生中継またはVTRで、この基地から発信されるのである。

ヘール・ボップ用のカメラと日食用のカメラと二台あって、どちらも赤道儀で追えるようになっている。ヘール・ボップは、光量が少いので、コンピュータで画像処理して鮮明にするが、その専門家もいる。最近の天体の映像はスチールでも動画でもほとんどすべてコンピュータで画像処理されている。普通の人は知らないが、天文台の観測も、素人のマニアの観測も、最近はすべてコンピュータを使っている。画像処理といっても、オリジナルな画像情報に妙な人工的な手を加えるわけではない。画像情報を一定時間メモリーに蓄積していって光量を上げていく。写真でいえば、現像するときに増感するようなものである。要するに望遠鏡の感度を上げたと同じことになる。その効果は驚くべきもので、画像処理を重ねると、「ホーッ」とため息が出そうなほど美しい映像に仕上がる。実際、日食の前の日の晩の番組で、本番前に撮ってあったヘール・ボップの映像をVTR送りで使ったところ、スタジオから「ホーッ」という声がもれていた。

ヘール・ボップは、ほとんど毎朝毎晩見えていた。やはりモンゴルの空は澄んでいる。東京のようなスモッグもないし、都会の灯の妨害もないから、星が実によく見える。しかし、残念ながら、ヘール・ボップの位置はまだ低かった。しかし、日食になれば、相当の高さに見えるはずだった。

ダルハンでの皆既日食は、現地時間で午前九時近くに起きる予定で、そのとき太陽はまだ低く、高度一三度くらいのはずである。それに対して、ヘール・ボップは、高度五〇度から六〇度で、中天高くという感じで見えたはずなのである。

見えたはずというのは、肝心の日食当日、雲が出てしまって、実際には見えなかったからである。

雲が出たから、皆既日食も見えなかった。残念ながら、日食はお天気次第というところがあって、どこか遠いところで起こる日食にわざわざツアーを組んで出かけていっても、雨に降られたり、雲が出たりして見られなかったという話はよく聞く。不運な人になると、五回も六回も行っているのに、ついにまだ一回も見ていないという人もいる。

今回の日食観測チームに加わってはじめて知ったことだが、世の中には「日食病」にかかった人が沢山いて、皆既日食と聞くと、世界のどこであろうと、万難を排して駆けつける人たちがいる。皆既日食は、ほぼ毎年のように世界のどこかで起きる。それを見に行く日食ツアーが幾つも組まれる。マニアたちはたいていツアーに参加して、日食見物がてらその辺の観光旅行もいっしょにするのだが、もっと熱心なマニアで忙しい人になると、「特攻隊」といって、日食当日現地に飛んで、その時間帯だけ現地に滞在し、またすぐトンボ帰りするという。

モンゴルにも、そういうマニアたちが沢山きていた。

実は我々の観測隊にも、そういうマニアが二人参加していた。一人は、洞澤繁《ほらさわしげる》さんというアマチュア天文家で、本職は歯科医なのだが、日食というと、病院を閉めて、自分でツアーをオーガナイズして、グループを率いて現地に行ってしまうような人なので、マニアの間ではつとに有名である。その経験と専門知識を買われて、今回はテレビ朝日の技術アドバイザーとしてチームに加わった。

もう一人は、観測隊の食事の世話をしてくれた相川澄子《あいかわすみこ》さんという新潟県の女性である。彼女は、三年前に南米を放浪旅行していたときに、偶然皆既日食に出会い、思わず知らず、涙をポロポロ流すほど感動した。それ以来日食マニアとなり、日食というと新潟から飛び出してくるのである。今回も宿泊先のあてもなく、とりあえずモンゴル入りして日食待ちをしている間に、食事係を求めていたテレビ朝日スタッフに出会い、喜んで観測隊スタッフに加わってしまったのである。

彼女に語らせると皆既日食を見るという体験がどれほど感動的であるかを、一時間でも二時間でも語ってくれる。彼女は皆既日食を見ることによって、世界観、人生観がすっかり変わってしまったという。聞いていると、そのインパクトは宇宙飛行士の宇宙体験と同じくらい深いものだったようだ。

洞澤さんに聞くと、彼女のように、皆既日食と出会ったことで、その人の人生がすっかり変わってしまったというマニアはいくらもいるという。何がそれほど人を変えるのかというと、まず筆舌につくしがたいほどの美しさをあげる人が多いが、それは単に美しいものを見たという体験ではなく、もっと全人格的な体験なのだという。それを見ることで世界が全くちがったものになるという体験だという。『天文ガイド』の四月号に解説記事を書いている田鍋浩義《たなべひろよし》さんというマニアは、その文章をこうしめくくっている。

《皆既日食は世にもすばらしいものである。これは実際に見た人でないとわからない。友人たちに「わずか数分間の日食に、よくもまあ遠くまで飛行機代を払って見に行くなあ」と笑われることがあるが、なんといわれようともこの世の最大のゼイタクを、もっともっと楽しみたいと思っている》

この文章にもある「実際に見た人でないとわからない」というのは、日食マニアたちが異口同音にいうことである。

洞澤さんや相川さんに、毎日皆既日食のすばらしさを聞かされて、私の皆既日食への期待はどんどん高まっていった。

私は部分日食は見たことがあるので、皆既日食というものを、なんとなく、部分日食の延長として考えていた。

しかし、体験者が一様にいうことは、部分日食と皆既日食は、「全く別の現象」だということである。部分日食で、少しでも太陽の顔が見えている間は、世界は日常世界の延長でしかない。しかし、皆既日食になったとたんに、世界は一変する。それは日常世界と全く別の世界で、それがどのような世界かは「体験した者にしかわからない」という。

日食の当日、早朝四時だったか、五時だったかに目をさますと、外は雪だった。

「こりゃだめだ、こちらからの中継は中止だな」と寝床でいっていると、

「何をいってるんです、立花さん。雪が降ろうが、雨が降ろうが、皆既日食は起こるんです。悪天候の皆既日食がまたいいんです」

と、洞澤さんに叱られた。なるほどいわれてみればその通りなのである。雨だろうが雪だろうが日食は必ず起きる。太陽が見えなくても、日食は起きる。そして、皆既日食が起これば、皆既日食現象は起きるのである。皆既日食の本質は、美しいコロナ

が見えるかどうかというところにあるのではない。この世にあってつい今しがたまでこの世を照らしていた太陽の存在が消えることにあるのである。この世界に光をもたらす根源が突然消えて、突如として闇が支配する世界に変わることにあるのである。太陽が直接見えなくても、光ある世界には光があるが、その光がなくなってしまうのである。

実際その通りだった。

私は皆既日食を見なかったが、確かに皆既日食を体験した。そしてそれは、なるほど体験したことがない人にはわからない不思議な体験だった。

皆既日食になったとたん、世界が一瞬にして不思議な静けさに包まれた。直観的に、「ああ、時間が止まった」と思った。それは、この世界で時を刻んでいるものが、実は太陽の運行であるという平凡な事実をあらためて気づかせた。番組の本番中、マイクに向かってしゃべりながら、なぜかしゃべってはいけないときにものをしゃべっているような気がした。恥ずかしくなって、思わず、声をひそめるようなしゃべり方になった。

遠くにいる馬の群れの中から、地をはうような、低いうめき声が聞こえた。

相川さんは、はじめて皆既日食を見たとき、異様な世界の変容に「これはいったい何なんだ、これは何なんだ」と頭の中でずっと繰り返していたという。馬のうめきは、馬たちが「これはいったい何なんだ」といっているように聞こえた。私も、「これは何だろう」と頭の中で繰り返していた。もちろん私は馬とちがって、それが日食であることを知っている。それがどのようにして起こるかも知っている。日食がどのようにして起こるかを説明する図式が一瞬頭の中に浮かび、そのとたん、「そうか、地球は天体なんだ」と思った。考えてみれば、それは当たり前のことだが、それが直観的に認識された。そうか自分は天体に住んでいるのだと思った。自分がただいま現在、宇宙に物理的に存在している宇宙内存在であるということが瞬間的に、即物的にわかった。

いま思い出しても、にわかにはその内容を詳しく語ることが不可能なほど、ほんの二、三分間の間にとてつもなく沢山のことを考えていた。

私は皆既日食を見なかったが、確かに皆既日食を体験した。そして来年二月はガラパゴス諸島から南米にかけて皆既日食があるという。これは何ものをおいても行ってやろうと思っている私は、すでに日食病にかかってしまったらしいと思った。

（『SINRA』一九九七年六月号）

II

「ガルガンチュア風」暴飲暴食の旅

フランスの主なワインの産地

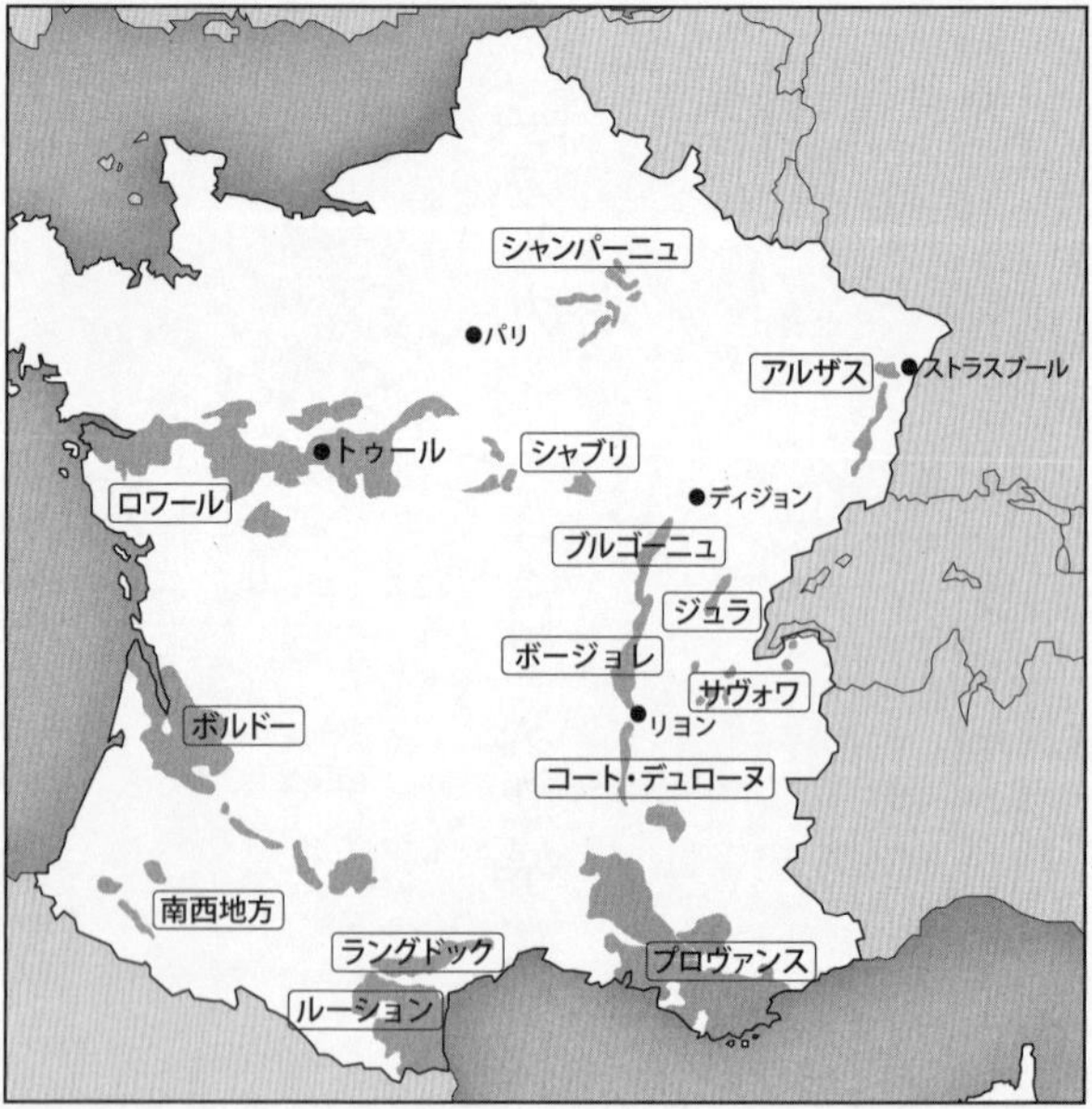

第3章　「ガルガンチュア風」暴飲暴食の旅（'84・3〜4）

日本でソムリエのコンクールが催され（フランス食品振興会主催）、優勝者と二位になった人がフランスに招待されてワインの生産地を見学してまわることになったので、それに同行取材してくれまいかという耳よりな申し出を受けて、一も二もなく引き受けてしまった。

仕事のスケジュールからいくと、とてもそんな遊び半分の呑気《のんき》な旅行をしているひまはないのだが、あまりにおいしそうな話なので、ついつい誘惑にのせられてしまった。酒飲みはこういう誘惑に弱いのである。

無理して時間を作ったので、行きの飛行機の中はもとより、フランスについてからも、はじめの二晩は原稿を書いたり、ゲラ刷りに手を入れたり、ほとんど徹夜という日がつづくことになってしまった。

ソムリエというのは、ワイン専門のウェイターである。ワイン・リストを手に、客の好みや、オーダーした料理との相性を考えながら、客のワイン選びを助け、注文を受ければそれをサービスする係である。

ソムリエがいるのは高級フランス料理店だけだから、日本にはせいぜい三〇〇人程度*しかいない。日本のフランス料理はホテル中心に発達してきたから、本格的なソムリエがいるのは、基本的に一流ホテルである。ソムリエ・コンクールが開かれるのは、これで三回目だが、これまではきまってホテルのソムリエが優勝をさらってきた（第一回目はホテル・パシフィック、二回目は新高輪プリンスホテル）。今回のコンクールでも、優勝者をのぞいて、二位から六位まで、すべてホテルのソムリエである。試みにホテルの名前を記してみると、大阪ロイヤルホテル、小田急センチュリーハイアットホテル、新高輪プリンスホテル、函館国際ホテル、神戸ポートピアホテルである。

〔*二〇〇四年当時は㈳日本ソムリエ協会認定の資格保持者が約八四〇〇〇人。〕

今回優勝した田崎真也さんは*、六本木の日本料理店「吉左右《きっそう》」のソムリエである。ホテル以外の料理店で、しかも、フランス料理店からでなく日本料理店から優勝者が出たというので、関係者もビックリである。しかも彼は弱冠二五歳。入賞者の中でいちばん若かった。聞けば、高校中退でウェイターになり、一九歳の年にフランスに渡り、フランスのソムリエ養成所で修業したという。〔＊一九九五年の第八回世界最優秀ソムリエコンクールで優勝したあの田崎真也である。〕

二位の岡昌治さんは、大阪ロイヤル・ホテルのソムリエだが、やはり八〇年から八一年にかけてフランスに渡り、ワインの醸造元に住みこみ、ワイン作りの一部始終を学んだ上、パリの〝プラザ・アテネ〟という超一流ホテルでソムリエの実習をしてきたという。

数十万円で数千万円の体験

日本では昔から一流のコックになるためにはフランスで修業してくることが必須とされ、実際、名のあるコックはすべてそうしてきた。コックだけでなく、一流のソムリエになるためにも、フランスでの修業が欠かせないらしい。

フランス・ワインは一本一本が個性的である。その個性を飲みわけ、記憶しておくことがソムリエには必要である。ソムリエになるためには、最低でも千種類くらいのワインの個性を知っていなければならない。

しかし、そんなことは日本にいてはとてもできない。第一に金がかかりすぎる。日本のワインの値段は、だいたいフランスの五倍から十倍である。*名のある銘酒には、すぐに万円単位の値段がつく。つまり銘酒を千本飲むためには、千万円単位の資金がいるのである。大金持でもなければ、そんなことはできっこない。〔*この文章は一九八四年に書かれている。その当時はたしかにこの通りだったのだが、いまはそんなことはない。税金の関係で、ものによっては、日本のほうが安いということも珍しくない。以下、金額の話がいろいろ出てくるが、いちいち注記は加えないが、すべて一九八〇年代の話であり、いまと状況がちがうことに留意していただきたい。〕

田崎さんが学んだパリのワイン・アカデミーの場合、銘酒の試飲コースが沢山開かれている。一講座の受講者は一二、三人。一回に六、七銘柄の銘酒を、一杯ずつ飲んでいく。一流のソムリエが講師となって、一つ一つ詳しい解説をつけてくれる。受講者はグラス一杯のワインを丹念に味わいながら、そのワインを記憶していく。飲むワインは、そのたびに特定の目的をもって選ばれる。たとえば、アルザス地方の代表的白ワインを比較しながら飲んでみるとか、あるいは、ボルドーのシャトー・マルゴーの年代物を、年代順に飲んで比較してみるとかするのである。もちろん、何を飲むかによって受講料はちがってくる。しかし、普通は一回あたり、一五〇〇円から三〇〇〇円程度の受講料だった。彼は一年半の在学中に、このコースを可能な限り受講して、軽く千種類の銘酒を飲んだという。その受講料は総計しても十万円単位である。十万円単位の出費で、日本にいたら千万円単位の金を出さなければできない体験をつむことができたのである。

ワインの個性は土壌から

ソムリエがフランスに修業に行くもう一つの理由は、ワインの本当の個性を知るためには、畑を見る必要があることだ。フランスでは、国の手でワインの品質管理が厳しく行われている。ワインの銘酒はＡＯＣ（Appellation d'Origine Contrôlée《アペラシヨン・ドリジーヌ・コントローレ》＝原産地名表示統制）ワインと呼ばれ、ラベルに、〝Appellation－（原産地名）－Contrôlée〟という形で、原産地名が表示されている。その一つ一つの原産地名について、その表示が許されるのはどういう条件を満たしたワインについてであるかが、法律で厳密に決められている。

どこの畑で、どういう品種のブドウを、どういう栽培法で作り、それをどういう醸造方法によってワインにし、できたワインはどういう仕上りになっていなければならないかというようなことがことこまかに決められている。表示が許される原産地名は二六〇以上あり、その一つ一つについて細かな規定があるため、関係法令集は六法全書のように部厚いものになっている。

要するに、その土地のブドウから作られたワインでなければ、絶対に原産地名を名乗ることが許されないのである。日本の国産ワインの大部分が、実は世界各地から輸入された安ワインを混ぜ合わせたものであることは、ワイン通にはかなり知られた事実だが、フランスではそんなことは絶対に許されない。

法律で決められているのは、品質基準だけではなく、数量も決められている。だから、その土地でできたブドウから作られた同じ品質のワインでも、数量が法定の枠をオーバーしたら、その分は原産地名を名乗ることができないということにもなっている。

もう一つ付け加えておけば、原産地名は銘柄ではない。銘柄というと、もっと細かくなる。たとえば、ボルドー地方では、シャトーと呼ばれるブドウ園を所有する蔵元がそれぞれに独自の銘柄のワインを作っている。同じ村の中にも、沢山のシャトーがあって、同じ原産地名を名乗りながら、シャトーによって味もちがえば値段もちがう。たとえば、ボルドーのメドック地域にあるマルゴー村にはシャトーが二六あるが、そのうち一本万円単位の超特級ワインを作るのは、シャトー・マルゴーだけである。メ

ラベルの読み方

❶ワインの名称。
❷原産地名称（原料となったブドウの産地）。
❸このワインがＡＯＣワインであることの表示。
❷の原産地名が Appellation と Contrôlée の間に挟まれている。
❹ワインを瓶詰めした責任者の表示。Mis en bouteille au につづいて、château や domaine と書かれていれば、そのブドウ園の瓶詰め。Négociant と書かれていたら、買い付け業者による瓶詰めワイン。
❺アルコール度数。
❻フランス産であることを示す、海外に輸出されるワインに義務づけられた表示。
❼容量。

〔上記のラベルは、筆者が 1995〜97年にブルゴーニュで友人たちと作っていたワインのラベル〕

ドック地域全体ではシャトーが五〇〇〇もあるし、ボルドー全体となると、ピンからキリまで入れて、その数は数千に及ぶ。

ブルゴーニュ地方の原産地名表示も村の単位まであるが、こちらにはシャトーがなく、銘柄は村が細分化されたクリマというブドウ畑の単位で成立している。つまるところ銘酒と呼ばれるようなワインは、すべて、特定の土地の特定のブドウ畑と厳密に結びついているのである。なぜかといえば、ワインの個性は、何よりも原料のブドウが栽培される土壌そのものからくるからである。

フランスを一周して、ワインの生産地を訪ね歩いていて気がついたのだが、新しい土地にくると、必ずその土地の土の性質から説明がはじまるのである。地質学的にどういう地層から形成された土地なのか、土壌の成分はどうなっているか、含まれるミネラルにはどんな特徴があるか、水利はどうなっているか、気象条件はどうか。

そういった説明がつづいて、ここのワインのこういう特徴は、この土地の土壌のこの成分によってもたらされるものであるといった点にまで話が及ぶ。

はじめは過剰説明だと思って聞き流していたが、やがて、飲み歩いていくうちに、なるほど土が変ればワインの味が変るということがわかってきた。ワインを飲むことは太陽と大地を味わうことだといった詩人がいたが、それが比喩ではなく、文字通りにワインを通して味わえるということがわかってくる。

ワインの生産地を見て歩くと、そのワインを産んだ土を目で見ることによって、そのワインの個性のよってきたる最も本質的な部分を知ることができるのである。

ソムリエのコンクールで上位に進出するためには、銘酒のすべてについて、それがどういう土地のどういう品種のブドウから作られたワインかを知っておかねばならない。そのため、銘酒の多くができるボルドー地方やブルゴーニュ地方については、畑一枚一枚の単位で、どこからどういうワインができるかを暗記してしまうのだという。ボルドーでもブルゴーニュでも畑一枚単位の地図がワインミュージアム、ワイン専門店などでちゃんと売られている。

フランスにきて現地を見たことがない人にとっては、ワイン畑一枚単位の性格のちがいなど頭に詰め込むだけの純粋な暗記事項である。しかし、現地を歩いてみると、畑一枚一枚を頭の中に具体的に思い浮かべながら覚えていくことができる。味と土の結びつきが実感となる。本を通してしかワインの個性を知らないソムリエと、その個性を肌を通して知っているソムリエとでは、むろんとてつもない差がある。

一日に三〇本以上を試飲

田崎さんにしても、岡さんにしても、フランスでの修業時代に、ボルドーやブルゴーニュの主たる生産地を徹底的に足で歩いている。だから、この道を行くとどこに出て、この畑の向うはどうなっていてと、まるで自分の庭のようによく知っているところが随所にある。

ともかく、二人の該博《がいはく》な知識には脱帽のほかはない。私も、ワインを知らない人の間でなら、ワイン通であるかのごとくふるまえる程度の知識は持っているのだが、二人を前にすると大人と子供以上の知識の差がある。旅行中ひたすら二人に質問をして、もっぱら知識の吸収につとめることにした。

ソムリエという商売柄、二人は料理についても詳しい。ワインの選択は料理と切り離せないのだから当然といえば当然なのだが、それにしてもよく知っている。材料からはじまって、作り方にいたるまで、ほとんどプロのコックと同じように知っているのである。

で、三週間の間、二人から食べるものと飲むものについて一つ一つ講釈を受けながら、毎日、昼も夜もフルコースの料理を食べる旅となった。これほど味覚的かつ知的に贅沢な旅というものはそうできるものではない。

典型的な一日を記すと、午前中まず蔵元を一軒訪ねて、醸造工場やカーブ（ワインの地下保管庫）を見せてもらい、ワインを何本か試飲する。昼はその土地でいちばんうまいといわれるレストランに呼ばれて、フルコースの食事。もちろん何本かのワインがつく。これに三時間くらいかける。午後もう一軒の蔵元を訪ねて、また見学した後、ワインを何本か試飲する。そして、晩は再びフルコースの食事。このくり返しである。多いときは、一日に三〇本以上のワインを試飲する。

試飲するといっても、完全に飲むわけではない。普通は吐き出すのである。しかし、試飲とはいえ、とてつもない上物《じょうもの》とか、滅多にない年代もののワインが出されたりすると、どうしても吐き出すのがもったいなくなって飲んでしまう。こんなことをつづけていると、確実にアル中になってしまうなと思いつつも、酒飲みの意地きたなさで、いいものはつい飲んでしまう。

三週間にわたって試飲したワインを総計すると、約三〇〇種に及ぶ。その間にフルコースの美食をとりつづけたので、腹まわりがバンドの穴にして一つ半は確実に大きくなった。あの旅がもっとつづいていたら、確実に体を悪くしていたに相違ない。

ワインのプロの味わい方

たとえば、最初の日である。我々はパリを出て、南に下り、ロワール河畔のトゥールに出た。ここで出迎えてくれたのが、ジャック・ビュイゼ氏といい、フランス醸造家連盟会長、国際ワイン・アカデミー会長、フランス味覚研究所所長などをつとめる、ワイン業界の大御所的人物。実は、日本のソムリエ・コンクールが開かれた際、この人がフランスから呼ばれて審査委員長をつとめていた。

ロワール河流域は、ボルドー、ブルゴーニュに次いで、良質のワインの産地として有名であるが、日本に輸入されている量は非常に少い。日本では、ボルドーとブルゴーニュばかり名前が売れてしまって、あとはほとんど忘れ去られてしまっている。もう一つ日本で知られていないが重要なのは、地中海沿岸のラングドックとルーションと呼ばれる地域である。ここにはフランスのブドウ畑の三分の一以上が集中しており、世界最大のブドウ畑集中地域となっている。当然ワインの生産量も最大なのだが、ここはほとんどが大衆ワインで、高級なＡＯＣ*ワインの比率は少い。それでもベースが大きいから、量的にはブルゴーニュの二倍近く、ボルドーのそれにほぼ匹敵するＡＯ

Cワインを産出している。〔＊大衆ワインは原産地名表示がなく、“Vin de table Français《ヴァン・ドゥ・ターブル・フランセ》”（フランス産テーブルワイン）とだけ表示されている。AOCワインとテーブルワインの中間のものとして、“Vin de pays《ヴァン・ドゥ・ペイ》”と呼ばれる地方名のついた地酒がある。〕

ちなみに、一般のフランス人が高級ワインを飲むのは特別なときだけで、彼らがふだん飲んでいるのは大衆ワインである。フランスの国内価格でいうと、前者は千円単位。後者は百円単位である。フランスではワインを食事のたびに飲む人が半分近くもおり、彼らが国内消費の大半を受け持っている。毎日千円単位のワインを飲めるほど一般のフランス人は豊かではない。だから、AOCワインは、フランス人が飲む量より、輸出されて外国人に飲まれている量のほうがはるかに多い。

一般のフランス人がいちばんよく飲んでいるのは、このラングドック、ルーション地域の大衆ワインである。それに対してロワール河流域はAOCワインの生産比率が高く、量的にはブルゴーニュのそれにほぼ匹敵する。

トゥールの町に着いた我々は、まずビュイゼさんの指導のもとに、地元の銘酒を何本か試飲することからはじめた。

ここではじめて、私はワインのプロの味わい方を学ぶことになった。

ものの本を見ると、ワインはガブ飲みしてはいけない、特に高級ワインであればあるほど、深く味わわねばならないと書いてある。単に味覚で味わうだけでなく、目で見て色を味わい、匂いをかいで香りを味わえと書いてある。しかし、それをどう味わえばよいのかが詳しく解説されていないので、普通の人は飲む前にちょっと色を見て、ちょっと匂いをかいでみるというのが関の山だった。

ところがプロの間では、ワインの試飲の仕方が完全に様式として確立している。どこに行っても、同じやり方で試飲される。ワインを試飲するときは、ことばで味わいを表現しなければならない。その表現法もまた様式化していて、そのための用語集もあるくらいだ。

まず、ワイン・グラスに注いで、それを光にかざしてみる。色を見る。色の表現法だけで何十種類もの表現がある。同じ赤い色を表現するのでも、「タマネギの皮のような赤」（向うのタマネギの皮は赤いのだ）とか、「ガーネット（宝石）のような赤」とか、さまざまの表現がある。見るのは色だけではない。透明度とか、微小な浮遊物、オリの状況なども見る。また、ちょっとグラスを傾けてから元に戻し、壁に残ったワインの戻り具合いから、粘性を見る。ワインの成分にグリセリンが多いと（一般に甘口のワインはグリセリンが多い）、粘性が強く、また油っぽく見える。

次に静かにワインの匂いをかいでみる。これを「香りの第一撃」という。ワインの表面から、静かにたちのぼるだけの揮発性の高い成分の香りをかぐのである。次が「香りの第二撃」で、これは、ワイン・グラスをぐるぐるまわして、中のワインを強く回転させてから匂いをかぐ。このときに、グラスの脚の下の部分だけを持つように気をつける。ワインに手の温みを伝えないためである。はじめのうちはこれがなかなかうまくいかない。グラスをまわすと、ワインがふちから外に飛び出していってしまうのだ。向うに飛んでいけばまだしも、下手をすると、自分にひっかけることになる。私がこれをうまくできるようになったのは、ようやく旅も後半に入ってからである。ワインをグラスの中で回転させるのは、それによってワインの中のさまざまの成分に刺激を与えて、ワインに含まれるあらゆる香りの要素を引き出すためである。

やってみると、「第一撃」と「第二撃」とでは、香りが全くちがう。後者は、さまざまの匂いが複合していて、実に微妙である。さまざまの匂いが一度に鼻に押し寄せてくる。それを一つ一つことばで表現していくのである。その表現力をどれだけ身につけているかで、味ききの能力が試される。*〔*ソムリエ・コンクールでも、この表現能力がいちばん評価の対象になる。それがそのワインにピッタリであれば、個性的な表現も許されるが、基本はまずオーソドックスな表現様式を身につけることにある。だからそのための用語集まであるのだ。〕

匂いの表現法が百種以上

香りの表現は、すべて即物的である。自然にある天然の香りが次々にあげられる。はじめはたいてい花の香りからはじまる。スミレ、ジャスミン、クローバー、カーネーションなどなど、あらゆる花の名前が登場してくる。次に果物の香りがあげられる。リンゴ、ラズベリー、イチゴ、アプリコットなどから、アーモンドなどのナッツ類もあげられる。あるいは、動物質の匂いも用いられる。麝香《じゃこう》、竜涎香《りゅうぜんこう》、皮革の匂い、鹿の肉の匂い、テンの毛皮の匂い、山しぎの匂いなどといった表現もある。さらには、ペパー、シナモン、クローブなどのスパイスの匂いや、樟脳《しょうのう》の匂い、ヨードの匂いなどがあげられることもある。干し草の匂いとか、堆肥《たいひ》の匂い、こげたトーストの匂い、タバコの匂い、煤煙《ばいえん》やススの匂いなどという表現が用いられることもあるし、火打石《ひうちいし》の匂いという表現もある。*ともかく、ありとあらゆる自然の匂いが表現に用いられる。匂いの表現法はおそらく百種類は軽く越えるだろう。（*火打石を打ちつけて発火させたときの匂いをかいだことがない人にはこの表現がわからないかもしれないが、あれはたしかに、そう聞くとピンとくる独特の匂いがある。そして、ワインの中には、まさにあの匂いが成分として入っているとしかいいようがない匂いを漂わすワインがあるのだ。」

ワイン・グラスをくるくるまわしながら、何度も何度もその香りをかぎ、何の匂いがかぎとれるかをお互いにいい合い、かつ他人のコメントに賛成したり、反対したりする。これをながながとつづけるのが、ワインのデグスタシオンと呼ばれる試飲（味きき）の一般様式なのである。

大の大人が大真面目にこれはスミレの匂いがするとか、土の匂いがするとかいって、いつまでもワインをまわしては匂いをかいでいる様は、はじめのうちは見ていると何かおかしくなってくる。

しかし、そういわれて自分ももう一度匂いをかいでみると、たしかにいわれるような匂いをそこにかぎとることができる。他の人が別の匂いをかぎとる。またかいでみると、たしかにその匂いもかぎとれる。人の発見に助けられて、それまで気がつかなかったかすかな匂いを次々に自分でも発見していくことができる。ワインの香りの精妙なスペクトラムがだんだんに見えてくる。ワインの香りの世界がいかに奥行きが深く、構造が複雑であるかがわかってくる。ワインを鼻で味わうというのは、こういうことだったのかとはじめてわかる。すると、退屈で滑稽《こっけい》にすら見えた匂いをかぐ作業が、楽しみになってくる。自分の嗅覚《きゅうかく》をとぎすまして、いままで他の人がかぎあてていない匂いをかぎあててみようとしたりする。

次がいよいよ口に含んで味わう番である。一口含んで、舌の上でころがす。舌ざわりを試す。舌をワインの中で動かしてみて舌のあちこちで丹念に味をみる。次に、口の中に空気を吸いこんで、その空気を口の中のワインに通して、ゴボ、ゴボとさせる。それによって、もう一度ワインのさまざまの香りを口の中に満たして、それと味との複合をみるのである。

この舌ざわりと味わいの表現法がまた実に多い。甘さと辛さ、酸っぱさ、苦さ、しぶさなどの味の表現。いわゆる、ボディやコクの表現。舌ざわりのなめらかさ粗さの表現。デリケートさ、バランスのよさ、熱っぽさ、官能性、攻撃性、さわやかさ、品のよさ、まとまり具合いなどなどのカテゴリー別に多種多様な表現がある。それをお互いにいいあい、批評しあうのである。表現がつきるまで、何度でも口に含んでは吐き出す。飲まないのである。飲んでいると、だんだん酔ってきて、感覚がにぶってしまい、それ以上味をみられなくなる。

そこまで丹念に嗅覚と味覚を動員して味わってみると、味わうという点では飲むか飲まないかはほとんど関係なくなってくる。飲まないことで不足するのは、喉ごしの感覚と、胃の中へのおさまり具合いだけで、味そのものを味わう感覚器官は口の中にあるのだから、口の中で丹念にころがすだけで充分なのだ。それに、飲まないという禁欲の一線を設定することで、味覚も嗅覚も、飲むときにくらべて数等倍とぎすまされるのである。

しかし、それにしても驚くのは、ワインの味わいに対するフランス語の表現力の豊かさである。日本ではせいぜい甘口と辛口、ボディのあるなしくらいの表現しか一般にはなされないのに、フランス人はあらゆる側面から何百種類もの表現法をくり出してきて、一つ一つのワインの味わいのちがいを明確に固定しようとするのである。表現を得てはじめて認識は認識となる。フランス人はワインを味わうときに、日本人がワインを飲むときの何十倍も細かな味わいの認識をしているのである。

私はかつて勝沼のワインセンターに行って、勝沼で作られているワインを全部一本ずつ買ってきて、それを次々に飲んでいったことがある。せっかくだから味を記録しておこうと思って、一本飲むごとにラベルをはがして、感想を書くことにした。しかし、飲んだあとで、さて今の味はどうだったかといっても、記憶はあっという間に薄れており適当な表現が浮んでこない。結局、「非常にうまい」「うまい」「まずい」「まあまあ」といった程度しか記録できなくて、我ながら表現能力の貧しさに愛想をつかしたことがある。ワインを飲んで、うまいかまずいかしかいえない人間は、どんな音楽をきいても、よかったかよくなかったかしかいえない人と同じで、ワインを飲むという行為が生理的行為にとどまっていて、文化的行為に昇華していないのである。

わかってきた十万円のワイン

フランス人は驚くほど情熱をこめて、ワイン文化を育ててきた。ワインに限らず、なんでもそうだが、文化の外側にいる人には、文化の内側にいる人の価値体系が見えてこない。で、外にいる人には内にいる人の情熱が全くバカげたものに見える。

ワインの味ききにしても、外側から見ている限り、何ともバカげたことを大真面目にやっているとしか見えない。しかし、自分もそれに参加して、内側に入ってみると、自分がとてつもなく豊饒《ほうじょう》な世界のまっただ中にいることに気がつき、今度は逆に、外側の世界の貧しさが哀れむべきものに思われてくる。

内側に入ると、その中で形成されている価値の体系がわかってくる。外側にいる限り、どんなにうまいワインであろうと、どんなに金があろうと、一本のワインに十万円単位の金を出すなどということは理解を絶する狂気じみた話だろう。十万円のワインを飲んでも、物質的なものは何も残らない。ほんの一刻、味と香りを楽しんで陶然《とうぜん》とできるだけである。

焼きものにこる人が、一つの茶わんに何百万円もの金を出す。これまた、その文化の外にいる人にとっては、狂気じみたバカげた話である。しかし、この場合は、茶わんが資産となり、いつの日かそれを売ることもできるという点において、俗物にも多少の理解はできる行為となる。

ところがワインの場合は、しばしの間、感覚的快楽を楽しんだら、それで終りである。残るものは快楽の記憶だけだ。そして、一本十万円のワインと、一本一万円のワインとの間には、さしたる差がない。一本千円のワインと一本一万円のワインの間にあるほどの差はない。どんな領域でもコスト・パフォーマンスは指数関数的に低下していく。一万円のワインと十万円のワインの間にあるのはほんのちょっとしたちがいである。ほとんど趣味性の領域に属するちがいといってよい。それでも、一万円のワインを十本飲むより、一本十万円のワインを飲んでみたいと願い、実際にそうする人がいるかいないかが、ワイン文化の水準を決めるのである。

どんな世界でも同じことだ。ハイエンドの部分に、ほんのちょっとしたちがいを求めて狂気じみた情熱と資金を投じる人がどれだけいるかで文化の水準が決まるのである。

これまで私はどちらかといえば安ワイン派だった。根本的には財政的な理由によってそうしてきたのだが、コスト・パフォーマンスからいって、高価なワインにその価格に見合うだけの値打ちがあるとはとても考えられず、一万円のワインを一本飲むより、千円のワインを十本飲むほうがいいという実質的ワイン好き派に属していた。従って、ほんとの高級ワインの味はほとんど知らなかったといってよい。

しかし、今回の旅行であちこちの蔵元をめぐりながら、年代物の銘酒を何度も飲むうちに、そうしたとびきりの値段がついたワインの価値というものがわかってきた。十万円のワインにはたしかに十万円の価値がある。

それは、同じワインを新しいところから飲みはじめて、順次年代をさかのぼっていくという経験をつむことでわかってくる。

わずか六本の貴重品

ロワール河流域で私たちが最初に訪ねたのは、この地方の白の銘酒「ヴーヴレ」を作っている「マーク・ブレディ」という蔵元だった。この蔵元は、石灰岩の山の中に、トラックが走れるような巨大なトンネルを何本も掘り抜いて（十五、六世紀にできたものという。この地方のワイン作りは、千年以上前からはじまっている）、そこをそのままカーブにしている。

内部は、まるで、古代ローマのカタコンベのごとき趣きの作りになっている。その最も奥まった一室が、ドーム状の巨大な円形の部屋になっていて、まん中に小さな石のテーブルが置いてある。明りは小さな電球が一つあるだけで、人の顔がようやく見えるような明るさである。まるで、これから密儀宗教の儀式でもはじまるような雰囲気である。この部屋の周囲一面に岩をくり抜いて作られた窪《くぼ》みがあり、そこに、ずらりとびきりの年代物のワインが置かれている。年代によって、何十本と置かれているものもあれば、ほんの数本しか残されていないものもある。一つ一つの窪みの上に年代が書かれてあって、いちばん古いものはなんと一八七四年、いまから百年以上も前のものである。

これはわずか六本しかない。蔵元の支配人が知る限り、これを飲んだ人はこの数十年間誰もいないという。次に古いのが一八九三年。これは十数本ある。そのあと二十世紀に入って、ヴィンテージごとにワインのビンが積まれている。いちばん新しいものので、一九四八年である。それ以上新しいものは、この特別室の外に保管されているのだ。この特別室にあるのは、この蔵元が持つ最高の年代物のワインで、とにかくめったなことで封が切られることはない。

この部屋で「ヴーヴレ」の味ききがはじめられた。八三年からはじまって、順次年代をさかのぼっていく。銘酒だけあって、はじめからうまい。年代をさかのぼるにつれて、なるほどうまくなる。八〇年から一挙に七五年にとぶ。なるほど、五年の年期が入ると、こんな味になるのか、「ウーム。これはすごい」と、思わずうなりつつ、吐き出すのをやめて、全部飲んでしまうことにした。

一般に白ワインは赤ワインに比して、あまり保存に耐えず、早飲みのほうがうまいということになっている。いいワインでも、せいぜい三年から五年のうちに飲むのがよいとされる。その例外が、幾つかの甘口の白ワインで、ボルドーのソーテルヌのようなものは、何十年もの保存に耐える。ロワール流域の甘口の白もまた長期保存に耐えるワインとして有名で、百年の保存にも耐えるといわれる。「ヴーヴレ」はその一つなのである。

七五年の味に感心して、皆でガヤガヤ感想を述べあっていると、支配人は今度は、特別室の一画に積んであった、四七年ものを一本取り出してきて栓を開けた。これには一同驚いてかたずを飲んだ。四七年というと、この地方ではこの六〇年間で二度だけあった最高のヴィンテージの一つなのである。しかも、見ればすぐわかるように、この蔵元に残っている四七年ものといったら、もう、あと三、四〇本しかないのだ。さすがにこれはうまかった。私のそれまでの生涯で飲んだ最もうまいワインだったといってよい。この旅行中に、その後これよりうまいワインに何度か出くわすことになるのだが、その時点ではこれが生涯最高だった。田崎さんも、岡さんも興奮の表情を隠さず、一滴も吐き出さずに全部飲み込んでいる。

ちなみにこれはいくらぐらいするのだろうと思って支配人に聞いてみると、

「売りません」

という。この先もたびたび、とびきりの年代物を蔵元で飲ませてもらうことがあったが、どこでもそれを売っているところはなかった。どこの蔵元にもとびきりの年代物があるが、それはそこの社長や支配人が自分の楽しみのために飲むか、特別の賓《ひん》客《きゃく》が来たときに飲ませるためにしか栓を抜くことはないのである。

従って、すべて値段はない。値段をつけるとしたら、オークションにかけるほかないだろうという。

ソムリエ・コンクールで一位になった田崎さんには、関係各社から山のような賞品が贈られたが、その最高のものは、シャトー・ムトン・ロッチルトの一八七九年ものだった。一〇五年前のワインである。これはもうシャトーにもあと三〇本しか残されておらず、売りに出されることはないという。しかし、もしオークションに出されたら、軽く一五〇万円から二〇〇万円くらいの値段がつくだろうという。

訪ねる先々の蔵元で、とびきりの年代物をたびたび試飲させてもらえたのは、やはり日本の最高のソムリエ二人と行を共にしていたからである。

カーブで大ワイン・パーティー

どこでもはじめからいいワインを出してくれるわけではない。まず、ただの観光客が見学にきたときに飲ませるようなありきたりのワインを飲ませる。それで感想をきく。ここで的確な感想が述べられなければならない。私は、「非常にうまい」とか、「最高にうまい」とか、要するに、「うまい」に幾つかの最上級の表現を付け加えることしかできないが、彼ら二人は、フランス人のワインのプロと同じような手順で味をみて、同じようなボキャブラリーで味を表現する。それを聞いて、向うはオヤという顔をする。日本人のソムリエなぞどうせ大したことはあるまいと思っていたが、こいつなかなかやるぞという表情で、もう少しいいワインを出してくる。そこでもまた的確な評価を下せる人間だということがわかると、本当の仲間扱いをしてくれて、本当の上物が出てくるのである。

「ヴーヴレ」の年代物を試飲した晩、我々はこの地方のロータリークラブの特別の例会に招かれた。

クラブの会員で、マルセル・ジローという老人のインテリアデザイナーがいる。功なり名をとげて、とっくの昔に引退している。この人が最大の趣味にしているのがワインの銘酒のコレクションで、「マーク・ブレディ」のカーブと同じように、石灰岩の山をくり抜いて、自家製の巨大なカーブを作りあげ、そこに、フランス中のワインの逸品をコレクションしている。千本単位のコレクションで、逸品ぞろいであるから、確実に千万円単位のコレクションである。

この人が何年に一度かずつ友人、知人を招いて、カーブで一大ワイン・パーティーを催す。この日がたまたまそれに当っていて、我々は特別ゲストとして招かれることになったのである。

カーブには大きなテーブルを三つならべて、五〇人が大宴会をできるスペースがある。さらに奥にはそれ以上に大きな部屋があり、そこにギッシリ、ワインがつまっているのである。

この日の趣向は、フルコースの料理を食べながら、計八種類のワインをラベルをはがしたまま供し、その銘柄と年代を当てようというのである。

はじめに、アペリティフとして出たのが、「ヴーヴレ」の五五年。次に、前菜の豚肉の煮込み料理とともに出たのが、「ヴーヴレ」の七八年。次に、豚の臓物と野菜をパイ包みにした料理とともに出てきたのが、まず、ボルドーのシャトー・ブラン・モンタイの七九年。それに次いでは、メドックの七九年。

次に、ソーセージと豚肉と豆を煮込んだカセロールと共に出てきたのが、サン・テミリオンの七一年。それに次いでは、ブルゴーニュのヴァルネー七六年。次のチーズと共に供されたのが、同じヴァルネーの五九年。次にデザートのアップルパイとともに出てきたのが、再び「ヴーヴレ」の五九年である。

これはワイン通の人ならわかることだろうが、いずれのワインも、最高の当り年のものが選ばれているのである。これを各銘柄とも五〇人の参会者に飲みたいだけ飲ませたのだから、いったいワイン代だけでいくらかかったろう。

料理も前菜からして、日本人には優に一食分ある分量で、私は三皿目などは、ほとんど手をつけられなかった。

ラブレーの故郷で

新しいワインを飲むごとに、それが何であるか、紙に書いて当てっこをする。私は解答の手がかりすらつかめないので最初からギブ・アップしてしまったが、皆、ああだこうだといいながら、当てっこを楽しんでいる。その議論を聞いていると、彼らの一人一人が相当にワインの知識を持っていることがわかる。

そもそも、その知識がなければ、私のようにはじめからギブ・アップするだけで、ゲームの前提が成り立たない。

主催者のジローさんは、皆がまちがったことをいうのが楽しくてたまらないという表情で、あちこちでまき起る議論をニコニコしながら聞いている。

しかし、ワインの銘柄、年代当てというのは大変にむずかしい。選択肢が多すぎるからである。

それでも、一本目を当てた人は六人もいた。以下、当てた人数はさまざまだが、最後に集計してみると、正解が六つあった人が最高で、第二位は四問正解だった。

この飲みつつ食いつつ、大声で議論しつつの大宴会は七時ごろからはじまって、深夜までつづいた。

浴びるほどのワインと、山のような料理と、酔うほどに高まる大喧騒《けんそう》の中で、私は呆然《ぼうぜん》としつつ、これは全くガルガンチュア的だわいと思った。

ラブレーが好んで描いた乱痴気《らんちき》大宴会は、こんな様子だったのではあるまいかと思いつつ、一夜明けて、翌朝、隣り町のシノンを訪れると、なんとここはラブレーの故郷なのであった。

そして、最初に訪ねた蔵元の「メゾン・デュタイユ」できくと、かつてラブレー家の所有であったブドウ畑が、いまやこの蔵元の所有になっているのだという。その畑から取れたブドウで作ったワインを飲ませてもらえまいかと頼むと、これが全部そうだという大樽から直接くみ出して、まだ熟成途中の若い赤ワインを飲ましてくれた。

ラブレーが飲んでいたワインもこれと同じようなワインだったのだろうかと、ワイン博士のビュイゼさんにきくと、ワインの製法は昔も今も基本的には同じだし、また、ワインの個性を作る土の質が同じ畑で同じなのだから、多分、これに近い味だったといってもそう外れてはいないのではないかという返事だった。

かくして、我々のワイン探訪の旅は、ラブレーゆかりの地から、ガルガンチュア的スタートを切ったことになるわけである。

そして、この日からこれと同じようなガルガンチュア的な日々が、三週間にわたってつづくことになるのだが、その旅の詳細をつづるにはガルガンチュア的スケールの紙数を要するので、話はここで止めざるを得ないのが残念である。

（『文藝春秋』一九八四年八月号）

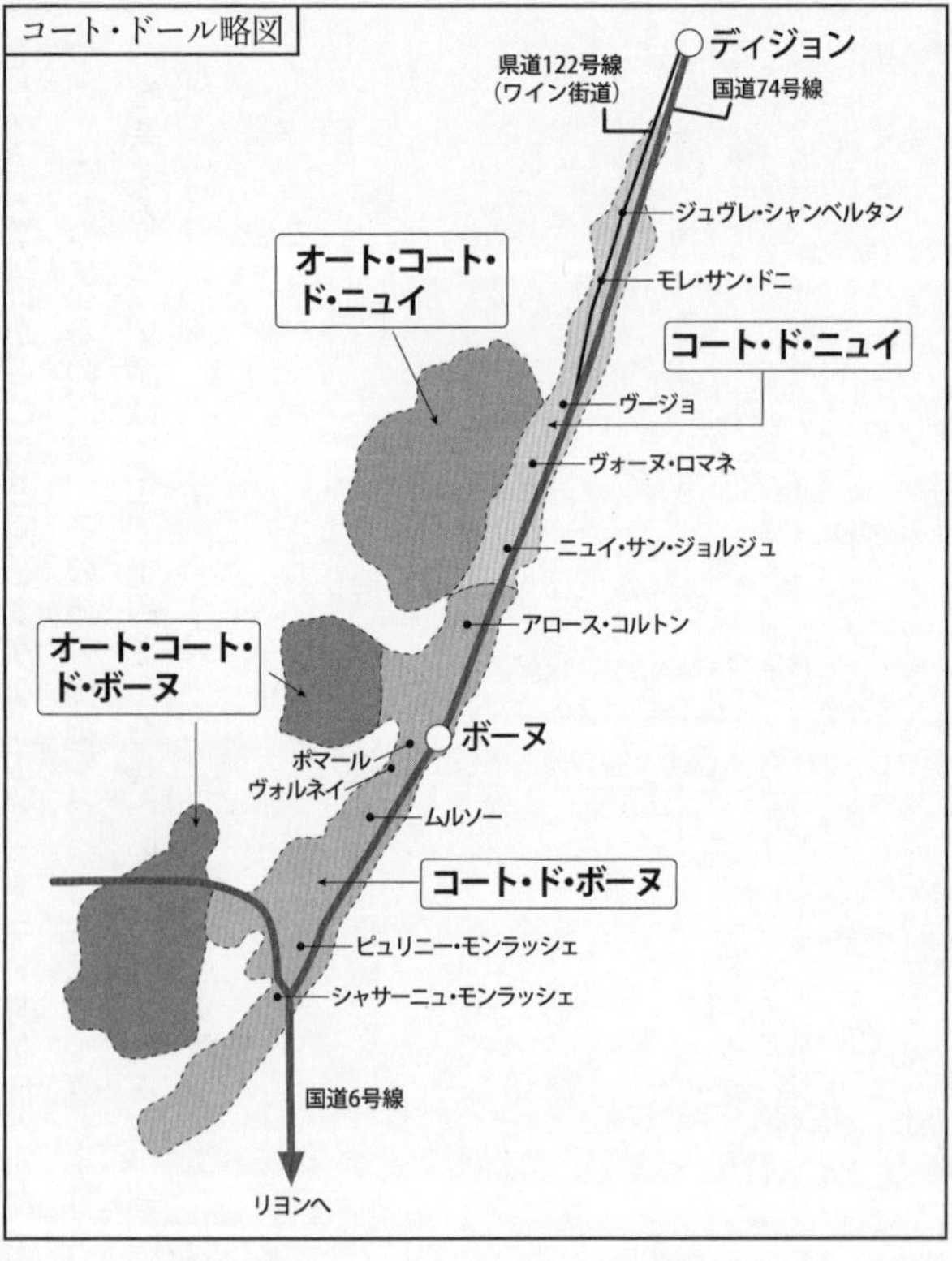
ディジョン
県道122号線
（ワイン街道）
国道74号線
ジュヴレ・シャンベルタン
モレ・サン・ドニ
オート・コート・ド・ニュイ
コート・ド・ニュイ
ヴージョ
ヴォーヌ・ロマネ
ニュイ・サン・ジョルジュ
アロース・コルトン
オート・コート・ド・ボーヌ
ボーヌ
ポマール
ヴォルネイ
ムルソー
コート・ド・ボーヌ
ピュリニー・モンラッシェ
シャサーニュ・モンラッシェ
国道6号線
リヨンへ
コート・ドール略図

第4章 フランスの岩盤深きところより（'87・9～10）

午前六時半にシャルル・ドゴール空港に着き、夜明けのパリ市街を走り抜け、オート・ルート（高速道路）で一気にディジョンまで三〇〇キロを走り抜けた。

車は昼前にディジョンに着いた。

ディジョンはブルゴーニュの首府である。ブルゴーニュはいまでこそフランスの一地方にすぎないが、かつてここはブルゴーニュ公国と呼ばれる一つの国家であった。最盛期には、その版図《はんと》はいまのベルギーにまで広がっていた。その宮廷は、十四世紀から十五世紀にかけては、ヨーロッパで最も富み栄えた宮廷といわれた。ヨーロッパ中世の文化はこのブルゴーニュでその頂点を迎え、後にホイジンガは、ここを舞台にして『中世の秋』を書くことになる。

ディジョンの街の中心部には、いまもブルゴーニュ公の宮殿が残っており、市庁舎と美術館として使われている。その一画に、当時の台所がそのままに残されていて、ヨーロッパで最も豪勢な食事が調理されたあとをうかがうことができる。体育館ほどもあるこの台所には巨大なオーブンが六つもあり、その一つ一つで、牛を一頭丸焼きにすることができた。この台所は、ふだんは観光客に公開されているが、市が賓客《ひんきゃく》を迎えたときには、レセプション会場として使われる。一九四五年から六八年まで、二三年間にわたってディジョン市長を務めたのがキール氏であるが、キール市長がいつもそこでアペリティフとして供したのがブルゴーニュの白ワインとカシスのクレームのカクテルで、これがやがてディジョンを訪れる人びとの口伝えに国際的に有名となり、〝キール〟の名のもとに世界中で楽しまれるようになった。日本でも最近キールを飲む人が多いが、その名の由来を知る人はほとんどいない。

その夜私たちは、ノートルダム教会の裏手にある古い家をレストランに改造したミシュランの一つ星〝ラ・シュエット〟におもむき、早速に、本場のキールを味わった。前菜は、カエルのマスタード・ソース。ディジョンのマスタードはフランス一の定評がある。だから昼も、〝仔牛の腎臓《じんぞう》、昔風マスタード・ソース〟という料理を試してみたのだが、これがなかなかにいけたので、もう一度マスタード・ソースを試したくなったのである。主菜は〝ウサギ肉のフォアグラ詰め、地元産シャンピニオン添え〟

っている。近傍《きんぼう》にいい料理の材料がそろっていることでも有名である。シャロレーの牛肉、ブレスの鶏肉にはじまり、野獣、野鳥が豊かにいる。シャンピニオン、モリユなど、森の中の植物も豊かである。だから、ブルゴーニュ公の時代から今にいたるまで、ここはグルメにとって、垂涎《すいぜん》の地なのである。毎年一一月にはディジョンで〝国際ガストロノミー・フェア〟が開かれるが、それに合わせて、世界中のグルメたちと食品業者、ワイン業者たちが集まってくる。

翌朝、ディジョンを出て、県道一二二号線を下った。いわゆるワイン街道（la Route des Grands Crus）である。

ブルゴーニュの銘醸《めいじょう》ワインの生産地帯は、ディジョンからボーヌの南方のシャニーまで、約五〇キロにわたってつらなる〝コート・ドール（Côte d'Or）〟と呼ばれる丘陵地帯である。〝コート〟とは丘であるからコート・ドールとは「黄金の丘」を意味する。俗には、この丘陵地帯には、かのロマネ・コンチやシャンベルタンといった天下に名だたる高級ワインのブドウ畑がならぶので、〝黄金の丘〟と名づけられたのだと解説されている。しかしコート・ドールの名が生まれたのはそうしたワインが高級ワインとして知られるようになるずっと前からで、本当は、秋になると、それまで緑一色であったブドウ畑が、黄金色に変じて、えもいわれず美しいからであるという。コート・ドールの丘の上に立って下を見ると、左右は見晴らすかぎりのブドウ畑だが、前後は意外に短い。丘のふもとをディジョンとボーヌを結ぶ国道七四号線が走っているが、そこまでである。国道はすぐそこに見え、そこを走る一台一台の車が識別できる。国道の向うの畑地は、小麦やコーンなど、普通の農作物が作られる畑で、ブドウ畑ではない。ブドウ畑は丘陵地帯の幅の狭いゆるやかな斜面に作られているのである。その幅は広いところでも二キロ、狭いところになるとわずか数百メートルしかない。だから、コート・ドールは五〇キロにわたってつづいているといっても、その総面積は意外に小さく、六三〇〇ヘクタールに少し欠ける。そのワイン生産量は、一九八六年で三万キロリットルでしかない。この生産量がどれだけ少ないかは、そのすぐ南に広がるボージョレと比較してみればすぐにわかる。ボージョレは、二万ヘクタールのブドウ畑を持ち、年に一二万キロリットルものワインを生産している。あるいは、ブルゴーニュとならび称せられるボルドーと比較してみると、その差はもっと広がる。ボルドーは十万ヘクタールのブドウ畑を持ち、五六万キロリットルの生産量を誇る。コート・ドールの実に一八・七倍である。

それなのに、銘柄からいくと、コート・ドールのほうがはるかに多いのである。A

OC（原産地呼称）の数で比較してみると、ボルドーの五一に比較して、コート・ドールは六二である。生産量が十九分の一なのに、銘柄はコート・ドールのほうが多いのだ。つまり、ブルゴーニュの高級ワインは徹底的な多品種少量生産なのである。

その典型がロマネ・コンチである。世界一を自他ともに許しているこのワインの生産量はわずか六・八キロリットル。ビンで数えて約九〇〇〇本しかないのである。その畑は一・八ヘクタール。縦二一〇メートル、横一五〇メートルの、学校の運動場程度の広さでしかない。その周囲には、やはり特級のワインとして知られるラ・ターシュ、リシュブールの畑がならんでいるが、これらにしても、畑の大きさは前者が六ヘクタール、後者が八ヘクタールでしかない。だから生産量も、前者が一八キロリットル、後者が二五キロリットルである。ブルゴーニュの銘醸ワインは、一つ一つが、みなこの程度の規模なのである。

それに対してボルドーはどうか。ボルドーの超特級銘柄は次の五つであるが、その畑の広さと生産量は、それぞれ次のようになっている。

・シャトー・ラフィト・ロッチルト
九〇ヘクタール　一八〇キロリットル

・シャトー・ラトゥール
五〇ヘクタール　二〇〇キロリットル
・シャトー・マルゴー
八五ヘクタール　一九五キロリットル
・シャトー・ムトン・ロッチルト
七二ヘクタール　一二二キロリットル
・シャトー・オ・ブリオン
四四ヘクタール　一五八キロリットル

ブルゴーニュとはケタちがいに大きいのである。

ボルドーでは、この一つ一つの銘柄が巨大な農園を所有するシャトーによって作られている。農園の土地は平地であり、均質である。だから、同じ年代の同じ銘柄のものは、同じ味がする。

しかし、ブルゴーニュでは事情はもっと複雑である。ブルゴーニュには、巨大な農園がない。一つ一つの畑が小生産者によって細分化されて所有されている。わずか、一ヘクタールとか、二ヘクタールという、日本の農家程度の小規模生産者によってブドウ畑が分割所有されている。その一枚一枚の畑が、みな個性がある。丘の上からよく見ると、畑の一つ一つが、うねの作り方、ブドウの植え方から、手入れの仕方にいたるまでみなちがう。見渡すかぎり、きちんと均質に管理されているボルドーの巨大農園とは大ちがいである。

豊かな個性と深い奥行き

人の手のかかり方がちがうだけでなく自然条件がまた畑によってみなちがう。コート・ドールは丘の斜面であるから、斜面のどこにあるかによって気温、日の当たり方、風の当たり方といった気象条件がみなちがう。それがブドウのできぐあいに大きな影響を与える。また、場所によって、地質が微妙にちがい、水はけがちがう。それがブドウの品種が同じでも品質をまるでちがったものにする。

ブルゴーニュも、昔は貴族や修道院が大きな農場を持っていた。しかし、フランス革命で農地解放が行われ、ブドウ畑はそれまで大農場の雇われ労働者だった農民一人一人に分配されてしまったのである。クロ・ド・ヴージョは、かつての修道院が所有していた五〇ヘクタールの畑だが、それが革命の後には六〇人の所有者に分割され今日にいたっている。畑が分割されただけでなく、ワイン作りもバラバラになってしまった。それまでのように、農場単位で大量のワインが作られるのではなく、生産者がみな自分の畑でとれたブドウを自分でワインにする。ワイン作りは、比較的簡単な設備と技術でできるのである。それだけの力がない生産者は、ブドウのまま他の生産者やワイン商人に売り渡してしまう。かくして、ブルゴーニュには、弱小のワイン醸造業者が林立することになった。

そのうち力がある業者は、自分でビンに詰め、自分のラベルで売る。これが〝ドメイヌ元詰めワイン〟と呼ばれるものでラベルに〝mis en bouteille au domaine〟（ドメイヌでビン詰めされた）という表示があり（175頁参照）、そのドメイヌの名前が表示されている。ボルドーの〝シャトー元詰めワイン〟のようなものだが、こちらのほうは、一つ一つの規模がはるかに小さい。だからその数も多く、全部はとても覚えきれたものではない。

販売力がない醸造業者はどうするかといえば、タルのままワイン商人に売ってしまうのである。この商人がネゴシアンと呼ばれる存在で、ブルゴーニュのワイン業界の支配者である。彼らは、自分でブドウ畑を持ち、自分でワインを生産するだけでなく、群小のワイン生産者からワインを買い集め、それをうまくミックスして品質を保ちながら、自分のラベルで世界中に売っていく。日本に入ってくるブルゴーニュワインのほとんどは、このネゴシアンのもので、ドメイヌ元詰めワインはごくわずかである。ブルゴーニュの個々のドメイヌは生産量がわずかだし、国際的販売力がないので、遠い外国に輸出するなどということはなかなかできないのである。

ネゴシアンの数はおよそ三〇〇社あるが、主なものはうち四〇社ほどである。今回訪ねたルイ・ラトゥール（Louis Latour）、ジョセフ・ドルーアン（Joseph Drouhin）、ブシャール・ペール・エ・フィス（Bouchard Pére & Fils）、ルイ・ジャド（Louis Jadot）、ルロイ（Leroy）、モムサン（Mommesin）、アントナン・ロデ（Antonin Rodet）などなど、大手といわれるネゴシアンは、みな日本の販売業者と組んで日本市場に入ってきている。ワイン好きの人なら、こういった名前の二つや三つ覚えておられるだろう。

こういったネゴシアンたちは、ブルゴーニュの全域に進出し、それぞれ独自に銘醸ワインを出している。ブルゴーニュのワインの銘柄は、基本的に村単位でつけられていく。たとえば〝ジュヴレ・シャンベルタン〟は、ジュヴレ・シャンベルタン村のワインなのである。しかし、ジュヴレ・シャンベルタン村には、独自のドメイヌ元詰めで売っている業者が何社もあり、その上、ネゴシアンがみな入りこんでいる。だから、ルイ・ラトゥールのジュヴレ・シャンベルタンもあれば、ジョセフ・ドルーアンのジュヴレ・シャンベルタンもありと、あらゆるネゴシアンのジュヴレ・シャンベルタンがある。これがみな、原料のブドウの畑も、ワイン作りもちがうから、微妙に味がちがうのである。ボルドーについていえば、一つ一つのシャトーのワインは均質だが、ブルゴーニュの一つ一つの銘柄ワインについては、必ずしも同じ味とはいえない。同じ銘柄でも、どのドメイヌのワインか、どのネゴシアンのワインかによってちがいが出てくる。その上、ブルゴーニュでは、一つ一つの村の中でも、特定のいい畑には、また別の銘柄名をつけてしまうということがある。たとえば、ジュヴレ・シャンベルタン村には、シャペル・シャンベルタン（五・一ヘクタール）、シャルム・シャンベルタン（一二・五ヘクタール）、ラトリシエール・シャンベルタン（七ヘクタール）など、小さな畑地別にさらに細かい銘柄がいくつも成立しており、またそのそれぞれに、いくつかのドメイヌものがあり、ネゴシアンものがある。

どの村のワインについても同じようなことがいえる。ブルゴーニュワインの世界はとめどなく細分化され、とめどなく個性的なワインの集合体なのである。その全容を知る人は誰もいないといっても過言ではない。ボルドーにくらべれば、その面積も生産量もずっと少ないのに、ブルゴーニュのワインはその個性の豊かさと奥行きの深さにおいてボルドーのそれを凌駕《りょうが》するのである。

いいワインは自然のミステール

ワイン街道に入って、最初に出会う有名な銘醸ワインの村はジュヴレ・シャンベルタンである。

ここのワインはナポレオンが特に好んだことでよく知られている。ナポレオンは、時にシャンパンを飲む以外はワインといえばすべてシャンベルタンだった。だから、戦争に遠征するときは、必ずシャンベルタンを山と積んだ馬車を同行させた。エジプト遠征にもモスクワ遠征にもシャンベルタンは同行した。そして、モスクワで敗北して帰国すると、消費されないで残ったシャンベルタンが〝モスクワ帰りのシャンベルタン〟としてパリで売り出されたという。

それほどワイン好きで通っているナポレオンだが、ワインのプロたちは、ナポレオンはワインの味が全然わかっていなかったという。なぜなら、彼はいつもシャンベルタンを水割りにして飲んでいたからである。

シャンベルタン村で〝ドメイヌ・ルイ・トラペ・ペール・エ・フィス〟を訪ねた。

ここは、一八ヘクタールの畑を持ち、年間約一〇万本のワインを生産している。この村のブドウ畑のトータルは五〇〇ヘクタールで、一戸平均四ヘクタール。一〇ヘクタール以上の持主は二、三戸しかないので、ここはドメイヌとしては最大手に属する。といっても、訪ねてみると、日本の田舎の造り酒屋程度の規模で、トラペ氏もトラペ夫人も、酒造会社の社長夫妻というよりは、その辺の商店のおじさん、おばさんという感じである。六代前までは、ただのブドウ畑労働者だったのが、長年にわたり少しずつ畑を買い、ワインの生産設備を作っていって、今日の地位を築きあげた。しかし、一九五〇年までは、自分で販売することができず、生産したワインはすべてネゴシアンに売り渡していた。ところが、そのころから外国の輸入業者が直接地元に買付けに入ってくるようになった。それに応じて少しずつ直売しているうちに、いまでは全量を自分のラベルで自力販売するようになったのだという。いま生産量の五〇%を一二カ国に輸出しており、日本にも年間一〇〇〇本程度輸出しているという。

地下のカーブで、年代もののシャンベルタンをあけながら、ワイン作りに何が一番大切ですかと問うと、トラペさんは、「美意識と平衡感覚だろうね」といった。ワインは自然が生んだ芸術品であり、いいワインは味と香りのあらゆる要素のバランスが絶妙にとれていなければならないという。

そういういいワインはどうして生まれるのかと問うと、

「それは自然のミステール（神秘）としかいいようがないね」

という。

「美女はいかにして生まれるか。自然のミステールだ。それと同じだよ。たとえば、ロマネ・コンチ。あのワインはやはりブルゴーニュで最高だが、あの味はどこから生まれるのか。なぜ、数メートルしか離れていない隣の畑のワインは味がちがうのか。誰にも本当のところは、よくわからない。地質が微妙にちがう。あそこの土からとれるブドウには、ローズやジャスミンの香りがある。あそこの土の中の何かの鉱物の作用らしい。それに表土の深さ、表土の下の礫層《れきそう》の石の大きさ、土の温度、風の流れ、そういったあらゆる要素が作用してああいうワインが生まれる。美女を生むいくつかの要因は分析できるが、トータルにはわからない。結局、自然のミステールなんだよ」

シャンベルタン村から、一〇キロほどワイン街道をいくと、ヴォーヌ・ロマネ村で、その畑の一画が、ロマネ・コンチの畑である。

収穫をあと一週間後にひかえて、ブドウはもう見事に実っていた。ワインのよしあしを決めるのは、一にも二にもブドウであるという。ブドウの実が悪かったら、どんなにワイン作りの技術がよくてもいいワインはできない。

私はロマネ・コンチの畑とその周辺のブドウの実を片はしからつまんで食べてみた。あまり人に大ぴらに語ることができる行為ではないが、時刻が夕方で、周囲には誰も人がいなかったからできた。

食べてみると、たしかに味がちがうのである。一般には、ワイン作り用のブドウは生食《せいしょく》してもあまりおいしくないといわれる。しかし、コート・ドールのブドウは食べてもうまいのである。シャンベルタンでも、途中の村でも、道々つまんでは食べてきたが、例外なしにうまい。しかし、このロマネ・コンチのブドウは特別うまい。たしかに周囲の畑のブドウとは味がちがう。味だけでなく、小粒のブドウが房いっぱいにみっちりなっている。これがワイン作りには理想的な実のなり方なのだそうである。

同行のカメラマンも編集者も、案内役の人もみんなでブドウをつまみながら、なぜこんなに美味いのだろう、不思議だ、不思議だといいあった。いつのまにか、みんなで二房分くらいのブドウを食べていた。ブルゴーニュのブドウの樹は剪定《せんてい》を徹底的に行い、一本の樹にせいぜい十房くらいしか実らせない。そして、ワイン一本を作るのに、いいワインなら、ブドウの樹二本分のブドウが必要という。ロマネ・コンチは一ビン一五万円（七八年産。日本市場価格）だから、ロマネ・コンチのブドウ二房というのは、計算してみると、大変な金額になるのだ。あわててもう一度周囲を見まわしたが、幸いなことに誰もいなかった。

コート・ドールは、ニュイ・サン・ジョルジュの町を境にして、北と南にわかれる。北側はコート・ド・ニュイと呼ばれ、いま述べてきたシャンベルタン、ロマネ・コンチなど、赤の超特級ワインの畑がならぶ。南側はコート・ド・ボーヌと呼ばれ、ヴォルネイ、ポマールなど、赤の一級品もあるが、コルトン・シャルルマーニュ、モンラッシエ、ムルソーなど、白ワインの指おりの銘酒がならぶ地帯として有名である。いずれも日本では一本数万円の値段になる超高級ワインである。白ワインといえば、早飲みされるのが原則で、作られてから一、二年のうちに消費されるのが普通である。長もちしないのである。ところが、ブルゴーニュのこれら超特級白ワインは、五年目くらいからが飲みごろで、十年は軽く持つ。信じ難いほどコクのある白ワインで、その年代ものを飲んでみると、それまで持っていた白ワインの概念が全くぶちこわされてしまうほどである。

年を経てワインが語りはじめる

ムルソーでは〝ドメイヌ・バルデ・グリヴォ〟を訪ねた。ここは全部で四・三ヘクタールのブドウ畑しか持たぬ小さなドメイヌだが、その半分以上が、ムルソーの中でも特別扱いの高級品、ムルソー・ペリエールとクロ・デ・ペリエールの畑なので、ワイン業界で名前がよく知られている。超高級ワインは海外からの引きあいが多く、その九〇％が輸出されている。これまではほとんどアメリカ向けだったが、今年から日本にも輸出されることになった。

ここで一九八五年、一九七九年、一九五九年の三本をならべて飲ませてもらった。八五年、つまり二年前のワインは、まあ、普通の高級白ワインとさして変るところがない。ところが、八年前の七九年になると、グラスに鼻を近づけただけで、なんとも馥郁《ふくいく》たる香りがワッとただよってくる。

「どうです、年を経てワインが語りはじめたのがわかるでしょう」

と、バルデ家の当主、ミシェル・バルデ氏がいう。まさに「ワインが語る」という表現がふさわしい豊かなブーケである。ブーケというのは、花束の意味だが、ワインの評価では、さまざまの花のかぐわしい香りが束になったような芳香の表現に用いられる。ブーケの豊かさが白ワインの生命である。

さらに、二八年前の五九年ものになると、その相も変らぬブーケの豊かさに加えて、味わいになんともいえぬ深みとコクが加わってくるのである。その色まで、加わったコクにふさわしく、落ち着いたコハク色に変ってくる。二八年もたつというのに、いささかも腰は弱くなっていない。

「これは、まだまだもちます」

とバルデ氏がいう。ムルソー・ペリエールは、最低でも一五年おいてから飲んでほしいという。赤ワインなら、一〇年、二〇年の寿命を誇るものはいろいろある。しかし、白ワインでかくも寿命が長く、しかも、時とともにこれほど豊かになるワインは珍しい。

十九世紀に建てられたというバルデ家のいかにもフランスの古きよき時代風の応接間でこの貴重なワインを試飲していると、奥から先代の当主夫人、つまり、バルデ氏の母親が出てきた。なんと九四歳という。もちろん髪は真っ白で、杖の助けなしには歩けないほど足腰も弱っているが、頭はしっかりしている。年代もののワインの香りをかぎながら、バルデ家の歴史を語り、バルデ家のワインを語る。その一言一言に敬意を払って謹聴する子供たち、孫たち。

その光景を見て、私は、ブルゴーニュの銘醸ワインは伝統的なファミリービジネスの世界であるといわれる意味がよくわかるような気がした。銘醸ワインは、それぞれのファミリーが、その家の伝統と名誉をかけて作るワインなのである。ワインの評価がそのまま家名の評価となる。いいワインは家名を高めるが、悪いワインを作ることは家名を汚し、先祖の顔に泥を塗ることになる。そして、銘醸ワインの真の評価は、作られてから、一〇年、二〇年してはじめて決まってくる。自分のいましている仕事が、一〇年、二〇年後に評価を受け、しかもそれが、その家の長い伝統と引きくらべて評価されるのだということを、いつでも当主は頭に置いておかねばならない。その仕事は、必然的に伝統的なものたらざるを得ない。

どの蔵元のカーブにも、その家の伝統そのものを体現する数十年も前からのヴィンテージ・ワインがカビ（カビは古いワインを保護する）に埋もれるようにして片隅にストックされている。シャンベルタンのトラペ家には一九〇四年からのワインがあったし、ネゴシアンのルイ・ラトゥール家や、ジョセフ・ドルーアン家には、十九世紀からのワインがあった。

こういったワインは販売用ではない。誰にも売らない。誰にも飲ませない。ただそのファミリーの個人的な特別の機会、たとえば、創業何十周年といったファミリーにとっての歴史的記念日とか、当主の銀婚式とか、娘の結婚式といった、滅多にない記念すべき日に際してだけ、ファミリーみんながそろったところで栓が抜かれ、ファミリーだけで飲むのである。これは、三代前のおじいさんが作ったワインだなどといいながら。こうして、ヴィンテージ・ワインの中に体現されているファミリーの伝統が、世代を越えて継承されていくのである。

バルデ家のカーブで一番古いワインは一九一八年のクロ・デ・ペリエールだという。なんと六九年前の白ワインが残っているのである。もうあと一〇本しか残っていない。そのうちの一本を、この一〇月に、先代当主夫人のおばあちゃんが九五歳の誕生日を迎えるので、それを記念してあける予定だという。

ネゴシアンになると、ワインの中にこめられた歴史と伝統の重みはもっとスケールが大きくなる。

ブルゴーニュの中心に位置するボーヌの町は、ワインの首都とも呼ばれ、ネゴシアンが軒をつらね、ブルゴーニュワインの大半はこの町で取引されてから、国内、国外に運び出されていく。

ここは中世以来の城砦《じようさい》都市で、旧市街は濠《ほり》と城壁で取り囲まれている。その旧市街の地下の約半分が、なんと巨大なカーブになっているのである。その大半を、いまジヨセフ・ドルーアンが所有しており、そこに、五〇〇〜六〇〇万本のワインが貯蔵されている。迷路のようなそのカーブを案内してもらうと、この部分がブルゴーニュ公のカーブだったところ、ここがノートルダム寺院（ボーヌ）のカーブ、ここがフランス革命までルイ王家が使っていたカーブなどなど、カーブの中にフランスの歴史が遺されているのである。

岩盤を掘って作られた薄暗いカーブがどこまでも果てしなくつづいている。そこを歩きながら、案内人の歴史的解説を聞く。

「このブルゴーニュ公のカーブの上にはブルゴーニュ公の邸宅があったわけです」

そういわれてみて、ハッと気がついた。このカーブの上には、一つの都市がそっくり存在しているのである。そこに気がついたとき、カーブが都市を支える岩盤深く掘り抜かれているように、フランスワインは歴史と伝統の岩盤の深いところで、フランス文化というものを支えているのではあるまいか、と思った。

（『太陽』一九八七年一一月号）

第5章 ヨーロッパ・チーズの旅（'85・5〜6）

その旅は驚きの連続だった

最近、日本でも一流といわれるホテルで、ディナーの後にチーズを注文したところ、出てきたのは、週刊誌よりちょっと大きめのチーズ・プレートに乗ったどこにでもある、ありふれた五種類のチーズで、うちカマンベールは、もう中身がとけて流れだしているものが堂々と出てくるというお粗末さにびっくりしたことがある。ウェイターに質問しても、個々のチーズに関して、ほとんど知識らしい知識を持っていなかった。フランスの一流レストランでチーズを注文して、それが運ばれてくるのを待つ間、この店ではどんなチーズを出してくるだろうかと、あれこれ想像をめぐらせながら生っ

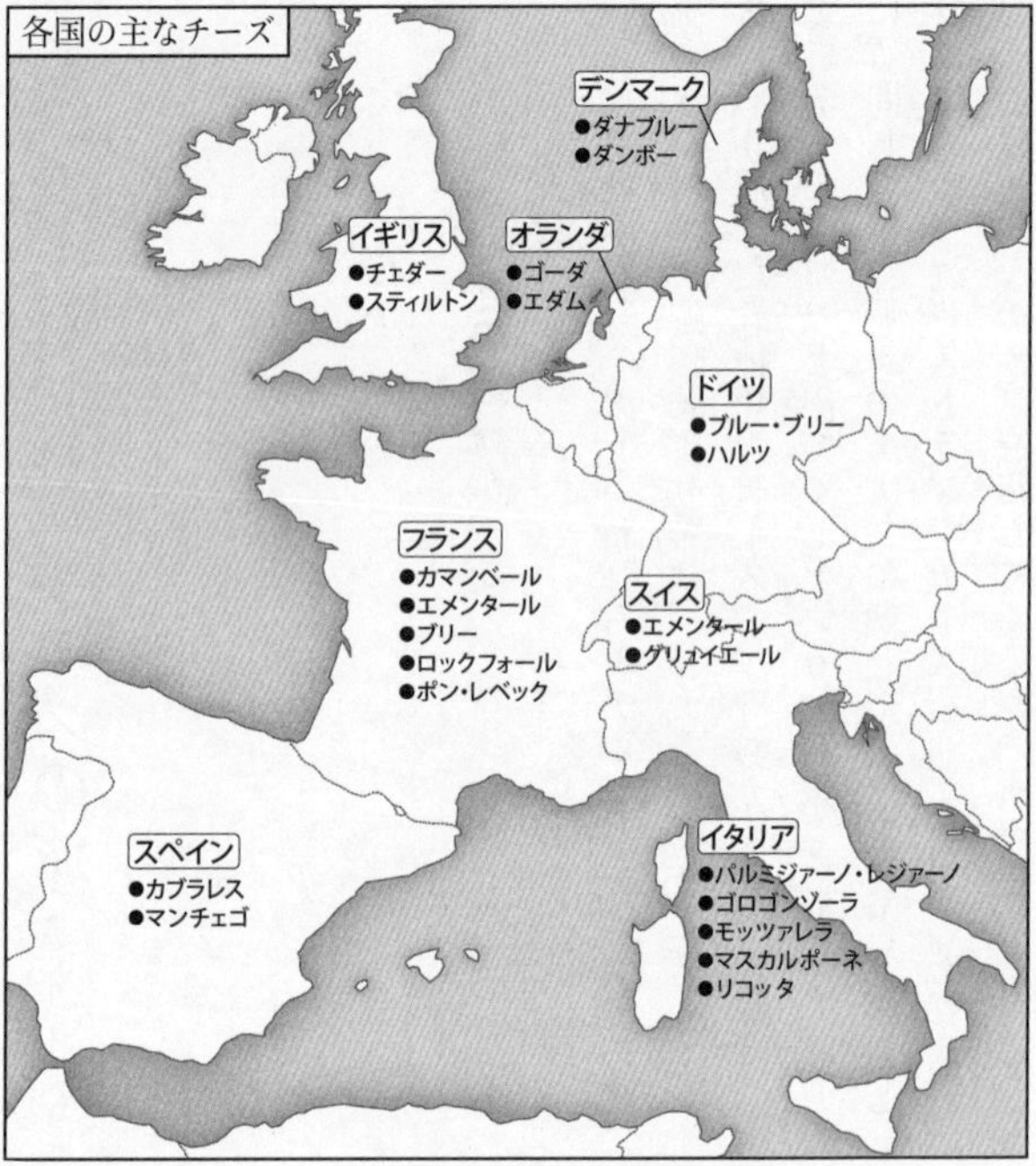
各国の主なチーズ
デンマーク
●ダナブルー
●ダンボー
イギリス
●チェダー
●スティルトン
オランダ
●ゴーダ
●エダム
ドイツ
●ブルー・ブリー
●ハルツ
フランス
●カマンベール
●エメンタール
●ブリー
●ロックフォール
●ポン・レベック
スイス
●エメンタール
●グリュイエール
スペイン
●カブラレス
●マンチェゴ
イタリア
●パルミジァーノ・レジァーノ
●ゴロゴンゾーラ
●モッツァレラ
●マスカルポーネ
●リコッタ

ばをのみこむという、あの一種胸をときめかせるような経験をすることは、おそらく東京では一〇年たっても二〇年たっても無理だろう。

チーズという食品が、それほどバラエティに富み奥行きが深い世界を持っているということを知る日本人は稀であるし、また、そういう日本人が近い将来そう増えるとも思われない。

かくいう私自身にしてからが、チーズの世界の広がりを本当に知るようになったのは、つい二年前のことである。

二年前、私は、日本のソムリエコンクールの優勝者たちとフランスのワイン産地をあちこちめぐり歩くというぜいたくな旅をした。

私もそれまでは、フルコースのディナーを取っても、チーズのコースだけは敬遠するほうの日本人だったから、そのとき初めて、フランスのレストランで本格的に供されるチーズを見たわけである。

まず、その量と種類の多さに驚いた。一流のレストランではたいていチーズがワゴンに乗って出てくる。手持ちのプレートには乗りきれないのである。最低でも一〇種類、多ければ二〇種類を超えるものが出てくる。

そして、それだけたくさんのチーズを供しても、店ごとにその内容が違うのがまた驚きである。

世界に何種類のチーズがあるか、誰も正確なところは知らないが、軽く一〇〇〇種類を超えることだけは確かである。うち、種類の豊富さにかけては、問題なくフランスが一番である。ドゴール将軍が、フランスという国を統治することがいかに難しいかを表現して、

「三七〇種類ものチーズがある国を治めることがどんなに難しいかよくわかるだろう」

と言ったのは有名な話である。誰も正確なところを数えたことがない上、チーズの新種はよく開発されるので、ドゴール将軍の言った三七〇種類が必ずしもフランスのチーズの種類の数として正しいわけではない。専門家の言を聞いても、四〇〇種から六〇〇種までまちまちである。

それだけ種類があるから、店ごとにチーズのメニューが違ってくるのも当然なのである。

いつかチャンスがあったら、もう少しチーズの世界を深く知ってみたいと思っていたところへ、ヨーロッパ各国の有名チーズ産地を訪ね歩く旅をしてみないかという願ってもない企画が持ちこまれ、二つ返事で引き受けた。

その旅は驚きの連続だった。日本人がいかにチーズのことを何も知らないかを思い知らされた。

魚屋よりはるかに多いチーズ店

今度の旅で私は初めて気がついたのだが、ヨーロッパの町には必ず、チーズ店という乳製品店がある。牛乳、バター、チーズ、ヨーグルトなどを売る店である。それだけで立派に商売になるのだ。それが、八百屋や肉屋と同じような感じで、どの町でも商店街の一画を占め、お客が群がっている。ヨーロッパでは魚屋よりはるかに多くのチーズ店がある。

スーパーマーケットに行っても、チーズの陳列ケースは、魚介類よりはるかに大きく、肉、肉製品の陳列ケースに匹敵する。大きなスーパーになると、チーズだけで陳列ケースの総延長が三〇メートルから四〇メートルにもなる。パリ郊外にヨーロッパ随一の食品市場として有名なランジス市場がある。二二〇ヘクタール（築地市場は二二・五ヘクタール）というとてつもない広さを持ち、青果、肉、魚、乳製品のすべてを扱う。東京の築地魚市場、神田青果市場、大井肉市場のすべてを合わせたような機能を持つ。

そこを見学して驚いた。魚市場より、はるかに乳製品市場（そのほとんどがチーズ）のほうが広いのである。広さ、魚市場の二万五〇〇〇平方メートルに対して、乳製品市場は四万七〇〇〇平方メートル。年間取引量、魚市場の一〇万トンに対し、乳製品市場二二万トン。年間取引高、魚市場の一兆五〇〇〇億フランに対して、乳製品市場三兆フラン。

圧倒的に乳製品のほうが多いのである。市場の中を歩いてみると、数百メートルにわたって、チーズの山が続く。ほとんどがフランスのチーズだが、あちこちに世界各地から輸入されたチーズも山積みにされている。

それだけのチーズの山を目の前にしたときに、初めてヨーロッパの食生活におけるチーズの重みを実感することができた。

ここで、ランジスにおける国内産チーズの種類別年間取引量の上位五種を示しておこう。

・カマンベール二万五〇〇〇トン

・エメンタール一万二〇〇〇トン

・ブリー五〇〇〇トン
・ブルー四〇〇〇トン
（うちロックフォールは九〇〇トン）
・シェーヴル三八〇〇トン

この他、クロミエ、ポン・レベック、カンタルなどが年間一〇〇〇トン前後の取引があり、それにつづいては、サン・ポーラン、ルブロションが人気がある。また、最近は若い人、特に女性の間でフレッシュ・チーズの人気が高まり、各種とり混ぜて、年間四三〇〇トンの取引になっている。

ここにあげたのは、すべてチーズのタイプ名であって、一つ一つのタイプに、個別の相異なる製品がたくさんある。カマンベールならカマンベールで、スーパーの陳列ケース一つがまるまる一杯になるくらいたくさんの個別製品がある。工場で大量生産されるカマンベールもあれば、農家で手造りされるカマンベールもある。安いものは、一つ二・五フラン（一フランは約三〇円）くらいからあり、高いものは一五フランもする。高いのは、手造りカマンベールである。

カマンベールに限らず、たいていのチーズは、いまや近代的な工場で大量生産されるのが普通である。その最も進んだ形態をオランダのゴーダ・チーズの生産工場に見ることができる。

ここでは工場の一方の端から牛乳を入れると、他方の端からチーズが出てくるといってよいくらい、完全にオートメーション化されたシステムになっている。巨大な体育館のような工場の中に、人間はパラパラとしかいない。

オランダの巨大なオートメ工場

基本的なチーズの生産工程は、どのタイプでも、だいたい変らない。

牛乳の中にレンネットという凝固剤を入れて固まらせる。レンネットというのは、牛の第四胃にある酵素で、凝乳作用を持つ。凝乳酵素は、人間の胃の中にもある。赤ちゃんがおっぱいを飲んだあとで吐き出したりすると、甘ずっぱいにおいのする白い小さな固まりになっているが、あれは、胃の中の凝乳酵素で固まったもので、チーズと同じである。人間は牛乳を飲んでも、それを胃の中でチーズにしてから消化吸収しているのである。

レンネットで固まった牛乳は、カードと呼ばれ、柔らかな豆腐状になっている。これを、細かく裁断してやると、水分が出て行って、固形分が粒状になって残る。牛乳を見ると、〈脂肪三%、無脂固形分八%〉といった表示があるが、あの脂肪と無脂固形分が固まって、水分と分離されたものがチーズになるわけだ。つまり、チーズとは、牛乳の栄養分だけを集めた固まりである。

この固まった固形分にそれ以上あまり手を加えないで食べてしまうのが、フレッシュ・チーズである。さっぱりした風味と、カロリーが低いことで、最近急速に人気が高まっている。

普通のチーズは、この固形分を集めて、型に入れてプレスし、排水を徹底させる。そのあと塩水につけて加塩処理してから、熟成させる。熟成は短くて数週間、長いと数年間を要する。

細かくいうと個々のチーズによって製法の違いはいろいろあるが、基本的骨格はだいたい以上の通りである。

それがオランダではすべて機械化されている。タンクローリーで運び込まれた牛乳が、巨大なタンクの中に注ぎ込まれると、その中で、レンネットによる凝固過程から、それを細かく裁断する過程まで、すべて自動的に行われる。裁断は、タンクの中で巨大な熊手のようなものが回転することによって行われる。

細かく切りきざまれたカードは、パイプで、型詰め機に送られる。そこでカードは、プラスチック製の湯桶のような容器にノズルから吹き込まれる。そこにすぐ上からプレス機が降りてきて、水分を排出する。そのあと容器は長いベルトコンベヤーの上を流れて行く。その間、さらにプレスされたり、反転させられたりしながら、次第に型がととのえられ、成分が調整され、内部発酵が進む。

六、七時間して型が固まったところで、塩水のプールに落とされる。プールの中に細い水路が切ってあって、チーズはプカプカ浮かびながらそこをベルトコンベヤー代りに流れて行く。やがて大きなプールいっぱいにチーズが入ると、大きな金網が上から降りてきて、全体をプールの底に沈めてしまう。そのままそこで数日間塩水漬けにされる。次に入ってくるチーズは、水路が自動的に切り替って、別のプールに誘導される。

塩水プールから上げられると、また水路とベルトコンベヤーに誘導されて、熟成室の棚の中に自動的に収められていく。熟成室は、三階建てのビルくらいの高さで、上から下までぎっしりチーズがならんでいる。その中を、やはり、自動機械が走り回りながら、チーズを定期的に一つ一つ取り出しては清拭《きよぶき》し反転させるという作業を繰り返している。熟成中に反転させないと、チーズはまだ固まりきっていないので、形がくずれてしまうのだ。また、清拭しないと、雑菌がついてネバネバしてきたり、異常発酵などの現象が起きたりする。

熟成室の中で二～七カ月間寝かされてから、ようやくチーズは出荷される。

この全工程がほとんど無人の巨大工場の中で、機械とベルトコンベヤーの動きだけで進められていく。初めはその動きに見とれ、なんと見事に設計されたオートメ生産ラインであることかと単純に感心してしまうのだが、そのうち、何となく気味が悪くなってくる。人間の食べ物がこれほど非人間的に作られていってよいのだろうかという気がしてくる。

こうして作られたチーズは、見事なまでに味も品質も均一化されている。オランダのゴーダ・チーズは、ほとんどすべてがこういった巨大オートメ工場で生産されているから、どれをとっても品質は同じである。

口絵頁に示したように、オランダのチーズ産業の中心地、アルクマールの町では毎週金曜日にチーズ市が開かれ、観光客がどっと集まる。広場いっぱいに広げられたゴーダとエダムの山を前にして、昔ながらの作法に従った取引が行われる。チーズに穴を開けて、パイプ状にサンプルをえぐり取り、そのにおいをかいだり味をみたりして、値決めの交渉が行われる。昔はチーズの品質が一つ一つ違っていたので、これが大切だったが、いまはここにならべられているチーズもオートメ工場で画一的に造られたものだから、本当は、一つ一つ味を確かめるなどという行為はほとんど意味を持っていないのである。

オランダのチーズ生産の六割はゴーダで、そのほとんどがこのようにまったく均質の工場産チーズである。工場の規模は平均して年産一万トン前後である。

このような工場の大部分は、酪農家《らくのう》の協同組合のものである。チーズの生産においては、どこの国でも、酪農家の協同組合組織が強力で、商業資本を圧倒している。

しかし、同じ協同組合中心のチーズ作りにおいても、二つの異なったタイプがある。一つは、オランダのように、どんどん中央集権化していって、近代的な巨大工場を作り、そこで生産してしまうというもの。もう一つのタイプは、イタリアやスイスのように、小規模の生産工場があちこちにたくさんあり、それぞれ独自に生産しているが、製品の品質管理だけは、地域全体の生産者組合が厳重に行っているというタイプである。

有名チーズはみなある特定の地域で昔から作られている特産物であるから、その地域の生産者組合が統制しているのが普通である。カマンベールはフランスのノルマンディー地方のカマンベール村で作られていたチーズだし、ロックフォールは、南西部の山岳地帯にあるロックフォール村でできたチーズである。それと同様にエメンタールはスイス中央部のエメン渓谷で作られているチーズだし、イタリアのパルメザン(パルミジァーノ・レジァーノ)は北部ポー川流域のレッジョ・エミリア地方の特産チーズである。

こういった地方特産の有名チーズも、いまでは作ろうと思えば技術的には他の地方でも作れるようになっている。しかし、その名称は法律で保護されていて、よその地域で同じタイプのチーズを作っても、その名称は名乗れないようになっている。ワインの世界で、フランスのシャンパーニュ地方産以外の発泡ワインはシャンパンを名乗れないのと同じようなことだ。

チーズの世界でいうと、ロックフォール・タイプの青カビチーズは、世界のあちこちでまねて作られているし、フランス国内でもいろいろな地域で作られている。しかし、ロックフォールと名乗ることができるのは、ロックフォール村のものだけである。ロックフォール・タイプは青カビチーズだから、普通ブルーチーズと呼ばれ、ブレス地方産はブル・ド・ブレス、オーベルニュ地方のものはブル・ドーベルニュ、アキテーヌ地方のものはブル・デ・コースなどと呼ばれる。もっとも、ピポ・クレム、カンパニョール、サン・ゴルロンなど、ブルの名をかぶせない青カビチーズも結構ある。

こういった特産チーズの名称保護権は国際的にも認められており、よその国でロックフォール・タイプのチーズを作っても、ロックフォールとは名乗れない。日本で一番ポピュラーなロックフォール・タイプはデンマークのダナ・ブルーと呼ばれる青カビチーズだろう。日本のレストランやバーでブルーチーズといって注文すると、たいていこれが出てくる。

デンマークの戦略——世界の有名チーズをより安く

デンマークという国は、世界有数の酪農国で、そのチーズもバターも品質が高く、国際的に高い評価を受けているが、一方、そのオリジナリティのなさでも有名である。デンマークの酪農家は、日本の酪農家よりはるかに少ない。日本の一三万戸に対して、三万二〇〇〇戸しかない。それなのに、バターでは世界二位、チーズでは世界四位の輸出国である。輸出量が国内消費の四倍にものぼり、輸出に賭けている。酪農製品の市場は、世界で最も競争が激烈な市場だが、そこでデンマークが勝ち抜いていくために取った戦略は、世界の有名チーズと同じ品質のものをより安く作っていくということであった。

だから、デンマークには、世界のあらゆる有名チーズと同一タイプの製品がある。フランスのカマンベール・タイプあり、ロックフォール・タイプあり、オランダのゴーダ・タイプあり、エダム・タイプあり、スイスのエメンタール、グリュイエール・タイプあり、あるいは、中近東向けには中近東タイプのチーズまである。同じタイプのものを同じ値段で売っては、本物に負ける。そこで、ずっと安く売るのである。デンマークのブルーチーズなど、ロックフォールの数分の一の価格である。

この戦略で、世界の市場にどんどん喰いこんでいったため、本物のチーズ産地を怒らせた。そしてかつてはかなりまぎらわしい商品名をつけていたのが、最近では、サムソー、ダンボー、マリボーなど独自の名前をつけざるをえないようになった。しかし、名前は別でも、中身は相変わらず本物をまねたものである。

中身はまねでも、品質は落とさないようにした。そのために、デンマークでは原料乳の品質管理を世界でも一番きびしくしている。デンマーク乳は長年にわたって品質が世界一高い牛乳という評価を受けてきている。

それに対して、世界で一番品質の低いのが日本の牛乳である。脂肪でいうと、デンマークの四・四九％に対して、日本は三・二六％。無脂固形分はデンマークの八・九九％に対し、日本は八・二％。たん白質はデンマークの三・五％に対し、日本は三・

〇二％。

こういう数字を見慣れない方は、なんだ大した違いがないじゃないかと思われるかもしれないが、成分の絶対値同士を比較すれば、無脂固形分はで一割、脂肪にいたっては、三割も違うのである。別の表現をすればこういうことになる。デンマークの牛乳を一リットルもってきて、その脂肪分を日本の牛乳なみに薄めるためには、どれくらい水を加えればよいか。計算してみると、なんと三七五ミリリットル、三分の一以上の水を加えなければならないのである。日本の牛乳がどれほど薄いかよくわかるだろう。世界のどこの国に旅行した人でも、日本の牛乳よりむこうの牛乳がうまかったと異口同音にいうのは、要するに日本の牛乳が世界で一番薄い牛乳だからである。

デンマークの酪農家をたずねてみると、これが日本の酪農家とは比べものにならない生活を送っている。飛行機の格納庫のように大きな牛舎に、五、六〇頭もの牛を飼い、飼料は牛一頭あたり一ヘクタールの牧草地で自給している。その所得は、本人はニヤニヤして答えないが、案内してくれた関係者の話では、五、六〇頭いたら、まあ一億円前後だろうという話だった。住んでいる家も大邸宅である。

デンマークのチーズ生産も協同組合が中心で、七割五分が組合の工場で作られている。工場はオランダほどではないが、大規模で近代的である。平均年産四〇〇〇トン前後の工場が全国に八〇ある。

単一ブランドのスイス・チーズ

これに対して、スイスのような小規模工場が中心の国はどうなっているかというと、国土面積はデンマークと同じくらいで、山岳地帯がほとんどだから、耕地面積は数分の一というのに、チーズ工場が一六〇〇と二〇倍もあるのである。それでチーズの生産量は、デンマークの三分の一なのである。数が二〇倍で生産量が三分の一なのだから、一工場あたりの生産規模は六〇分の一なのである。

スイスのチーズの六割近くがエメンタールだが、こういった工場では、一日にせいぜい三つか四つのエメンタールしか製造できない。といっても、エメンタールは世界最大のチーズで、一つが八〇キログラムもあるという超重量級のチーズである。一つ作るのに一〇〇〇リットルもの牛乳がいる。これは乳牛八〇頭の一日分にあたる。スイスの酪農家の平均飼養頭数は一〇～一五頭くらいだから、五～八戸分の牛乳を集めてやっと一個ができるわけである。つまり、一つの工場あたり、二〇～三〇戸分の牛乳を必要とするわけで、だいたい一つの集落に一つの工場といった感じになる。

その程度の規模の工場であるから、生産体制は家内制手工業といったおもむきで、工場は同時に住居であり、製品販売店でもある。この工場に朝夕の二回、付近の酪農家が自分の生産した牛乳を運んでくる。また付近の主婦はそこに一日一回は牛乳かチーズなどを買いにきて井戸端会議を開く。というわけで、このチーズ工場兼販売店がそれぞれの地域コミュニティの中心になっている。経営形態は協同組合方式もあれば、個人経営もあるが、コミュニティの中心という性格は同じである。

エメンタールは硬質チーズで、内部に独特のガス孔（チーズ・アイ）が開いていることで有名である。

硬質チーズは、カードを細かに裁断した一粒一粒のチーズ（チーズ・グレインと呼ばれる）を、できるだけ緊密に結合させ、水分をできるだけ少なくすることによって作られる。そのために、カードの裁断のあとに特別のプロセスが加わる。粒チーズを取り出して、これを機械に入れ、四五分間にわたって加熱しながら震動させるのである。昔はこれを手作業でやっていたが、いまは機械でやる。それだけでも水分は充分に排出されるのだが、そのあと、二〇〇〇キログラムの圧力でプレスする。これによって粒チーズ同士がガッチリと内部で結合する。

これを塩水のプールに一、二日つけておくと、外側にリンドと呼ばれる固い皮膜が形成される。リンドがしっかりできないと、あとで内部で発生したガスを押えきれない。

チーズ・アイを作るガスは、乳酸発酵が進行して、乳糖がプロピオン酸に分解されていく過程で発生する炭酸ガスである。

リンドが形成されたチーズは、発酵室に運ばれて、そこで、二〇〜二三度に加温されて、一カ月半から二カ月置かれる。その間にチーズ・アイができていくのである。牛乳の中にはじめから加えられていた乳酸菌とプロピオン酸菌が働きはじめ、発酵してチーズの中で炭酸ガスを発生させるが、リンドに押えられて外に出ることができず、内部で空洞を作る。この内部からのガス圧が、チーズをさらに固く結合させる。

このあと低温の熟成室に一カ月ばかり寝かされる。そこまできたところで、スイス・チーズ・ユニオンの検査官がやってきて、一つ一つ小さな穴を開け、細長いサンプルを取り出して、チーズの仕上がりを全品検査する。

チーズ・ユニオンというのは、牛乳生産者、チーズ生産者、チーズ商人など、チーズ関係者全員で作っている組合である。スイスのチーズは、生産者からユニオンがすべて買い上げ、卸売商にそれを再販売するという形が採られている。生産者が直接チーズ商人に売るということはない。ユニオンがチーズの品質管理をし、価格統制も行い、また、国際的なセールスプロモーションも行う。

ユニオンは、定期的に牛乳のサンプル検査をして、牛乳の段階から品質管理を行い、製品のチーズについては、全品検査を行う。そして、合格した製品をユニオンのパッケージ工場に運び、ここで、さまざまのパッケージングをする。

だから、スイスのチーズにブランドはない。世界のどこでもすべてユニオンのパッケージで売られている。そして、そのパッケージングが、ユニオンによる品質保証でもあるのだ。

これが、スイスのチーズがあちこちに散在する一六〇〇もの群小の工場で作られながら、均質でしかも高品質でありうる所以である。

エメンタールは、製造後四カ月から八カ月くらいが食べどきである。若いほうがマイルドで、古くなるにつれ風味が増し、またとけやすくなる。だから、フォンデュには製造後七、八カ月を経た完熟タイプのものが適している。

チーズを担保に融資を受ける――生産者と銀行の意外な関係

熟成に時間をかけるという点では、イタリアのパルメザンが世界一である。最低熟成期間が一年半で、普通は二年熟成まで待ち、三年ものを好むグルメも多い。三年もののパルメザンは、私も初めて食べたが、あのザラついた見かけからは想像もできないことだが舌の上でとろけるようにスムーズなのである。しかも風味のよさにおいては絶品で、こうして原稿を書いているだけで思わず生つばが出てくるほどだ。

日本でパルメザン・チーズとして売られているチーズの多くは、本当のパルメザンではない。本当のパルメザンは、〝Parmigiano-reggiano〟というブランド名を持つ。このブランド名を持たないパルメザンは、全部まがいものなのである。〝パルミジァーノ・レジァーノ〟の名称は、法律によって、レッジョ・エミリア地方産のチーズで七〇〇年来の伝統的手法によって作られるチーズにだけ与えられ、厳重に保護されている。このブランド名をつけたニセものを売ると一年以下の懲役、〝パルミジァーノ・レジァーノ風〟とか、〝――風味〟といったまぎらわしい名称をつけた場合は、半年以下の懲役に処せられるというきびしさである。

こういう法律を作らねばニセものの横行を断てぬほど、本物のパルメザンは人気が高いのである。七〇〇年も前からこのチーズは世界的に有名で、ボッカチオのユートピアでは、このチーズでできた山がそびえ立っていて、誰でも食べ放題に食べられるという夢が描かれていた。

フランスの劇作家のモリエールは、晩年、このチーズを食べるだけで生きつづけた。他に何も食べなかったのである。そういうことが可能なくらい、このチーズは栄養価が高く、たん白質の含有率は世界一だ。

ここの生産様式はスイスによく似ている。この地方には六〇〇〇戸の酪農家があり、その中に一二〇〇の小さなチーズ工場が散在している。五戸に一つの勘定だ。各工場が毎日、五、六個のパルメザンを作っている。

パルメザンは、一個の重量が平均三五キログラムという、エメンタールに次ぐ重量級チーズである。一個作るのに、五〇〇リットルの牛乳を必要とする。この地域の牛乳生産量が年に一〇〇万トンで、これから二〇〇万個のパルメザンが作られるわけだ。一個が約五万円だから、売上一〇〇〇億円の産業になるわけだ。それを熟成させるために、二年も三年も倉庫の中に寝かしておかなければならない。つまり、二〇〇〇億円以上の商品を寝かしておかなければならないわけで、とても弱小生産者の手に負えない。

そこで、口絵頁で示したように、銀行が保管倉庫を作り、チーズを預かって融資するという制度ができている。

生産者は、預けたチーズを担保に、チーズ価格の六割まで銀行から融資を受けることができるので、二年後、三年後の販売を待たずに、資金を回転させることができる。この制度によって、ここの地域経済は動いているのである。誰が考え出したのか知らないが、もう八〇年の伝統を持つ制度だという。

一つ一つの倉庫には、写真で見るように、上から下までぎっしりとチーズが詰めこまれていて、一〇万〜二〇万個のチーズがストックされている。五〇億円から一〇〇億円相当のストックということである。

ここでも品質管理は、組合の手によって厳重に行われている。エメンタールと同じように、一つ一つ個別に、穴を開けてサンプルを抜いて中身をチェックしてから、初めて、〝パルミジァーノ・レジァーノ〟の名を名乗ることが許され、そのブランドの焼印が押される。

洞穴で熟成されるロックフォール

パルメザンが七〇〇年の伝統を持つとすれば、二〇〇〇年以上の伝統を持つのがロックフォールである。

古代の羊飼いが、羊乳から作ったクリームチーズの食べ残しを山の洞穴《どうけつ》の中に置きっ放しにしておいたところ、それに青カビがはえて美味になったのを発見したのが、その始まりと伝えられている。

古代ローマの史書にすでにそのチーズが紹介され、八世紀にフランスを統一したシャルルマーニュ（カール）大帝が、ロバ二頭分のロックフォール・チーズをクリスマス祝祭用に送ってくれと注文した手紙がいまも残っている。また、中世においては、地代、家賃、年金等の支払いにあたって、ロックフォール・チーズを銀貨同様に用いてよいとの定めが、フランス南西部にあったという。

ロックフォールはただの青カビチーズではない。二つの点において、他の青カビチーズと画然と区別される。

一つは、羊乳を原料としているということである。羊乳を原料とするチーズは、ほとんどこれ一つといってよいくらい珍しい。羊乳は牛乳より脂肪が多いので、同じ一キログラムのチーズを作るのに、カマンベールなら八・五メットルの牛乳が必要なところ、ロックフォールなら、四・二メットルで足りるという。量が少なくてすむのはよいが、羊乳は、一頭あたりの産出量が牛の五分の一ないし六分の一で、飼育やミルクしぼりに手間がかかるので、価格が高い。牛乳の四倍はする。結局、原料コストとしては、牛乳よりはるかに高いものにつく。ロックフォールの価格が、他のブルーチーズと比べて二倍近くするのは、このコストの高さが一番の原因だ。しかし、羊乳を原料にするからこそ、ロックフォール独特のとろけるようなクリーミーさが生まれてくる。

ロックフォールのもう一つの特徴は、それが、古代以来の地下洞穴の中で熟成されるということである。この地下洞穴は、世界の奇観の一つにかぞえられ、観光客の訪問が絶えない。

ロックフォール村の地下に、深さ三〇〇メートル、幅三〇〇メートルの空洞が二キロメートルにわたって続いている。その中に、地下四階建てから一一階建てのチーズ保管庫ができているのである。ロックフォール・チーズは、この中で最低四カ月にわたって熟成される。

この天然の洞穴の壁面には、縦横に割れ目が走っていて、そこから年間を通して、温度八度、湿度九五％という冷気が吹き出してくる。その空気の量は、一日に一二〇万立方メートルに達する。この温度と湿度が、青カビの生育に最適なのである。

ロックフォール・チーズは、一個が二・六キログラムで、年産六〇〇万個である。最盛期には月に一〇〇万個が生産され、それが四カ月間熟成される。地下洞の穴を行けども行けども、見渡す限りロックフォール・チーズが棚の上にぎっしり詰まっている様子は、まことに壮観である。

この地下洞穴の八割を〝ソシエテ〟と呼ばれる生産者団体がおさえている。ソシエテ以外にも、ロックフォールには小さな会社が一一ばかりあるが、いずれもソシエテに比べれば、取るに足りないほど小さく、ここでも、生産者団体が圧倒的強さを発揮している。

といっても、フランスのあらゆるチーズ生産において、生産者団体が強いわけではない。フランスはそのチーズの種類が世界一豊富であるように、生産形態もさまざまである。協同組合の工場もあれば、商業資本の工場もある。近代的大工場もあれば、スイスやイタリアのような小工場もある。もっと小さな工場でチーズを手造りしているという例も結構ある。

手造りチーズへの回帰

もともとヨーロッパの社会においては、つい一〇〇年くらい前までは、どこの農家でも、チーズやバターを手造りしていたのである。工場生産が中心になったのは、十九世紀も後半になってからのことだ。

だから、田舎に行けば、チーズを手造りする道具も残っていれば、その技術の伝承もまだあるのである。日本でも、田舎の旧家には、味噌を手造りする道具がいまも残っているようなものだ。

そうした道具と技術で、手造りのチーズを作って売っている生産者が、フランスには結構いる。工場生産のチーズがあまりにも画一的になりすぎてしまったことへの反発から、少々高い金を出してもよいから手造りの本物の味がほしいという人がかなりいて、手造りのチーズを、工場生産のチーズの三倍、四倍の価格で買うのである。

そうした生産者の中で、ペリグー郊外でシェーヴル（山羊乳チーズ）を手造りしている夫婦に会ったことがある。

二人は、数年前まで山羊乳の生産者で、協同組合の工場に山羊乳を売っていたが、生産過剰による生産調整で、買入れ数量を減らされたことに腹を立て、それなら自分たちでチーズを作って売ってやると、それまで何の経験もないのに、付近の農家から昔のチーズ造りの道具をもらってきて、見よう見まねで造り始めたのだという。

やってみると、結構いいものができた。しかし、できたはいいけど、販売をどうしたらいいかわからない。パリのランジス市場に行けば、何とかなるのではないかと、自分が作ったチーズを持って、パリに出かけた。そして、ランジスに軒をならべているチーズの卸売商のオフィスを一軒一軒まわって、自分の作ったチーズを試食してくれないかと頼んでまわった。数十の業者をまわってみたが、どこもバカにしたような目で見るだけで、試食すらしてくれなかった。

それはそうである。ランジスの卸商ときたら、大生産者から毎日トン単位で仕入れているのであって、地方の零細生産者を一人一人相手にしている暇はないのである。最後に一軒だけ、試食してくれたところがあったが、そこもいい返事はしてくれなかった。ガッカリして翌日家に帰ると、試食してくれた業者からの注文状が待っていた。それからトントン拍子に発展し、いまでは、商品の種類も十種類以上に増え、年商も数千万円に達しているという。

手造りチーズの世界では、こういうサクセス・ストーリーがいまだにありうるのである。手造りチーズがそれだけ好まれるのは、やはり自然の味が求められているからである。手造りチーズと工場生産チーズの最大の違いは、原料乳にある。工場生産では、原料乳を必ず高温殺菌してから使う。殺菌してから、乳酸菌などをスターターとしてまた注入する。

それに対して、手造りチーズのほうは原料乳を殺菌しないでそのまま使う。原料乳に入っている天然自然の菌をそのまま生かしてスターターとする。工場で原料乳を殺菌するのは、一工程の生産ロットが大きく、雑菌が繁殖してチーズをだめにするなどの事故が起きた場合、そのロット全部がだめになってしまうので、リスクが大きすぎるという理由による。そうした事故はめったに起きないが、起きた場合の被害が甚大《じんだい》になるわけだ。

しかし、殺菌するということは、発酵という複雑かつ精妙な自然のプロセスを、人工的で単純かつ画一的なプロセスに変えてしまうことを意味する。そこに味の違いが出てくる。殺菌した牛乳は、全国どこでも同じ味がするが、殺菌しない牛乳はその土地の味がするという。その個性がチーズの味にも出てくるのである。だから、手造りチーズは、〝殺菌してありません〟(non pasteurisé)〝生乳から作りました〟(au lait cru) というのを売り物にしている。

消費者のこうした本物志向に対応して、大手業者のボングラン社は、最近、原料乳の徹底的な品質管理によって、工場生産の無殺菌チーズを開発し、これをちょっと高めの値段で売り出したところ、大人気を博したという。

大規模な工場生産によって均一な品質のものを大量に安く作ればよいという十九世紀以来の効率至上主義的発想では、もう消費者のニーズに対応していけないという現象があらゆる産業において起きているが、食品産業もその例外ではなかったわけだ。大量に安くよりは、高くても個性と多様性があるものが求められているわけである。

（『月刊専門料理別冊』一九八六年三月号）

Ⅲ

キリスト教芸術への旅

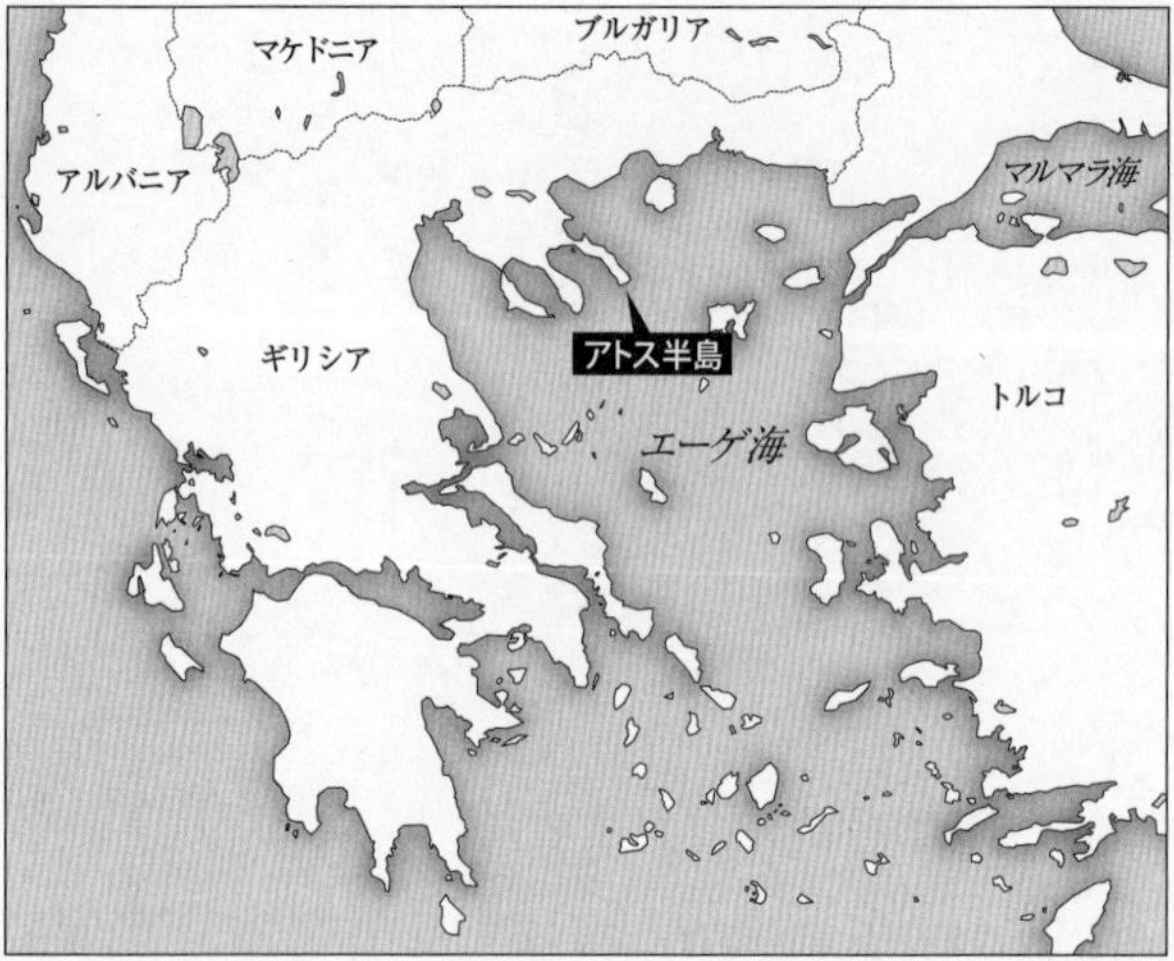
マケドニア
ブルガリア
アルバニア
マルマラ海
ギリシア
アトス半島
トルコ
エーゲ海

第6章 神のための音楽（'82・8）

I

二年前の夏、私はギリシアのアトス半島を訪れた。ここは俗に修道院共和国と呼ばれている。この半島には、二〇の修道院があり、その修道院の共同体がこの半島全体を保有し管理している。ここはギリシア政府の国家権力も及ばぬ完全自治区なのである。千年以上も前に、東ローマ帝国の皇帝が勅許状によってこの半島を修道院に与えて以来、ここはギリシア正教の聖地として、歴代の世俗権力がその特別の地位を認めたまま今日にいたっている。

正教を奉ずる各国から修道士たちがやってきて、それぞれに巨大な修道院を作った。

ギリシア系以外にロシア系、ブルガリア系、セルビア系などいろいろの修道院がある。いずれも巨大で、一見西洋中世のお城のように見える。かつては、一つの修道院に数百人から数千人の修道士がいたというが、いまはどこも、たかだか数十名である。千年余にわたって世俗権力が入らなかったため、ここは、ビザンチン時代の宗教文化がそのままに保存されている生ける博物館となっている。ビザンチン様式のイコンや壁画がここほど豊かに残っているところは、世界のどこにもない。修道院の教会堂は壁も天井も壁画とイコンで埋めつくされている。食堂や集会室など、修道院内部のいろいろな部屋もまた壁画でおおわれており、その中には美術史上の傑作にかぞえられるものが少なくない。

図書室には、聖書の古写本や、古代、中世のさまざまの文献の写本のたぐいが山のようにあり、その写本を見るためにだけ、アトスを訪ねる学者もいる。

アトスに保存されているのは、そうした「もの」として残された文化だけではない。ここの修道院で日夜とりおこなわれている典礼の様式やそれに伴う音楽の形式が、ビザンチン様式を現代に伝えるものとしてきわめて貴重なのである。

このアトスのクセノフォントス修道院における復活祭の典礼をライブ録音したものが、アルヒーフから『アトス山の復活祭』というタイトルで三枚組のレコードとして出ている。これはまことに注目すべきレコードである。アトスの典礼のライブ録音などというものは、これまでになかったのはもちろん、今後もそうあるとは思われない。

アトスでは、文明を極端に排斥している。たとえば、電気などというものはない。照明はランプである。主たる交通手段は自分の脚かロバである。ラジオ、テレビ、新聞、雑誌など、俗世界の事情を伝えるものは何もない。持ち込みも禁止されている。

各修道院は自給自足を原則としている。衣食住のすべてを自分たちでまかなう。といっても、衣服は同じ僧服を着たっきりだし、食は一日に二回、パンをかじって豆のスープをすする程度だから、さして手間がかからない。とにかく、可能なかぎり生活を簡素にして、もっぱら神を讃美してすごすのである。

俗世界とは隔絶したまますごすことを原則としている。

だから、人間だけでなく、ものや情報についても、厳しく入出国が管理されている。アトスに入れる俗世界の人間は、巡礼か学者か、修道院に雇われて雑役などに従事している人かである。女性はいかなる例外もなしに入国を禁止されている。動物ですらメスは入国を許されない。

俗世界からの人や情報の入りを厳しく制限しているだけでなく、情報の出についても厳しい。だから、スチールカメラの入りは許されても、テレビカメラ、ムービーカメラは入ったことがない。スチールカメラにしても、修道院の中はいたるところ撮影禁止だし、修道士たちの多くも、撮影されることを拒否する。従って、ビザンチン美術の宝庫といっても、その中身は、世にほとんど知られぬままに秘蔵されているのである。

音に関しても、録音機は入国禁止である。だから、その典礼には古代ビザンチン様式が残されているなどといっても、アトスを実際に訪れた人以外は、それを聞いたことがなかったのである。

これで、アトスの典礼のライブ録音が、いかに画期的なものであるかがわかるだろう。

アトスでは、一日八回、三時間おきに典礼がおこなわれている。朝から晩まで、真夜中にいたるまでやっているのである。祝祭日の前には、徹夜の典礼がおこなわれる。生活の中心は典礼、すなわち神を讃美し、神に祈ることにおいてある。これは、ギリシア正教だけの習慣ではなく、カトリックの修道院でも、一日八回の礼拝がおこなわれ、聖務日課と呼ばれている。これは初期キリスト教時代からひきつがれてきた習慣なのである。

私はアトスを訪れる以前に、東方教会の典礼を何度か見ている。といっても、見物人としてつまみ食い的に見てきたにすぎない。しかし、アトスでは、訪問者はすべて巡礼者というたてまえであるから、できるかぎり典礼に参加することが要請される。むろん、修道士と同じように、一日八回の典礼に参加せよというのではないが、少なくも、一日の典礼のうちで最も重要視されている午後六時頃の晩課《ばんか》（晩禱《ばんとう》）には参加しなければならない。ちなみに、ビザンチンの伝統では、この時刻が一日のはじまりとされている（アトスでは時間も月日の数え方もビザンチン様式なのである）。

私はそれまで東方教会に興味は持っていても、典礼がどうとりおこなわれ、参会者はどう行動すればよいかなど何も知らなかった。仕方なく、他の巡礼たちの行動を横目で見ながら、見様見真似でなんとか切り抜けた。そうして典礼のはじめから終わりまで付きあってみて、あらためて東方教会の典礼の神秘的美しさに打たれた。そのため翌朝は、午前三時に起きて、真暗闇の中でほんの数本のロウソクの明かりだけを頼りにおこなわれる「早課《そうか》」にも参加した。暗闇の中で、私はひたすら音楽に耳をすましていた。典礼はすべてギリシア語である。意味がわからないから、音楽に耳をすますほかなかったということもある。そして、こんなエピソードを思い起こしていた。

はじめてロシアにギリシア正教を導入したのは、十世紀のキエフの大公ウラジミールだが、彼は、それまで一般に信じられていたロシア土着の民俗宗教を捨てて、いずれかの世界宗教に帰依《きえ》しようと考えた。そこで、いずれの宗教が真の宗教であるかを調べるために、腹心の部下を派遣して、イスラム教、カトリック、ギリシア正教を順次調査させた。戻ってきた部下の報告は、ギリシア正教を最上位に置いていた。そのその報告の中で、ギリシア正教の典礼に参加したときの印象をこう述べている。

「これほど美しくかつ輝かしいものがこの世にあるとは知りませんでした。いかなる筆をもってしても、この美しさをお伝えすることができないでしょう。そのとき我々は天にいるのか地にいるのかさえわからなかったとしかいいようがありません。神はここにいますという実感がありました。この美しさ故に、この典礼は、他のあらゆる地域のあらゆる宗教の典礼を凌駕《りょうが》するといってよいでしょう」

ここで彼が語っている美しさとは、もっぱら音楽的美しさなのである。

とはいうものの、その音楽的美しさは、その音楽を採譜して、演奏会場で演奏すれば再現されるというような性格のものではない。しばしば東方教会の宗教音楽と西方教会の宗教音楽の根本的な相違点として指摘されるのは、前者においては、神が表現の主体であるのに対して、後者においては、人間が表現の主体であるということである。

人間が表現の主体であるということは、その音楽の作曲者と演奏者とが、その音楽を通して自己を表現しようとしているということである。だからこそ西方教会の宗教音楽は、やがて演奏会場で音楽会として奏され、聴衆から拍手を受けたり、作曲や演奏の優劣が批評の対象になったりするようになっていったのである。そこでは、人間が人間に聞かせるために音楽が奏されている。そうなると聴衆の存在が不可欠になってくる。それに対して、東方教会では、神にインスパイアされた人間が、神に聞かせるために音楽を奏している。音楽は神から発し、神に帰る。作曲者などというものは通常いないし、聴衆などというものも原則として存在しない。いるのは典礼への参列者だけなのである。要するに、これは音楽である以前に典礼なのだ。その美しさも、典礼の宗教性とわかちがたく結びついている。イコンや壁画で満たされた教会堂という空間。その中の光と陰。僧が会堂の中を振り歩く香炉《こうろ》の薫香《くんこう》。一つ一つの儀礼を満たす静寂と緊張。朗唱される聖書の章句。そういったすべてが総合された体験の中で生きてくる音楽なのである。従って、典礼に参加した体験が全くない人には、ライブのレコードを聞いても、なかなかその美しさが伝わらないかもしれない。特にアトス山の復活祭のレコードの場合は、これがきわめて長時間にわたっておこなわれ、複雑な構造を持った典礼だけに、それがいえる。この手の音楽に慣れていない人であれば、二枚目（三枚組だがバラ売りされている）のA面をまず聞くのがよい。ここはキリストの死を嘆く、最もドラマチックで哀切きわまりない部分である。ここを聞いて心を打たれない人は、東方教会の音楽には無縁の人だから、あとは聞くのを放棄したほうがいい。

II

私がはじめて東方教会の音楽に接したのは一九歳のときだった。一カ月ばかりロンドンに滞在していたとき、あるギリシア系カナダ人の大学生と知り合いになった。彼は、大学を三つぐらい渡り歩きながら、次々と新しい学問領域に挑戦し、そのときは確か生物学を学んでいるところだった。彼にいわせると、二十世紀後半は、マルクスに代わる新しい革命理論を必要としており、それは彼の手によって産み出されるはずだった。しかし、新しい革命理論を作るためには、二十世紀後半における人知の到達点のすべてを基礎としなければならない。そこで彼はあらゆる学問領域をすべてマスターしようとして、大学を渡り歩いているのだった。

マルクスの延長線上でマルクスを乗り越えようというのだから、もとより彼は唯物論者だった。神とか、宗教といった話題を持ち出すと、彼は鼻先でせせら笑うのが常だった。

その彼が、ある日曜日の朝、

「教会に行こう」

と私をさそったので、私は仰天した。

「教会？」

と思わず問い返すと、彼はちょっとはにかみの表情を見せ、

「いや、音楽を聞きたくてね」

と弁解じみた口調でいった。

「音楽？」

「そうだ。お前は、ギリシア正教の教会に行ったことがないか。あれは世界で一番美しい音楽だ。まだ聞いたことがなければ、ぜひ一度聞くべきだ」

こうして彼に引っぱっていかれたのが、場所はよく覚えていないが、ロンドン市内のかなり大きなギリシア正教の教会だった。会堂いっぱいに人が集まっていて、後ろのほうはまるで満員電車のように押し合いへしあいしていた。

これが私のはじめての東方教会体験である。それまで日本のプロテスタント教会の礼拝しか知らなかった私には、何もかもが珍しかった。教会内部の造作《ぞうさく》も、僧や信者

の服装も、典礼の様式も、すべてが珍しくて、不謹慎にもキョロキョロあたりを見まわしてばかりいた。

そのとき聞いた音楽の具体的な記憶はない。ただ、彼が〝世界で一番美しい音楽〟と自慢するだけあって、大変に美しい音楽であったという記憶は残っている。なにより驚いたのは、音楽を聞きにきただけであったはずの彼が、信者たちに和して歌っていたことである。彼が密かに信仰を持っていたというのではない。音楽の誘惑に抗せなかったのだ。音楽には、唯物論者にその信念に反する行動をとらせるくらいの誘引力があるのだ。

それから一〇年ばかり、東方教会のことなどすっかり忘れていた。

三〇歳を少しすぎたころ、イスラエルを訪問して、数カ月滞在した。キリスト教ゆかりの聖地を徹底的に訪ね歩いてみた。そして、いたるところで東方教会に出会った。キリストが生まれた所にたてられたベツレヘムの生誕教会から、キリストが十字架にかけられ葬られたところに作られた聖墳墓《せいふんぼ》教会にいたるまで、どこに行っても、中心的役割を果たしているのは東方教会だった。もちろん、西方教会の姿もいたるところあるにはある。しかし、それはいかにも、よそ者という感じなのである。実際、彼らはよそ者なのだ。歴史的にキリスト教の原型は東方教会にある。この地から出発したものが僻遠《へきえん》の地まで伝えられて成立したのが西方教会である。

東方教会というのは、西方教会のように中央集権的ではない。よく東方教会とギリシア正教を同一視する人がいるが、これは誤りである。東方教会というのは、古代からこの地方で成立し、存続してきたさまざまの教派の総称である。そのうち最大のものが、正教会（オーソドックス・チャーチ）で、これが広義のギリシア正教である。「広義の」というのは、正教会はもともとギリシア文化の中でギリシア正教会として出発したが（正教会を国教とした東ローマ帝国はギリシア文化圏だった）、それが地方へ伝播《でんぱ》していったとき、それを中央集権的に画一的に支配しようとせず、その地方の民族文化に合わせて発展することを許した。そこで、それぞれの地方でロシア正教会、ブルガリア正教会、ルーマニア正教会などが成立したのである。これらの正教会をすべて総称してギリシア正教ということもあるが、狭義のギリシア正教は、ギリシアの正教会を意味する。

音楽的にも、これら正教会の音楽は、もともとのギリシア正教のビザンチン様式にそれぞれの民族音楽文化の影響が加わって、独自の発展をとげた。最も音楽的に豊かに発展したのはロシアだが、ロシア革命以後は、宗教に対する政治的圧迫によって、窒息《ちっそく》状態にある。ソ連のレコードにも、ろくなものはない。ロシア正教会の現状を知る上で面白いのは、独アルヒーフが出した『三位一体聖セルギウス修道院のミサ』というライブのレコードである。ミサの現場のノイズからみても、ジャケットの写真から見ても、きわめて多数の人がミサに参列しており、圧迫に耐えてロシア正教会が健在であることがわかる。ソ連政府が西側のレコード会社にこんなレコードの製作を許したとは考えられない。おそらく秘密録音によるものだろう。版権所有者をみると、西独のある大学のスラブ・セミナーになっていた。おそらく学術研究という目的で録音してきたものをレコードにしたのだろう。音楽的にはもうひとつだが、きわめて臨場感に富むレコードである。

ソ連と対照的なのはブルガリアである。一般に東欧諸国はソ連よりはるかに宗教に対して寛容なのだが、ブルガリアは寛容どころか、むしろ、国が積極的に後押しして、国立合唱団を使うなどして正教会の宗教音楽を次々に西側レコード会社の手でレコード化している。うち、原盤ハルモニアムンディの『東方スラブ聖歌の魅力』というレコードが日本でもテイチクから売り出されている。ハルモニアムンディがブルガリアと組んで製作したレコードはいろいろあり、だいたい音楽的にもよい。ただし、レコードを作らんとして作ったレコードだから、ミサのライブのような生の迫力には欠ける。

ギリシア正教以外にも東方教会に属する教会が沢山ある。主なものをあげてみると、シリア教会、エチオピア教会、アルメニア教会、コプト教会、マロナイト教会などがあげられる。これらの教会の歴史はきわめて古く、初期キリスト教の時代までさかのぼることができる。これらの諸教会が、それぞれに古代からの宗教文化を今日にいたるまで保持している。その主要な要素の一つが音楽である。

日本でも出ているレコードで、アルヒーフの『聖地のクリスマス音楽』というレコードがある。これはエルサレムにあるこれら古い東方教会の聖歌を集めたもので、クリスマス音楽とはいっても、ジングルベルなどとは全く無縁の、静かで美しくかつ宗教性と民族性に富んだ聖歌集である。これを一聴されると、東方教会の世界が驚くほどの広がりを持った世界であることが音楽を通して理解できるにちがいない。西方教会とその音楽を通して形成してきたキリスト教や宗教音楽に対するイメージが、その音によって打ちくだかれるだろう。

似たような試みのレコードで、仏ハルモニアムンディの『東方教会典礼集』というレコードがある。これには、ビザンチン・スラブ様式の典礼の他に、マロナイト、シリア、ギリシア様式が入っており、さらに非常に珍しいカルデア様式のものが二つ入っている。

これら古い東方教会の音楽の中で私がとりわけ心ひかれるのは、アルメニア教会の音楽である。アルメニアとは、現在のソ連とトルコの国境地帯にいた民族で、四世紀ごろにキリスト教に改宗し、世界で一番はじめにキリスト教を国教として採用した国である。しかし、国家としての独立を保つことができた期間は短く、現在はユダヤ人のように、世界各地を流浪する民族となっている。そうなっても、民族としてのアイデンティティをアルメニア教会の信仰を通じて強固に残している。

フランスに、〝オコラ〟というマイナー・レーベルがあるが、そこで出している『中世のアルメニア典礼歌集』というレコードは、私が持っているレコードの中でも最も美しいものの一つである。

III

私が大学生だったころだから、もう二〇年も昔のことになるが、コロムビアから『シェーンベルク全集』が出た。その第一集は「期待」「ヴァイオリン協奏曲」「月に憑かれたピエロ」「幸福な手」「ワルシャワの生き残り」の五曲が二枚のLPに入って、三〇〇〇円だった。そのころ、ラーメン一杯が五〇円で食べられた。ラーメン六〇杯分であるから、いまなら、二万円前後という感じになろうか。なにせ高かった。そのレコードが特別高かったというわけではなく、そのころ、レコードの価格は他の物価と比較すると、相対的にかなり高かったのである。

私はアルバイトで生計をたてていた貧乏学生だったから、レコードを買うなどということは、ふだんでもそう滅多にできない贅沢だった。それにもかかわらず、この『シェーンベルク全集』は、出るとすぐに飛びついて買った。とにかくシェーンベルクの全貌を聞いてみたかったのである。そのころ、現代音楽に興味を持ってあれこれ聞こうとしていたのだが、そうそう演奏されるわけでもなし、レコードがあるわけでもなし、なかなか聞きたいものが聞けなかった。シェーンベルクの作品など、この全集をもってはじめて日本に本格的に紹介されたといってもよいだろう。第一集におさめられていた曲など、私はどれもこれもはじめて聞くものばかりだった。

なけなしの金をはたいて買ったレコードであるから、おそらく、一度に全部聞いてしまったりはせず、毎日一面ずつ聞いていったのではないだろうか。そして、二枚目の二面目に至ったとき、私は「ワルシャワの生き残り」に出会った。それは衝撃だった。衝撃的だったのではなく、衝撃そのものだった。音楽的感動などというものでは全くなかった。聞き終わって一瞬呆然《ぼうぜん》としたままの数刻があり、それから突然、これはいったい何なのだ、と思い直して、もう一度レコードに針を乗せた。

一九四八年、この曲がアメリカのニューメキシコ大学で初演されたとき、一五〇〇人の聴衆は、演奏が終わっても、呆然としていた。指揮をしていたクルト・フレデリックは、つづけてもう一度同じ曲を演奏した。わずか七分ほどの曲である。二度目の演奏が終わったとき、全聴衆は感動のあまり立ち上がって拍手喝采したと伝えられる。私は自分がはじめてこの曲を聞いたときの経験からいって、このエピソードが実によくわかる。

これは果たして音楽なのだろうか。もちろん、音楽でもあるのだが、これは音楽であると言いきってしまっては、この作品をあまりに矮小化《わいしょう》してしまうことになる。

突然、目の前に現れた見知らぬ男から、グイと胸ぐらをつかまれ、ものもいわずに頬にしたたかな平手打ちを二発、三発とくわされたかと思うと、最後に止どめの一撃として、脳天をガンと殴りつけられたような感じだった。

ポーランドでナチスのユダヤ人狩りがつづく中で、一人の男がワルシャワの地下水道に逃げこむ。しかしすぐに発見されて強制収容所に収容される。そして、ある日、ガス室送りの人間を選び出すための点呼がはじまる。その混乱の中で男はドイツ兵から銃尾で殴られ、なかば意識不明に陥る。意識が朦朧《もうろう》とした中で、点呼とドイツ兵の暴虐がつづくのを聞く。

そのとき突然、ユダヤ人の囚人たちが誰からともなく、「シェマー・イスラエル」を唱《うた》い出す。

それまでずっとつづいてきた、男の語りと管弦楽の伴奏が突然途絶えて「シェマー・イスラエル」の男声合唱が地の底から湧き上がってくるように聞こえてきたかと思うと、それがやがて他のすべてを圧する大合唱となる。

「シェマー・イスラエル」とは、旧約聖書の申命記《しんめいき》六章四節から七節の、「イスラエルよ聞け、われらの神、主は唯一の主である。あなたは心をつくし、精神をつくし、力をつくして、あなたの神、主を愛さなければならない。きょう、わたしがあなたに命じるこれらの言葉をあなたの心に留め、努めてこれをあなたの子らに教え、あなたが家に座している時も、道を歩く時も、寝る時も、起きる時も、これについて語らなければならない」

というくだりをさす。このくだりが唱われるのである。

このくだりは、モーゼがシナイ山で神と直接に会って十戒《じっかい》を授けられ、それをユダヤの民に伝えたあとで、民をさとしていったことばである。

ここがユダヤ教信仰の核心部分である。ユダヤ教の教えを一言に要約すれば、このいましめ、すなわち、自己の全存在をかけて神を愛せといういましめに帰すことができる。イエスも、聖書の中でどこが最も大切な部分かと問われたときに、この部分だと答えている。

ユダヤ教徒は、いまも、一日に二度この〝シェマー・イスラエル〟を唱えよと教えられている。

しかし、シェーンベルクは、「ワルシャワの生き残り」の冒頭で、〝シェマー・イスラエル〟を、「ユダヤ人が幾年もの間打ち棄てていた古い祈り——忘れ去っていた信条」と表現していた。多くのユダヤ人が、ユダヤ教を捨てていた。はっきりと棄教した人もいた。名目的にはユダヤ教徒であるが、実際には信仰を失っているという人が多かった。〝シェマー・イスラエル〟が、打ち棄てられ、忘れ去られていたというのは、そういう意味である。

ユダヤ人は、何度も神を忘れ、神に背いた。そのたびに、恐るべき神の罰が下された。国は亡び、他民族の支配を受けて奴隷と化した。その苦難の中で悔い改め、神への信仰を取り戻す。神の許しを得て、国家を再興すると、またも神から離れ、それ故再び恐るべき神の罰を受ける。ユダヤ人の歴史はそのくり返しである。

地獄の底まで落ちたところで、失っていた神への信仰を取り戻すという歴史上何度もくり返された神への回帰のドラマが、ナチスの強制収容所の中でくり返される。

わずか七分間の楽曲の中で、ナレーションと管弦楽と合唱と十二音音楽の技法とを駆使して、シェーンベルクはその壮大なドラマを描ききるのである。

それは、彼自身のドラマでもあった。シェーンベルクは、親の代からキリスト教に改宗したユダヤ人だった。しかし、ナチスの政権掌握とともにベルリンの国立芸術院教授の座を追われたシェーンベルクは、フランスを経てアメリカに亡命するとともに、ユダヤ教に改宗する。ユダヤ人への迫害がその頂点に達しようとするときに、彼はすすんで自分がその民族の一員であることを公然と宣言したのである。〝シェマー・イスラエル〟は彼自身が取り戻した祈りであり信条であった。

かくして、自己のドラマと民族のドラマが重なりあってこの曲が生まれた。そして、それはそのまま、曲の契機の歴史性を脱して人間と神の間でくり返される永遠のドラマを描くものとなった。

ところでこの〝シェマー・イスラエル〟は、シェーンベルクのそれであって、現実にユダヤ教の音楽の中で唱われている〝シェマー・イスラエル〟ではない。

ユダヤ教の音楽は、あらゆるキリスト教系の宗教音楽の源流である。キリスト教の源流がユダヤ教なのだから、それは当然といえば当然だろう。初期キリスト教はユダヤ教の一つの分派のごときものであったから、その典礼様式も音楽も、ユダヤ教のそれに準じてはじまったのである。

ユダヤ教の音楽はユダヤ教の音楽として、独自に伝承されて今日にいたっている。それが最も豊かにおさめられているのは、以前にフィリップスから出された『ユネスコ・コレクション――音楽の源流』という大変貴重なシリーズの中の『ユダヤの音楽』というレコードである。このレコードのA面の第八曲「ケドゥシャー」という〝贖罪《しよくざい》の日〟に神を讃える歌は私が大好きな曲である。このレコードには、残念ながら、〝シェマー・イスラエル〟がない。それが聞けるのは、キングから出された『民族音楽大集成』という一大シリーズの中の『イスラエルの音楽』というレコードである。これの一曲目が、ユダヤ教の中で現にいまも生きている〝シェマー・イスラエル〟である。これとシェーンベルクを聞きくらべると、あまりのちがいに驚かれるだろう。しかし、どちらもそれなりによいと思うにちがいない。生の現実もよく、天賦の才ある芸術家が作り出したドラマの世界もまたよい。

もう一つ〝シェマー・イスラエル〟が聞けるレコードがある。ビクターが出した『旧約聖書の音楽』（原盤ハルモニアムンディ）というレコードである。これは、現代にまで伝承された生きたユダヤ教の音楽ではなく、キリスト教音楽の源流ともなった古代ユダヤ教の音楽がいかなるものであったか（それは実はよくわかっていない）を、学問的研究をもとにして再現してみようという試みをレコードにしたものである。

はっきりいってこの試みは失敗だったようだ。パグアニアによる古代ギリシアの音楽の再現（これは大傑作だ）などとはちがって、音楽的感動とはまるで無縁の、いわば博物館のガラスケースの中に閉じこめられた音楽とでもいうような仕上がりになっている。もちろん、この中の〝シェマー・イスラエル〟もつまらない。

ついでにいっておけば、いま日本で出ている「ワルシャワの生き残り」は、CBSソニーから出ているブーレーズ盤しかないが、これはあまりにひどいできだから、これでこの曲を聞くのはやめたほうがよい。かんじんの〝シェマー・イスラエル〟がはじまる部分に、まるで感動がないのである。こんなものを聞いても「ワルシャワの生き残り」を聞いたことにはならない。

（『FMファン』一九八四年二月一三日号〜三月一二日号）

〔編集部注：本章に登場するレコードのうち、左記のものはその後CD化されましたが、現在ではほとんどが在庫切れとなっています。また、コロムビアの『シェーンベルク全集』はCD化されていませんが、収録されていた曲目のうち、「ワルシャワの生き残り」を含む三

曲は『新ウィーン楽派録音集成』（ワーナーミュージック・ジャパン：二〇〇三年）などで聞くことができます〕

＊　＊

「アトス山の復活祭」→〝Easter on Mount Athos〟（Deutsche Grammophon：一九九六年）／「聖地のクリスマス音楽」→「聖地のクリスマス音楽」（ユニバーサル・クラシック：一九九六年）／「中世のアルメニア典礼歌集」→〝Armenia-Liturgical Chant of the Middle Ages〟（Ocora：二〇〇三年）／「民族音楽大集成」→「世界民族音楽大集成」（キングレコード：一九九二年）／「旧約聖書の音楽」→「旧約聖書の音楽」（キングインターナショナル：一九九五年）

第7章　神の王国イグアス紀行（'86・12〜'87・1）

そもそものきっかけは、『ミッション』という映画である。昨年のカンヌ映画祭で圧倒的支持を集めてグランプリをかちとった映画である。日本でも間もなく公開になるから、この雑誌が出るころには、あちこちで紹介記事が出ているだろう。

昨年の秋に、この映画の試写を見た。映画会社の人から、

「どうですか？」

ときかれて、

「面白かった」

と答えた。久しぶりに見ごたえがある映画を見たという気がした。

「これ、どうですか？」

ともう一度きかれた。

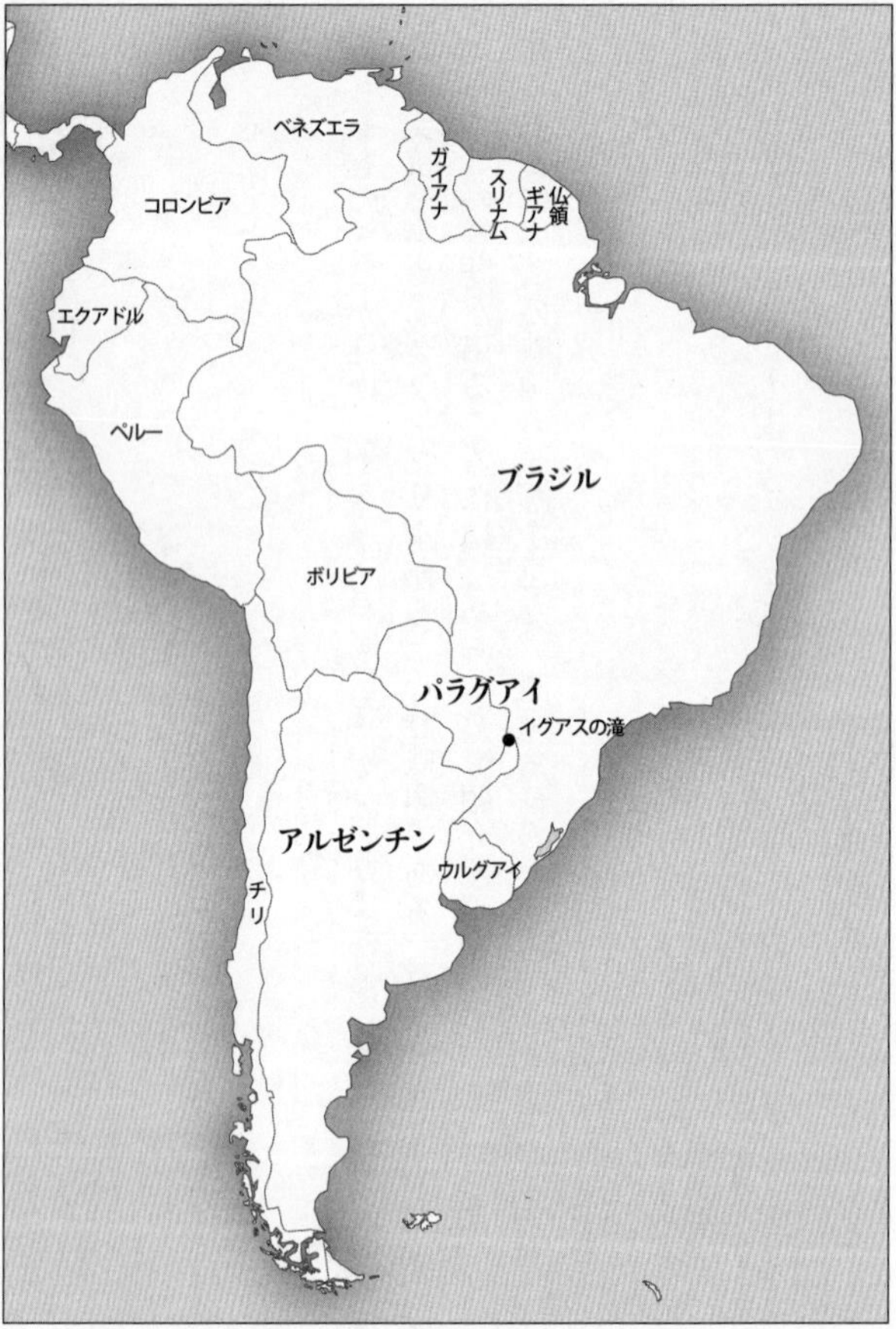

ベネズエラ
ガイアナ
スリナム
ギアナ
仏領
コロンビア
エクアドル
ペルー
ブラジル
ボリビア
パラグアイ
イグアスの滝
アルゼンチン
ウルグアイ
チリ

「日本で当りますか?」

「うーん」

と、私はうなった。

「むずかしいんじゃない、日本では」

「ヨーロッパでもアメリカでも大当りしてるんですがねえ」

と、この映画を配給するヘラルド映画の人は渋い顔をしていった。

といいつつも、彼の表情にはやっぱりむずかしいのかもしれないという危惧《きぐ》の念があらわれていた。

いくら欧米で大当りしたといっても、この映画は『スター・ウォーズ』とか、『E・T』といった、誰が見ても楽しめる娯楽大作ではない。スペクタクルな活劇の要素もあるにはあるが、話の本筋はきわめて重いテーマを追っている。力と正義の問題である。不正に対して暴力をもって対決することが正義たりうるのか否か。昔から問われつづけてきた難問が、十八世紀南米のイエズス会の伝道村を舞台に、鮮明な形でもう一度問い返される。

舞台は十八世紀であるが、問いかけはきわめて現代的である。ジャック・クロールは、「ニューズウィーク」の映画評欄で、

「これは、今日においても、日々に南アメリカで、ポーランドで、南アフリカで問われている問題である」

と述べているが、全くその通りであろう。

しかし、いかに現代的な問題性をもっているとはいえ、いかにも硬いテーマである。しかも舞台は十八世紀の南米で、主人公はイエズス会の伝道僧なのだ。日本人にはまるでなじみがない世界である。

だいたい日本では、欧米でいくら大当りをとった映画でも、キリスト教の宗教世界をテーマにしたものは、たいがいこけるのだ。

日本人の九九％の人はキリスト教の何たるかを本質的には知らない。自分では一応知っているつもりの人でも、誤って理解している人が大部分である。

たとえば、「一粒の麦もし死なずば」ということばがある。あのことばの正しい意味を知っている人がどれだけいるだろうか。昔、『朝日新聞』の「天声人語」で、何であったか忘れたが、一人の少女の善意が沢山の人に支持され広がっていった美談を紹介して、

「一粒の麦は死ななかったわけである」

と結んでいるのを読んで仰天《ぎょうてん》したことがある。これでは意味が正反対である。

聖書の「一粒の麦」の全文は、

「一粒の麦もし死なずば、ただ一粒にてありなん。もし死なば多くの実を結ぶべし」

である。一粒の麦が多くの実を結ぶためには、死ぬことが必要なのである。これは、イエスが自分の死を予見していったことばである。自分が十字架にかかって死ねば、それによって多くの人を救うことができる。しかし、命が大事と死から逃避していたら、自分は一個人のままにとどまり、人を救うこともできないということである。生きることを求めるより、よく死ぬことを求めるほうが正しいということである。

「人その友のために己が命を捨つる。これより大いなる愛なし」というのも同じことである。イエスは一般論を述べているのではなく、自分の死の主体的選択について語っているのである。


イエスがそのようにして自分から死を選択し、十字架にかかって死ぬことにより万人に命を与えた、というパラドクスが、キリスト教の根本教理である。

イエスのあとに従わんとした者は、イエスにならい、神のために命を捨てることをいとわなかった。そのような人々にとって、この世における死は永遠の生にほかならなかった。だから、キリスト教の歴史においては、無数の殉教者が出たのである。

キリスト教の強みはそこにあった。キリスト教は弾圧しても弾圧しきれなかった。

殺しても殺しても、死を恐れず殉教する者がつづいた。「汝の肉体は殺すことができても、汝の魂を殺し得ぬ者を恐れるな」である。死を恐れない者は強い。キリスト教が三〇〇年間にもわたる大迫害に耐え抜き、ついにローマの国教になることができたのも、この強さがあったからである。そのような死生観を知らないと、この映画も理解できない。

この映画の背景となる時代もまた、殉教への情熱が支配した時期だった。大航海時代を経て、ヨーロッパは新大陸とアジアへ進出していった。その進出の先頭には、いつも、一群の伝道僧たちがいた。彼らは新しく発見された異教の地へキリスト教を広め、この地上をあまねく教化することが自分たちに与えられた歴史的使命であると考えていた。

そう考えていたのは、伝道僧だけではなかった。大航海時代を開いた航海者たちも、また、航海者を派遣した国王たちも、同じ情熱にかられていたのである。

日本では大航海のモチベーションが、もっぱら経済的利益追求にあったとする歴史教育が行われているが、本当は、宗教的情熱がきわめて大きかったのである。

殉教志願の伝道僧たち

コロンブスは、新世界発見の旅の航海誌を、自分を派遣してくれたスペインのフェルディナンド国王、イサベラ女王に献呈するにあたり、その序文の中で次のように書いている。

「こうして多くの民が偶像礼拝に落ち、破滅の教義を奉じつづけてきたわけでありますが、両陛下は、カトリック教徒として、またこの聖なる教えを崇信《すうしん》し、これを弘《ひろ》めたまう君主として、さらにまたマホメットの教えや、すべての偶像崇拝や、邪教の敵として、クリストーバル・コロン（クリストファー・コロンブス）を、インディアのさきにのべた地方へ派せられ、彼の地の君主や、人民や、さらにその土地、その模様や、その他すべてを見聞して、彼らを聖なる教えに帰依《きえ》させることができるような方途を探求するように命ぜられ、そのためには、従来から通ってきた東の陸地からではなく、今日まで人の通ったことがあるかどうかが確かではない西方から赴くようにと仰せ付けられました」

すなわち、「彼らを聖なる教えに帰依させることができるような方途を探求する」

ことが、この大航海の主目的だったのである。

これは必ずしもタテマエだけではない。フェルディナンド王とイサベラ女王は、長年にわたって異教徒の支配下に置かれていたスペインを解放するために、サラセン人と戦い、ついにそれに勝利した君主として歴史に名を残している。この戦いはレ・コンキスタ（異教徒征服）の戦いと呼ばれた。コロンブスへの航海許可はそれに勝利した直後の高揚した気分の中で与えられたものなのである。新大陸への進出は、異教徒排撃、レ・コンキスタの延長上にあった。だから、後に新大陸で異教徒征服に活躍する人々はコンキスタドールと呼ばれるのである。

コロンブスも、この異教徒教化の使命を文字通り大真面目に受け取っていた。だから、新しい島を見つけ、新しい先住民と会うたびに、彼らがキリスト教に教化しうる民族であるかどうかを判断して、「彼らは簡単にキリスト教徒になると思います」などといちいち報告している。

フランスの民族学者、ジャン・セルヴィエは次のように書いている。

「クリストファー・コロンブスは、「新大陸」の岸辺に近づいたとき、「地上の楽園」から程遠くない、『旧約』の「約束の地」に達したと確信していた。彼の確信はきわめて強かったので、従卒として、ヘブライ語とアラム語に通じる、キリスト教に改宗したユダヤ人、ロドリゴ・デ・イエレスを選んだほどだった。この国語は、「約束の地」の、ふたたび見出された「エデン」の住民が話すにちがいないとされていたのである。この航海家は、「地上のすみずみまで〈福音〉がゆきわたることを説く予言は、世の終わりを待たずに実現されなければならない、と思いこんでいた。ところがコロンブスにとって、世の終わりはもはや遠い将来のことではなかった。そのことが起る以前に新大陸の征服、異教徒の改宗、そして〈アンチ・クリスト〉の粉砕がなされるであろう、と断じていた」(『ユートピアの歴史』)

いまから考えると、とても正気の沙汰とは思えぬことを、この時代の人々は大真面目に信じていたのである。

そして、新大陸に入っていった伝道僧たちは、異教の地における布教にあたって迫害を受け、殉教するかもしれないことは覚悟の上だった。むしろ、殉教は願うところだった。殉教は聖なる行為であり、殉教者は昇天し、神から祝福されるのである。日本におけるキリシタン迫害のように、多くの地で伝道僧は迫害され、殉教していった。しかし、殺されても殺されても、殉教志願の伝道僧が後につづくのだった。

このような命を惜しまぬ布教の先頭にたったのが、アジアでも新世界でもイエズス会だった。日本にはじめてキリスト教を伝えたフランシスコ・ザビエルもイエズス会である。そして、新大陸には、この映画の主人公のようなイエズス会の伝道僧たちがいたるところにいた。

映画の冒頭、イグアスの滝上流のジャングル地帯で、未開の先住民に捕えられた伝道僧が、生きたまま十字架にはりつけにされ、イグアスの滝の上から落とされるという衝撃的な場面がある。その死を知った仲間の伝道僧が、すぐに今度は自分が奥地に布教に入ることを志願して、滝のそばの岸壁を登りはじめる。

この伝道僧が、映画の主人公となるガブリエルである。ガブリエルのこの先住民教化にかける情熱は、当時の伝道僧たちが持っていた殉教への情熱抜きに理解することはできない。最後の殉教の場面で、ガブリエルはいささかも恐れずひるまず、逡巡《しゆんじゆん》せず、死に向って真正面から歩いていく。殉教への情熱がなさしめたわざである。

今回の取材旅行の過程で、偶然にも三人のイエズス会伝道僧が殉教した記念碑を見つけたことがある。その碑文を読んでみたら、一六二八年に三〇歳で先住民のインディオに惨殺されたアルフォンソ・ロドリゲスという伝道僧の碑で、彼は、若いときから殉教することを望み、もっと危険な地に行きたい、もっと危険な地に派遣してくれと司教に頼んだあげく、この地に派遣され、望み通り殉教したとあった。

伝道僧たちはなぜ逃げないか

『ミッション』の中のガブリエルの殉教の場面で、ガブリエルは妙なものを捧げ持っている。

映画を見ていない人には説明がむずかしいが、まん中が白いガラスの円盤状になっていて、そのまわりに光線を形象化した金属製の装飾があり、上には十字架、下には台座がついている。一見、太陽を模した置物のように見える。

イエズス会の伝道村（伝道村はミッションと呼ばれた。映画のタイトル「ミッション」はここからきている）に、スペイン・ポルトガルの連合軍が攻めよせてくる。伝道村の内部は、武力抗戦派と、非暴力不服従派とにわかれる。男たちはほとんどが武力抗戦派となり、非暴力不服従派のほうは、ガブリエルの他は女子供と老人たちである。連合軍が火矢《ひや》をいかける中、一同は教会の前に集まってミサを行っている。部落の家々に火がつき、教会にも火がつく。その中で静かにミサを終えたガブリエルがこの置物を手にとると、一同ひざまずき、これをおがむ。

ガブリエルが置物を胸の前に捧げ持って歩き出すと、一同これに従う。一人が大きなキリストの十字架磔刑像《たっけい》を高くかかげて歩いている。そのまま銃をかまえる連合軍に向って真正面に歩いていく。もちろん丸腰である。やがて、連合軍の一斉射撃がはじまる。人がバタバタ倒れる。残った人はなおもひるまず歩きつづける。ガブリエルも銃弾を受けて倒れる。老人の一人がその置物を拾い、また捧げ持つ。再び一同は銃火に向って歩き出す。クライマックスの場面である。感動的な場面ではあるが、信者でないものには、いら立たしい、見てはいられない場面でもある。逃げろ。なぜ逃げないのか。わざわざ死ぬことはないではないか。女子供をまきこまなくてもいいではないか。早く逃げろ。そういいたくなる。

このときガブリエルが持っているのはモンストランス（聖体顕示台）と呼ばれるものである。彼らはただ歩いているのではない。自殺するために銃火に向って歩いているのではない。聖体行列をしているところなのである。

現在の日本のカトリック教会ではこんなことをしないから、カトリック教徒でもこれが何のことかわからない人が多いにちがいない。

聖体というのは、聖化されたパンとブドウ酒である。

最後の晩餐《ばんさん》の席上、イエスはパンをさいてこれを弟子たちにわけ与え、

「取って食べよ。これはわたしのからだである。わたしを記念するため、これからも

このように行いなさい」

といった。次に、ブドウ酒の入った杯《さかずき》をとり、

「みなこの杯から飲め。これは、罪のゆるしが得られるように、多くの人のために流す私の血である」

といって、まわし飲みさせたという故事がある。

これを記念して、パンとブドウ酒を食すのが聖餐《せいさん》である。これはキリスト教において最も重要な儀式とされている。プロテスタントでは、パンは食パンの小片を用いるが、カトリックでは、ホスティアと呼ばれる、小麦で焼いた薄い小さな円盤状の聖餐専用のウェハーを用いる。そして、ブドウ酒を飲むのは司祭者が象徴的にするだけで、一同でまわし飲みということはしないほうが多い。

この聖餐に用いられるパンが聖体である。それはキリストの体であるから聖体なのだ。

ところでこの聖体とは何であるか、聖餐とは何であるかをめぐって、昔から神学的論争が何度も繰り返されてきた。

いろいろのバリエーションがあるが、大きくわけると、象徴説と実体説がある。象徴説は、物質的にはパンはパンで、パンがキリストの体というのは、象徴的なものい

いにすぎないという説である。それに対して、実体説のほうは、聖餐式の過程で、本当にパンに聖霊が下り、パンがキリストの体に変化するのだというのである。ただのパンが、聖餐式において司祭者から聖別を受けるとキリストの体に変る。これを化体《かたい》といい、化体が起ることを秘跡《ひせき》という。

これが一応カトリックの伝統的な教義であるが、これに対して、宗教改革がはじまると、プロテスタント側は再び象徴説をとり(教派によって多少ちがう)、カトリック側と大論争を展開する。

これに刺激されて、カトリック内部でも論争が起り、見解を統一するためにトリエント公会議が開かれる(一五四五〜六三年)。この公会議では、反宗教改革の中心となっていたイエズス会が指導権を握り、強い形の実体説が公認教義となった。

「パンとブドウ酒が聖別されることをとおして、パンの全実質がわれわれの主キリストのからだの実質に、ブドウ酒の全実質が主の血の実質に変るという変化が起る」

「この尊い聖餐に対し、真の神に当然ささげらるべき尊崇《そんすう》の完全な礼拝が示さるべきである」

「キリストの全体が、パンとブドウ酒おのおのの、それぞれ別個の部分のうちに含まれる」

パンの一片、ブドウ酒のひとすすりの中にも、キリストの全体が含まれているというのである。しかもそれは象徴ではなくて、実質においてそうだというのである。それはキリストの実質的全体なのだから、それを神を礼拝するが如くに礼拝しなければならない。その礼拝も、通り一遍のものでなく、「真の神に当然ささげらるべき尊崇の完全な礼拝」でなければならないというのである。

かくして、聖体礼拝という儀式が誕生する。そのために用いられたのが、この聖体顕示台なのである。この中央部のガラス部分のところに、聖体、すなわち祈りによって聖別された一枚のウェハーをおさめるのである。そしてそれを司祭が捧げ持つと、皆がそれをおがむわけである。公認教義によれば、それは神のシンボルではなくて、神そのものなのである。いわばご神体なのである。

偶像礼拝を禁ずるキリスト教にあっては、十字架やキリスト像、マリア像をおがむことはあっても、それはあくまでシンボルをおがんでいるのであって、十字架や像そのものを神としてあがめているわけではなかった。しかし今度は、これが神であるという、神そのものの物質的臨在が実現しているというのである。

一片の聖体の中に神の実質的全体が化体《かたい》している。だからこれが神だ。これをおがめ。

こんなわかりやすい教理はなかったから、たちまち聖体礼拝の儀式はヨーロッパ中に広まった。そして、単に会堂でおがむだけでなく、聖体の入った聖体顕示台を聖職者が捧げ持ち、それを先頭に行列を作って練り歩き、沿道の人々がそれをおがむ聖体行列という儀式が生まれた。

聖体行列はどんどんエスカレートしていき、聖体顕示台の上に王冠をのせ、儀仗兵《ぎじょう》と華麗な衣裳をつけた一群の小姓がそれにお伴したり、全宮廷がその後に行列を作って練り歩いたり、あるいは聖体が軍隊を閲兵《えっぺい》するというようなことまで行われた。要するに、世俗の王がやることをすべて聖体にやらせたのである。聖体はキリストそのものであり、キリストは、キング・オブ・キングス（王の王）なのであるから、世俗の王が受ける尊崇はすべて聖体も受けてしかるべきであるという考えからきていた。

この聖体崇拝を中心になって推し広めていったのがイエズス会である。だから、ガブリエルの捧げ持つ聖体顕示台はそのようなものとしてあるのである。それは、信者でない人の目には、ただの装飾的な台としか見えないであろうが、信者の目には（少なくも当時の信者の目には）、それは、キリストそのものなのである。キリストがそこに実体をもって現存しているのである。ガブリエルとインディオの信者たちは、キリストがいまそこに彼らとともにあり、ともに歩んでいることを意識しつつ殉教していったことになる。

キリストはこの世では彼らを救わない。この世においては、キリストが無惨に殺されたように、彼らも無惨な死をとげなければならない。しかし、その無惨な死によって永遠の生命をかちとることができる。これが殉教する者の発想である。しかし、こんな発想が、どれだけ日本人にわかるだろうか。もちろん、映画を見るのに、そこまで知る必要はないという考えもあろう。しかし、それを知っていると知らないとでは、一つ一つのシーンの持つ意味がちがってきてしまうのである。

前代未聞の大殺戮が

この映画は実は史実である。フィクションの部分もあるが、ほとんどが実話である。作られたドラマを見るのであれば、ただドラマとして鑑賞すればよいのだが、史実となると話はちがってくる。歴史的背景、宗教的背景を知っておかないと、見てもわからない部分が沢山出てくる。

作者は欧米人であり、欧米人に見せるために、欧米文化の知識を前提として作っている。欧米のカルチャーの中で育った人間なら誰にでもわかることは、簡単なキーワードだけで説明は抜きにされてしまう。そういう部分が大かたの日本人にはよくわからないはずである。そしてそのわからなさの原因がカルチャーのちがいにあるということがわからず、作品のできが悪いのでわからないと思いこむのではないか。これが、この映画は日本ではむずかしいのではないかと私が考えた理由である。

もう一つ例を示そう。インディオたちである。二人の伝道僧とならんで、インディオたちがもう一人の主人公である。

ヨーロッパとの出会いによって、新大陸のインディオたちがどのような目にあわされてきたか、日本ではほとんど知る人もいないが、欧米では、それはあまねく知られている。世界の歴史の中で、最も残虐な、最も血塗られた部分がそこにはある。ナチスのユダヤ人大量虐殺など、どういうことがないような気がしてくるほどの大殺戮《さつりく》と奴隷化がそこでは長期間にわたってくり広げられてきたのである。

コロンブスにつづいて、新大陸で一旗揚げようとする人々がヨーロッパから続々とやってきた。そして、農場や採鉱場を経営し、労働力としてインディオの奴隷労働を利用した。いうことをきかないインディオは、片端から殺した。

伝道僧たちは、その惨状に胸を痛め、怒り、それをやめさせようとした。しかし、植民者たちの悪行はひどくなるばかりだった。その数々をラス・カサスというドミニコ会修道士が丹念に記録したのが、『インディアスの破壊についての簡潔な報告』（岩波文庫・染田秀藤訳）という本である。それをちょっと引用してみる。

スペイン人が最初に植民したのはエスパニョーラ島（現在のハイチ、ドミニカ）だった。インディオたちは、従順で無欲であったため、たちまちのうちにスペイン人に土地、財産を略奪され、女、子供を奴隷として奪われた。あまりのことに、インディオたちは反抗しようと武器をとる。

「彼らは武装したものの、武器と言えばまったく粗末なもので、したがって、インディオたちの戦いは本国における竹槍合戦か、さらには、子供同士の喧嘩とあまり変りがなかった。キリスト教徒たちは馬に跨《また》がり、剣や槍を構え、前代未聞の殺戮や残虐な所業をはじめた。彼らは村々へ押し入り、老いも若きも、身重の女も産後間もない女もことごとく捕え、腹を引き裂き、ずたずたにした。その光景はまるで囲いに追い込んだ子羊の群れを襲うのと変りがなかった。

彼らは誰が一太刀で体を真二つに斬れるかとか、誰が一撃のもとに首を斬り落せるかとか、内臓を破裂させることができるかとか言って賭をした。彼らは母親から乳飲み子を奪い、その子の足をつかんで岩に頭を叩きつけたりした」

「ふつう、彼らは、インディオたちの領主や貴族を次のような手口で殺した。地中に打ちこんだ四本の棒の上に細長い鉄棒で作った鉄灸《てっきゅう》のようなものをのせ、それに彼らを縛りつけ、その下でとろ火を焚いた。すると領主たちはその残虐な拷問に耐えかねて悲鳴をあげて、絶望し、じわじわと殺された」

「私はキリスト教徒たちが無数の人びとを生きたまま火あぶりにしたり、八つ裂きにしたり、拷問したりしているのを目撃した。その殺し方や拷問の方法は種々様々であった。また、彼らは生け捕りにしたインディオたちをことごとく奴隷にした」

奴隷にした男は鉱山に、女は農場に連れていかれた。しかし、いずれも苛酷な労働と飢え（ほとんど食物が与えられなかった）のために、次々に死んでいった。

結局、エスパニョーラ島には約三〇〇万人のインディオが住んでいたのに、生き残ったのは、わずか三〇〇人だったという。これでは労働力が不足してしまうので、スペイン人たちは、近くのバハマ諸島のインディオを奴隷として連行してきた。バハマ諸島は大小合わせて六〇の島からなり、人口は総計五〇万あったが、生き残りはわずか十一人になってしまった。

同じような残虐な行為が島から大陸全土に広がっていった。

「スペイン人たちは、老若男女を問わず全員インディオたちを生け捕りにし、その穴（先を尖らせ、焦がした棒がいっぱい埋めこんである）の中へ放り込むことにした。こうして、彼らは身重の女や産後まもない女、それに、子供や老人、そのほか生け捕りにしたインディオたちを穴の中へ放り込み、その穴の中は、しまいには串刺しになったインディオたちで一杯になった。ことに、母親とその子供の姿は胸の痛む光景であった。スペイン人たちは残りの人びとを全員槍や短刀で突き殺し、獰猛《どうもう》な犬に分け与えた。犬は彼らをずたずたにして食べてしまった」

「その無法者はいつも次のような手口を用いた。村や地方へ戦いをしかけに行く時、彼は、すでにスペイン人たちに降伏していたインディオたちをできるだけ大勢連れていき、彼らを他のインディオたちと戦わせた。彼はだいたい一万人か二万人のインディオを連れていったが、彼らには食事を与えなかった。その代り、彼はそのインディオたちに、彼らが捕えたインディオたちを食べるのを許していた。そういうわけで、彼の陣営の中には人肉を売る店があらわれ、そこでは彼の立会いのもとで子供が殺され、焼かれ、また、男が手足を切断されて殺された。人体の中でもっとも美味とされるのが手足であったからである」

「ひとりのスペイン人が数匹の犬を連れて鹿か兎を狩りに出かけた。しかし、獲物が見つからず、彼はさぞかし犬が腹を空《す》かしているだろうと思い、母親から幼子を奪ってその腕と足を短刀でずたずたに切り、犬に分け与えた。犬がそれを食いつくすと、さらに彼はその小さな胴体を投げ与えた」

怒りは歴史そのものへ

読んでいてうんざりするような話が次から次につづく。このようにして、たとえばニカラグアには一〇〇万人以上のインディオがいたのに、五〇〇〇人しか残らなかった。グアテマラでは、四〇〇万から五〇〇〇万人が殺されたなど、中南米トータルで、四〇年間に一二〇〇〜一五〇〇万人が殺されたろうとラス・カサスは推定している。もちろん、これで終ったわけではない。この一〇年後に書かれた『年代記』の中では、殺されたインディオの見積りは四〇〇〇万から五〇〇〇万人にふえている。

いま中南米の国々の中で、アルゼンチン、ウルグアイなど、人口のほとんどが白人という国がある。それは、それらの国々が、インディオを殺しつくした上に建国された国だということを意味する。また、白人と黒人、あるいはその混血でほとんどという（つまりインディオがいないという特徴を持つ）国も沢山ある。これらの国は、やはりインディオを殺しつくしてしまった国なのである。しかし、インディオを殺しつくしたために労働力が不足し、それをアフリカから運んできた黒人奴隷の労働力で補った国なのである。アフリカから運ばれた黒人奴隷は、少なくとも一〇〇〇万人を超えると推計されている。

ラス・カサスの見積りは、決して過大ではないのである。

ラテン・アメリカの歴史は、このようなインディオ殺戮史の上に築かれている。『ミッション』が背景としているのも、そのような歴史が進行していた時代なのである。

こうした歴史を知ると、映画のクライマックスである、インディオと連合軍の原始的な戦争とそれにつづく女子供の殺戮が、実は一つの事件の描写にとどまらず、白人によるインディオ殺戮のトータルな歴史を象徴するものでもあることが見えてくるだろう。インディオは勇気だけは豊かに持ち合わせていたが、あのように原始的な武器と拙劣な戦法で、いつも白人に無謀な戦いを挑んでは、あっさり近代兵器で全滅させられていたのである。そして、残った女子供は無慈悲に殺されていったのである。

そこを描くためには、映画の中で、戦争はあのように拙劣に戦われ、無惨に敗北しなければならなかったわけである。

もしこれが単なる作りもののアクション映画であるなら、あの戦争場面は不満が残るところだ。インディオの側の戦術があまりに拙劣だからである。あのシチュエーシヨンなら、インディオの側の最良の戦術は、滝の上で待ち伏せることだったろう。いかな大軍といえども、あの大岩壁を登っている間に上から攻撃されたらひとたまりもない。インディオは武器や人数において劣っていても簡単に勝利をおさめられたはずである。あるいは、敵陣に夜しのびこむ場面があるが、あんなことができるくらいなら、道中は長いのだから、毎夜毎夜ゲリラ的奇襲攻撃をかけて、敵を疲弊さすこともできただろう。

この映画が実話をもとにしていることを知らず、史実を知らなければ、あの戦争場面を見たあと、そんな不満が次々にわいてくるにちがいない。

実をいえば、私自身もそうだったのである。いまここではいろいろ映画の背景を講釈しているが、これは、映画を見たあと調べてわかったことで、映画を見た当座は、この映画が実話をもとにしているとは知らず、もうちょっとうまくやればインディオの側が勝てたのに、などと考えていたのである。

だが、インディオが勝ったのでは史実に反してしまう。ラス・カサスが描写していたように、インディオが白人に戦争を仕掛けても、インディオの側の武器は原始的で、戦術らしい戦術もなく、子供のケンカか竹槍合戦のような戦争しか戦えなかったのである。そしてあのように、あっさり全滅させられ、部落の女子供も全員虐殺されるということが、南米全土で繰り返し起きたのである。

あの戦争場面に腹立たしさを感じたら、その怒りは、映画の制作者に対してではなく、歴史に対して向けられなければならない。歴史はあのように不条理であり、あのように無慈悲であったのである。

だがそれにしても、白人たちはどうして、あれほど残虐な行為をインディオに対してなすことができたのか。

それは、一口にいえば、インディオを人間としてみなしていなかったからである。ローマからやってきた枢機卿を前に、伝道僧たちとスペイン、ポルトガルの植民者たちが、インディオは人間か動物かを論争する場面がある。インディオは人間ではない、人間より劣った動物なのだから、人間の奴隷にして当然だという主張は、現代人にはショッキングなものだが、当時の白人植民者においては、かなりポピュラーな意見だった。

そして、現実に、インディオは人間か動物かという論争が繰り広げられた歴史的事実もあるのである。インディオを人間とみなし、奴隷の境遇から救い、教化の対象としようとする伝道僧たちと、インディオは人間以下の存在だから魂を持たず、教化することは無意味だから、伝道はやめよという植民者が、互いに自分たちの主張をスペイン国王に認めてもらおうと訴え出たために、スペインからわざわざ、インディオが人間か動物かを調査するために調査団が派遣されたこともある。その調査の結果は、現地の多数意見は、インディオは「自由だが獣」として生きるよりも、「奴隷だが人間」として生きたほうがよいというものであったという。

このような時代背景の中で、イエズス会士たちは、現在のパラグアイ、アルゼンチン、ブラジル三国の国境周辺のジャングルに入り込み、そこに住んでいたグアラニ族というインディオを教化し、村を作り、農場や工場まで作ることに成功した。最盛期、一〇を超す伝道村（ミッション）ができて、そこに四万人のグアラニ族が住んだ。現実は、映画よりはるかにスケールが大きかったのである。

現実の伝道村は約一五〇年間にわたって存続し、その間、人間が作った最も理想的なコミュニティとして、ヨーロッパの知識人の注目を浴び、ユートピア思想に影響を与えたばかりか、初期社会主義者にまで影響を与えたという。

しかし、十八世紀半ばにいたって、映画と同じように、伝道村は、スペイン、ポルトガルの両国とローマ法王庁の三者の思惑のからみ合いの中でつぶされていった。伝道村がつぶされるとともに住民のインディオは四散し、村は廃墟となった。

廃墟となった伝道村へ

「廃墟となったといっても、建物は全部石造りだったので、いまでも遺跡として残ってるんです。それがあちこちにある。どうです、それを探訪する旅というのをやってくれませんか。建物だけじゃなくて、グアラニ族というのは美術の才能がものすごくあって、いい彫刻を沢山残してるんです」

と、配給会社の人が、写真を何葉か見せてくれた。写真を見て気持ちがゆらいだ。私は宗教美術が昔から好きで、かなりよく見てまわっている。しかし、示された写真には、これまでに見たことがない不思議な魅力がただよっていた。思わず食指が動いた。

こうして、昨年の暮から今年の正月にかけて、ブラジル、パラグアイ、アルゼンチンの三国をまわり、計九カ所のイエズス会伝道村の遺跡をカメラマンの佐々木芳郎さんとともにまわってきた。

本当は、その旅行記をこの雑誌に書くことになっていたのである。しかし、ごらんのように、旅に出かけるところですでに紙数はつきてしまった。

実は向うについて間もなく、これはとても単発の雑誌記事ですむ仕事ではないということに気がついた。思いは佐々木さんも同じだった。

旅の途中から、佐々木さんと私は、これは写真をたっぷり入れた本を作るほかないという結論に達していた。

十六世紀から十八世紀にかけて、南米のイエズス会の伝道村で、伝道僧から絵画や彫刻の手ほどきを受けたインディオたちは驚くほど豊かな美術作品群を作りだした。それは、ラテン・アメリカ・バロック美術ともいうべき、きわめてユニークで、独特の表現力に満ちあふれた芸術作品である。

そのほとんどは、十八世紀に起きたイエズス会追放と伝道村の崩壊のあと、破壊されたり、持ち去られたりして、散逸してしまった。しかし、近年になって、その価値が再認識され、ユネスコなどを中心として、その保存運動がはじまっている。とはいっても、その価値が認識されているのは一部の専門家の間だけで、一般にはまだその存在すらほとんど知られていないというのが実状である。

私たちも、ほとんど予備知識らしい予備知識を持たないままに現地に入り、そこで、そういった美術作品群に直接出会って驚嘆させられたのである。それはまことに不思議なものだった。

このような文化を生み出した社会が四〇〇年前に南米のジャングルの中に忽然《こつぜん》と出現し、一五〇年間の光芒を放ったのち、また忽然とジャングルの中に姿を消したのである。歴史の中に起きた奇蹟といおうか、まるでウソのような話である。

そのウソのようだがほんとの話を信じていただくためには、やはり物を見ていただくほかない。ということで、この旅に出る前に終ってしまった旅行記の筆を置くことにする。あとはどうか、本ができあがったときに読んでいただきたい。

（『文藝春秋』一九八七年五月号）

Ⅳ　ヨーロッパ反核無銭旅行

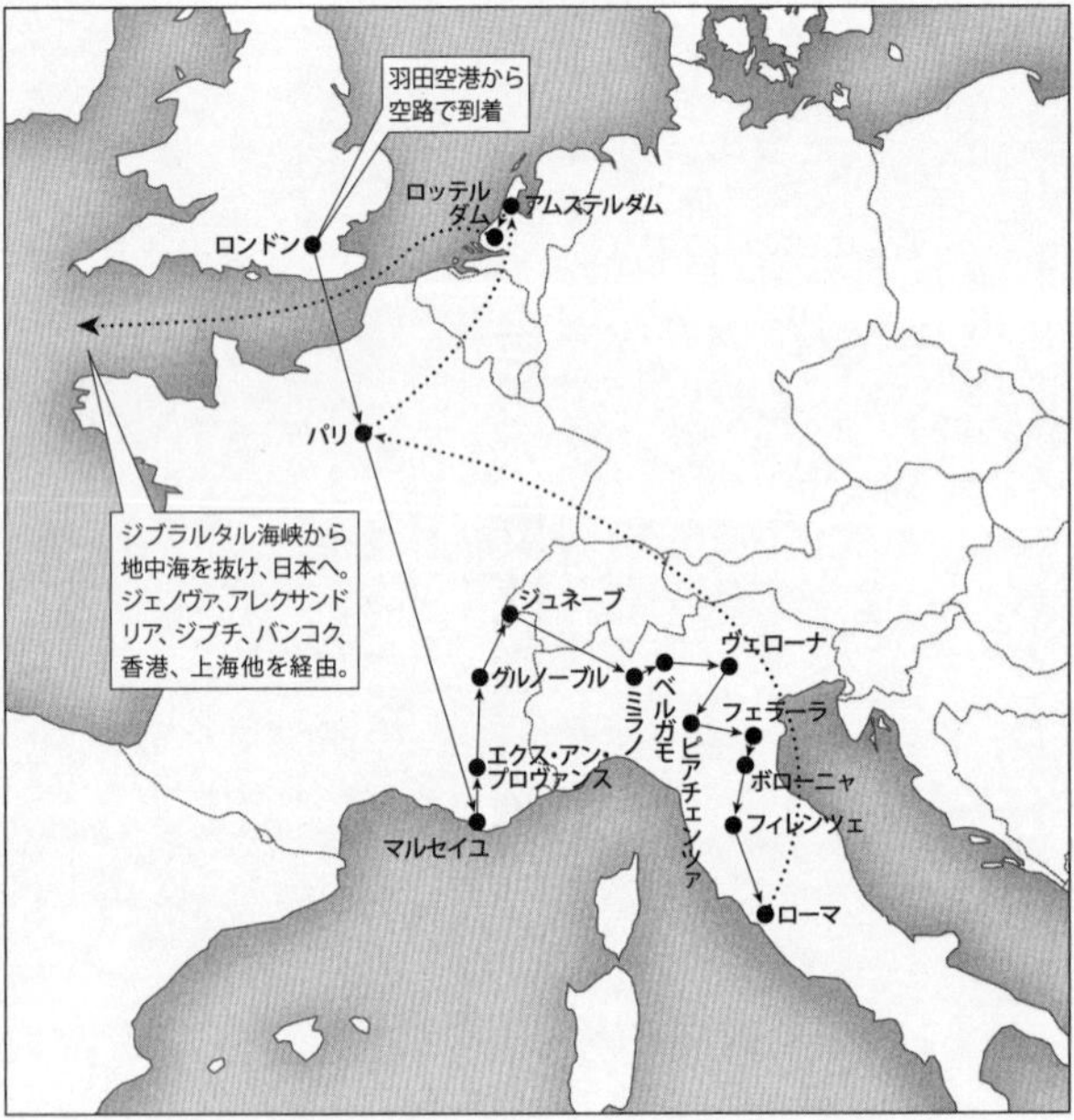
羽田空港から
空路で到着
ロッテル
ダム
アムステルダム
ロンドン
パリ
ジブラルタル海峡から
地中海を抜け、日本へ。
ジェノヴァ、アレクサンド
リア、ジブチ、バンコク、
香港、上海他を経由。
ジュネーブ
グルノーブル
エクス・アン・
プロヴァンス
マルセイユ
ミラノ
ベルガモ
ピアチェンツァ
ヴェローナ
フェラーラ
ボローニャ
フィレンツェ
ローマ

第8章　ヨーロッパ反核無銭旅行（'60・4〜10）

——今回、旅行関係の著作をまとめるにあたって、立花さんの仕事場の書庫を整理していたら、面白いものを見つけたんです。これは、立花さんが一九歳のときに行かれたヨーロッパ旅行の日記帳（次頁参照）ですよね。

立花　本当だ。こういう日記をつけていたことは覚えていたので、何度か探したことはあったんですよ。よく残ってたもんだね。

——ご覧になるのは、久しぶりなんですか。

立花　久しぶりもなにも、読み返すのはいまが初めてです。

——「四月六日・午前一〇時羽田発、見送り多数」に始まって、かなり詳細な旅の記録が書かれています。これは一九六〇年、大学二年生のときの旅行ですね。

立花　そう。友人と二人で原爆関係の映画を上映しながら、ヨーロッパの各地を

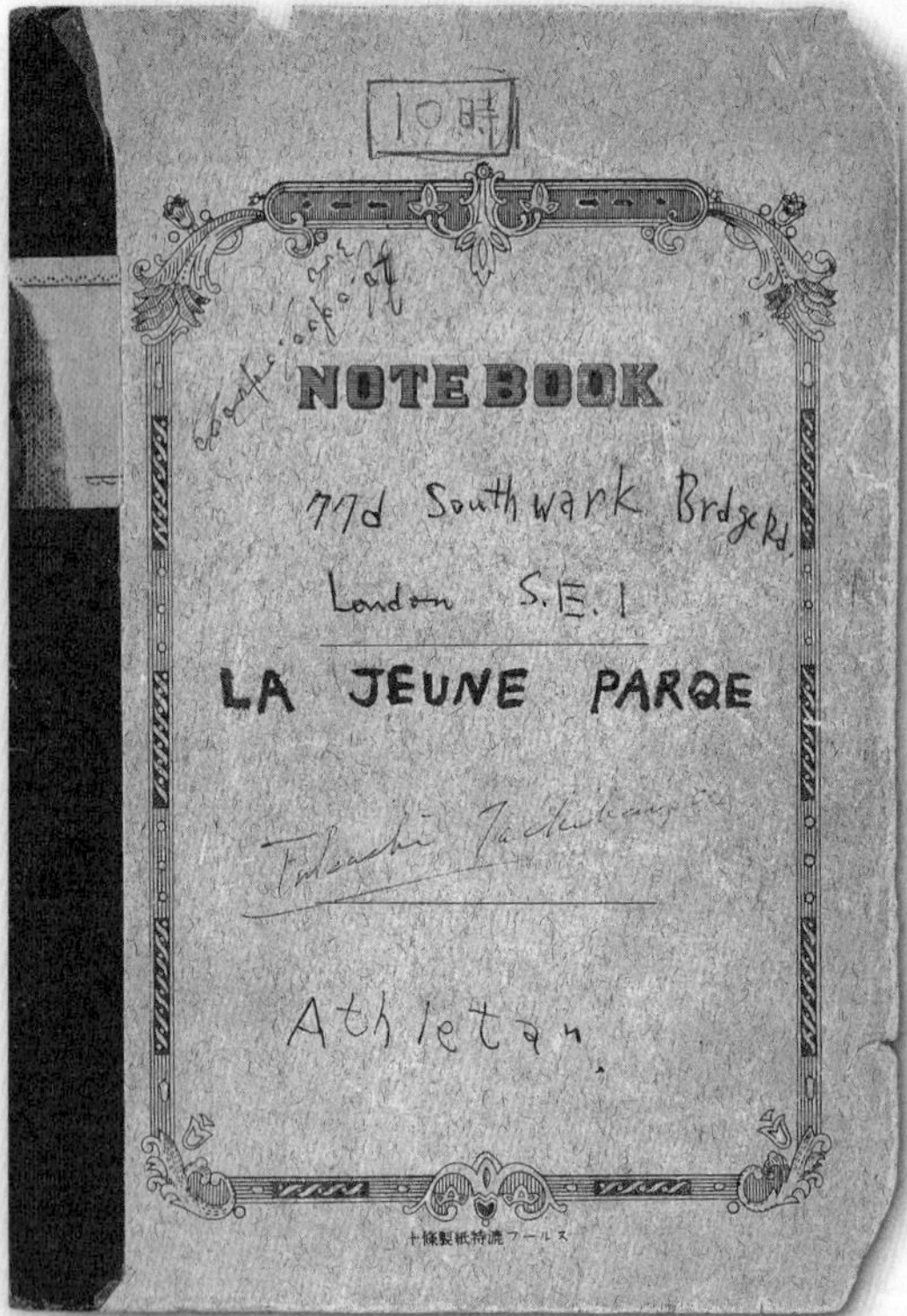

著者が1960年のヨーロッパ旅行時につけていた日記帳

転々としていったときのものです。現地のいろんな団体と一緒に、核兵器反対のための集会を開いて、そこで日本から持って行った映画を上映した。そのかわりに、滞在中の宿や食事、次の上映地への移動などはすべて現地の人たちに面倒をみてもらうという、ほとんど無銭旅行に近い形の旅でした。

――羽田を飛び立ってから、貨物船で名古屋港に帰ってくるまで、約六カ月かかっていますね。単なる観光旅行ではないところが、いかにも立花さんらしいと思ったんですが……。

立花　あのね、当時は日本人が外国を観光目的で訪れるなどということは誰もできない時代だったんですよ。*六〇年当時、そもそも一般の人は外国へ行けなかった。パスポートを取ることすらできなかった。取れたとしても外貨を入手できなかった。飛行機も船もチケットは全部外貨でしか買えなかったから、必然的に日本人は外国へ行けなかった。島国の悲しさですね。〔*一般人の外国観光旅行が自由化されるのは一九六四年から。〕

敗戦以来、日本は貿易赤字の連続だったから、外貨は全部日銀が管理していて、日銀の許可がないと外貨を入手できなかった。商社やメーカーの人が外国に行く場合でも、条件はその会社自体が外貨を稼いでいて、その稼ぎの範囲内で行くというのが大前提だったんです。

それと飛行機代がまた、とんでもなく高かった。ぼくが買った東京からロンドンへの切符は片道で二五万円しましたから、現在の貨幣価値にすると三百万円くらいになるでしょう。とても普通の人に払えるような金額ではなかったんです。そのころの大卒初任給はおそらく、一万円程度だったはずです。ぼくは当時、東京大学の一年を終えたばかりでしたが、周囲には大学の先生たちを含めて外国へ行ったことのある人などほとんどいなかった。

——東大の先生でもそうだったんですか。

立花　もちろんです。戦前に留学した経験がある人をのぞいては、事実上いなかった。戦後の海外渡航経験者はほとんどゼロといっていい。海外で学会があっても行けなかった。そういう時代だったんです。だから、ぼくたちのような貧乏学生がヨーロッパ旅行を計画するなど、ほとんど実現可能性のない、夢のような話だったんです。

——しかし、それを実現してしまった。

立花　いま振り返ってみても、よくやったなと思いますよ。まったくのゼロから計画して、巨額の渡航費用を集めたんですから。

——詳しくは、これから日記帳を見ながらうかがっていきますが、不思議だったのは、これほどの経験をされていて、いままでこの旅行について本に書かれたことがないということなんです。何度かインタビューのなかでは話をされていますが。

立花　編集者の人たちからはよく言われるんですよ。「どうしてこんなに面白い話を書いてないんですか」とか、「作品にするには、非常に書きやすい素材じゃないですか」とかね。でも、何か面白い経験をしたからといって、すぐそれを文章に書くなんていうことは、基本的に浅薄な行為だとぼくは思っています。とくにその体験が本人にとって重要であればあるほど、すぐに文章に書き起こそうなんていう気にはならないものでしょう。この本に集められた旅行記は、基本的に最初から仕事として、書くことを前提に出かけて行ったものばかりで、個人的な旅行のことはぼくはほとんど書いてないんです。

——立花さんの若いときの長期旅行というと、この一九歳のときのヨーロッパ旅行と、三二歳のときのイスラエル、ヨーロッパ、中近東への旅、そして三四歳のときのパレスチナ、中近東、インドへの旅がありますが……。

立花　それと、五歳のときの中国からの引き揚げ体験ね。そういう自分の人生に深刻な影響を与えたような経験については、旅行記を書く気にはならない。

なぜ、原爆の映画を持って行ったのか

——でも、せっかく貴重な日記帳を発見したわけですから、この旅行については、どうしても話していただきたい。旅行中の日記帳のほかに、旅行を計画したときから出発するまでを記録した「PLAN」というノートがあって、これもまた面白い。冒頭には、次のような四項目が書かれています。

○目的は原水爆の怖ろしさを世界に報らせることにある。
○映画等を借りたり、その他の支援を受ける。
○日本から出国させてくれないのではないか。そうまでいかないにしても官憲の妨害は考えられる。
○8・6〔原水禁世界〕大会に参加して、今から宣伝をする必要がある。

立花　これはおそらく、旅行の前の年、ぼくが大学に入学してそうたたないころに書き始めたノートだと思います。当時の若者たちが誰でもそうだったように、ぼくもまた、とにかく一度でいいから外国へ行きたくてたまらなかった。でも、先ほども言

ったように、そんな希望が簡単にかなえられるような時代じゃなかったんです。そこで、原爆反対をアピールする映画を担いでいって、各地で上映するということなら、いけるんじゃないかというアイデアを、このころ思いついたんですね。すべてはそこから始まるんです。

――たしかに当時の若者が、外国に行きたくてしかたがなかったというのはよくわかります。実際、みんないろいろな工夫をして外国に行ってますよね。立花さんよりも少し前の世代でいうと、小田実《まこと》さんがフルブライトの奨学金をもらって、留学からの帰りに世界をまわった。作家の北杜夫《もりお》さんは船医になって出かけていった。そのなかで、原爆反対の映画を上映しながらの無銭旅行というのは、いかにも立花さんらしいと思うんですが、いったいどこからそんな発想を得たんですか。

立花　日本人は、原爆のもたらす被害のひどさ、非人道性をよく知っているから、原水爆を禁止すべきだということは、説明するまでもなく、すぐわかる。原水爆禁止は、日本の国論といってよい。しかし、それは世界の共通認識ではない。核兵器が自分の国を守るために必要だと考えている人たちのほうがむしろ多いといってもいい。

彼らとわれわれの違いがどこにあるかといったら、原爆の被害をリアルに知っているということ、それだけですよ。それなら彼らにも、それをリアルに伝えればいいんじゃないかと思ったということです。

考えてみれば、われわれだって、最初からそれを知っていたわけではなくて、いろんなメディアを通して被害の実態を知ったからそうなったわけでしょう。それなら、彼らのところに、われわれ日本人が知っているいろんな情報を運んでいってやればい。基本はそういうことです。

日本人だって、終戦直前、広島と長崎に「原爆」が落ちたという事実は終戦直後から知っていたけれども、その被害の実態は、占領軍が記録写真や映像をすべて接収して秘匿《ひとく》していたので一般には伝わっていなかった。一九五二年の四月に占領が終わり、その約三カ月後に『アサヒグラフ』が「原爆被害初公開号（八月六日号）」を出し、すさまじい被害の実態を初めて明らかにしたんです。その号は、五二万部を即日完売したといいます。

――図書館で見てきましたが、二八頁の本当に薄い雑誌ですよね。それがそこまで大きな影響を与えた。

立花　原爆の恐ろしさというのは、活字で読んだだけではよくわからないものなんですね。ですからこの『アサヒグラフ』の特別号が具体的な写真として惨状を伝えた最初のものになる。そのインパクトは非常に大きかった。映像の強さですね。

その後も被爆者の体験談や被爆直後に広島に入ったアメリカ人ジャーナリストの手記などが次々と公開されていった。そしてさらに一九五四年三月に、日本の漁船、第五福竜丸がアメリカの水爆実験によってビキニ環礁《かんしょう》沖で被爆。船員が死の灰で死ぬ。この事件をきっかけに、日本では原水爆禁止の署名運動が爆発的に盛り上がるんです。それまで政治運動などとはまったく無縁だった人たちが、大挙してこの署名運動に参加し、翌一九五五年八月六日に第一回原水爆禁止世界大会が広島で開かれ、同年九月一九日の原水爆禁止日本協議会（原水協）の結成へとつながっていくわけです。何がこの状況を変えたかといえば、要は情報なんです。知らせることが何より重要なんです。

――記録を見て驚いたんですが、第一回大会の時点で原水爆禁止の署名に参加した人の数は、なんと三二〇〇万人を超えていたと言いますね。

立花　ほとんど全国民が署名したということです。政治党派なんかまったく関係がなかった。あのころの爆発的な原水禁運動の盛り上がりは、いまとなっては想像もつかないものだと思いますよ。

それからもうひとつは、ぼく自身が長崎の生まれだったということがあるんです。ぼくは二歳のときに中国の北京にわたっていたので直接の被爆体験はないんですが、両親の知人の多くが被爆しています。ぼくが生まれた長崎大学の大学病院は、ほとんど爆心地そのものなんです。ですから原爆に関しては、他人事ではない、自分もあのまま長崎にいたら確実にやられていたという思いが、ずっとあったんです。

初期の計画

——先ほどの四項目の「総論」のあとには、約一〇頁にわたって計画全体の課題や問題点が箇条書きにされています。当初から、かなり壮大かつ綿密な計画を立てていたようですね。

○映画を借りるのにはどうすればよいのか。
○映写技術の習得。外国語をどうやって入れるか。
○スーパーにするか、テレコに数カ国語を吹き込むか。
○映画をやっても言葉が通じない所では金にならないだろう。（略）
○写真展も一緒に計画してはどうか。写真の説明も、数カ国語で書く必要がある。
（略）

○どこの国に行っても、まず新聞社、とくに進歩的新聞社を訪ねて宣伝を頼むこと。そのためにあらかじめ主な国の新聞社の傾向をしらべる必要あり。

――とくに目をひくのは、

○自動車の免許は早くとらねばならぬ。

という記述です。

立花　つまり、車を一台調達して、そこに原爆関係の映画と写真を積み込んで、各地で上映会を開きながら世界中を回ってやろうとしていたんですね。

――旅芸人のようにして。

立花　それはちょっとイメージが違う（笑）。とにかく、自力でまわろうと思っていたんです。映画の上映でお金を調達することができれば、それこそエンドレスに世界中をまわることができる。そういうかなり夢物語に近い計画でした。

――その他にも、

○映画は何にするか。
○写真、土門拳氏などにあたる。その他はないか？
○原水爆の恐ろしさ、現状等について科学的に勉強しておくこと。そしてちょっとした講演ができるようにしておくこと。
○日本の原水協代表となることの是非。
○死の灰の研究者から教えてもらうこと。
○世界をまわる順序をどうするか。
○悪天候に対する準備。
○会話能力は充分に身につけること。
○旅の途中でも勉強ができるように、本、辞書などを豊富に持っていくこと。
○自動車修理技術の習得。
○石油会社とのタイアップによるガソリンの供給は？

などという箇条書きのメモが、えんえんと続いています。驚くほどいろいろな状況を想定した緻密なメモなんですが、こうしたメモを書いていた時点では、実現の可能性についてどう考えていたんですか。

立花　そう簡単に実現できるとは思わないけど、不可能ではないだろう、ぐらいかな。いろいろ実現の方向に向けてトライするほかないな、という感じでしょう。

――それからぼくがとくに面白いと思ったのは、

○原爆についての本を集めること。

○留学生会館を回り、各国の状況を調べること。

といった記述があることなんです。

立花　たしかにこのとき、原爆についての文献を集めて勉強した記憶がありますね。また、駒場の近くにあった留学生会館を訪ねて、かなりの数の留学生にインタビューもしています。インタビューでは各国の国情、とくに道路事情などについて詳しく聞きました。

――ノートを見ると、たとえばタイからの留学生には「バンコクからラングーンまでの道は危険」「マレー半島からタイにかけてはマラリアに感染する恐れあり」といった情報、フィリピンからの留学生には「タバオからイリガンまでの道は、日本の東北程度の道路、ただし夜は危険」といった情報をもらったことが書かれています。先ほど面白いと言ったのは、このような仕事の進め方が、その後の立花さんのジャーナリストとしての手法とよく似ているという気がするからなんです。仕事仲間のジャーナリストのかたに、立花さんの取材の特徴はまずはじめに綿密なコンセプト・ワークをすることだと聞いたことがあります。まず論理的に問題点、疑問点を洗い出し、情報が欠けている部分を見つける。そしてその後に膨大な文献を集め、勉強した上でインタビューに赴く。

立花　それはよくわからないけれど、似ている面があっても不思議ではないでしょう。同じ人間がやることだから。

一九五九年六月二五日　日比谷野外音楽堂

――そういう準備段階が終わって、具体的な行動に移ったのはいつだったんですか。

立花　それはよく覚えています。入学した年（一九五九年）の六月二五日です。入学して二カ月だから早いといえば早いね。

——メモには書かれていないんですが。

立花　どうして日付を覚えているかというと、この日は日比谷で安保改定阻止のための大集会（全学連全国統一行動）が開かれた日だったからです。その集会の最中に、あとで一緒に旅行に行くことになる駒井洋《こまいひろし》君に計画を打ち明けたんです。

——いまは駒井さんは何をなさっているんですか。

立花　筑波大学の社会学の教授ですね。彼とは同じ文学研究会に所属していたし、二人とも駒場の自治委員をやっていたのでよく知っていました。とにかく旅行の計画を考えていたときから、これを実現するにはひとりでは無理だ。誰か行動力のある人間と組む必要があると思って、相棒を探していたんです。彼はものすごくバイタリティーがあって、こういう計画にはうってつけの男でした。それで、集会が開かれていた日比谷の野外音楽堂で、彼に計画を話してみたんです。

たしか中央の座席にはもう座れなかったので、外側の塀に腰をかけながら、何かもっと面白いことをやってみないか、ちなみにこういうプランはどうだ、ということを手短《てみじか》に説明した。予想していたとおり、彼の反応はすごく早くて、「面白いな。やってみるか」といった感じで、すぐに決まったことを覚えています。

——野外音楽堂は超満員で盛り上がっていたけれども、立花さんたちはその情景を見ながら、まったく別の話題で盛り上がっていたと。

立花　そういうことですね。

八月六日　広島

――駒井さんという相棒を得て、いよいよ計画の実現に向けて具体的な行動に移るわけですが、まず最初の行動は、「ＰＬＡＮ」の段階で考えていたように、八月六日の広島での原水禁世界大会に参加することだったんですか。

立花　そうです。ただその前に、ぼくが当時住んでいた東大の駒場寮の寮内に、「原水爆禁止世界アッピール運動推進委員会」という組織を設立しました。もちろん実態は、ぼくと駒井君の二人だけの組織です（笑）。でも不思議なもので、「委員会」の名前と所在地、電話番号を刻んだゴム版を作ると、実体のある組織のような気がしてくるんですね。というより、どんな組織も、その第一歩はこういうところからはじまるんです。名称、住所、連絡先です。それから、原水禁世界大会で各国からの代表に協力をよびかけるための英文の「趣意書」と名刺を用意しました。

――「趣意書」というのは。

立花　「われわれは原爆の悲惨さと核兵器の禁止を訴えるため、ヒロシマ、ナガサキの惨状を記録した映画と写真を、世界中で展示したいと考えている。ついてはこの目的の実現のため、貴国における宿泊や交通の便宜をはかってもらえないか」という内容のかなり長文のものです。それから夜行列車で広島へ行って、原水協の事務局や、各国の代表者たちを会議の席上や宿舎に訪ねて「趣意書」と名刺をかたっぱしから配って歩いたんです。

——ノートを見ると、反応はよかったみたいですね。

立花　やはりそういう大会に参加しにくる人たちですから、大変好意的に受けとめてくれました。各国から来た代表たちが、自国まできたらその後のことは面倒をみようとか、もしビザに問題がある場合はデモをやっても政府に働きかけようなどと、力強い励ましの言葉をくれましたね。

——ノートには、チェコ、スーダン、東ドイツ、西ドイツ、アラブ連合、ユーゴスラヴィア、モンゴル、オーストラリア、ガーナ、インド、ソ連、インドネシア、アルジェリア、ハワイ、イタリア、フランス、ブルガリアなどの代表の住所が書かれています。ずいぶん沢山の人に会ってるんですね。

立花　若くて元気があったから、とにかくかたっぱしから会ったんだ。

――写真家の土門拳さんを訪ねたのも、このころのことですか。

立花　そう。海外にどの映画を持って行くかは、いくつかの候補のなかからなかなか絞りきれなかったんだけど、写真についてはかなり早くから、土門さんの『ヒロシマ』(一九五八年・研光社)からお借りしようと決めていたんです。

――作品の質からいって、それしかないと。

立花　そう。旅行の計画を立てたのは『ヒロシマ』が刊行された翌年だったんだけど、まだあの写真集のインパクトがものすごく大きく日本の社会に残っていた。いわばあの写真集でわれわれは、日本人が原爆を知っているようで、実は何も知らなかったということを思い知らされた。そこで駒井君と二人で、誰からの紹介もなく、アポイントもとらないまま、明石町のお宅を訪ねていったんです。

――『ヒロシマ』の後書きのなかで、土門さんは次のように書いています。

広島に原爆が投下された一九四五年八月六日は、それ自身として明白な過去である。ぼくたち自身も『ヒロシマ』は、もはや過去のこととして忘却のかなたにおいてきた。(略)

しかしぼくは、広島へ行って、驚いた。これはいけない、と狼狽《ろうばい》した。ぼくなどは『ヒロシマ』を忘れていたというより、実ははじめから何も知っていなかったのだ。十三年後の今日もなお『ヒロシマ』は生きていた。焼夷弾《しょういだん》で焼きはらわれた日本の都市という都市が復興したというのに、そして広島の市街も旧に立ちまさって復興したというのに、人間の肉体に刻印された魔性の爪痕《つめあと》は消えずに残っていた。それは年ごろになった娘たちの玉の肌に、消せども消えないケロイドとして残っていた。それは被爆者の骨髄深く食いこんで、流血機能を蝕み、日夜、数万の人々を白血病の不安にさいなんでいた。それは十三年前の被爆当時よりはむしろ陰険執拗な魔性を人間の上にほしいままにしていた。『ヒロシマ』は生きていた。それをぼくたちは知らなすぎた。いや正確には、知らされなさすぎたのである。

立花　そうです。ヒロシマがいまも生きていることをあの写真集であらためて知らされたんですね。あの写真集を見たら、日本人なら、この写真集を世界中の人に見せたいという思いにかられますよ。その後、原水禁運動というのは、政治的な思惑《おもわく》でもみくちゃにされて、原水協が分裂したり、いろんな党派による引きまわしがあったりで、うんざりさせられることが多く、ぼくなんか早々に離れたんですが、あのころはまだ、素朴かつ純粋な人々の思いを集めた熱気あふれる運動だったんです。ぼくらの旅行計画も、そのような熱気の上にあったんです。

――土門さんとの初対面の印象はいかがでしたか。

立花　アポイントもなしに訪ねていったのに、土門さんはこころよく会ってくれた。写真を借りることもすぐに了承してくれました。その後、渡航資金をカンパで集めるときの発起人にもなってくれたし、知人へのカンパ集めの紹介状も沢山書いてくれた。大きな眼で、ただ視線が向けられただけで圧倒されるような迫力を感じさせる人でしたが、ぼくたちには、初めてお会いしたときから、いつもやさしかったし、惜しみなく力になってくれた。そのことを、いまでも感謝しています。

誰でも、若いときに出会って、その後一生の師として尊敬し続けてしまう人っていますよね。ぼくにとって土門さんはそういう人です。

一一月二一～二三日　東大駒場祭

――その後、広島で会った代表たちから、何通か返事が来たようですね。

立花　ガーナやアラブ連合（エジプトとシリアの連合国家）など、数カ国の団体から来訪を歓迎するから、いつでも来いという手紙が届いたので、駒場祭で一部屋借りて、それらの手紙や地図を展示しました。

――「PLAN」のなかにも、はじめから「駒場祭で部屋を借りること」というメモがありましたね。

立花　だから、ここまでは計画どおりだったんです。でも実を言うと、この時点で計画は暗礁にのりあげたような形になってしまった。

――それはどうしてですか。

立花　原水禁大会に参加して「趣意書」をまけば、おそらく返事がくるだろう。その後のことは返事を見てから考えればいいと思っていた。そして事実、いくつかの団体からは受け入れの返事が来たんですが、これではまだ雲をつかむような話です。次の一歩をどう踏みだすか。具体的な渡航に向けて、どうすれば道を切り開いていけるのか。日本政府からの渡航許可をどう取るか。巨額の渡航費用をどう調達するか。そこから先が一歩も進まない。

国会突入と羽田空港ロビー占拠事件

――その後、翌年の一月まで「PLAN」の記述は途切れています。立花さんはその間、もっぱら学生運動に関わっていたようですが。

立花　旅行の計画がそのように沈滞する一方で、学生運動のほうが急速に盛り上がっていたんですね。安保闘争で何十万、何百万という人間が動員されるようになるのは翌六〇年のことですけれども、この五九年というのは、そういう大闘争に向けて、運動が準備されていった年だったんです。先の日比谷の集会のところでふれたような、安保改定阻止のための統一行動が始まり、その後も毎月のように行なわれたんです。

――いわゆる六〇年安保闘争の前夜といった状況ですね。そのなかで立花さんは、駒場祭直後の一一月二七日の国会突入や、翌年一月一六日の羽田空港ロビー占拠事件といった有名な闘争に、いずれも参加されています。立花さんの学生運動の話はあまり知られていませんが、旅行に行くまでの大学一年生のころは、ずいぶん積極的に関わっていたんですね。

立花　あのころは大学生が安保に反対してデモに行くなんて、まったく当たり前の話だったからね。行かないほうが珍しかった。だいたい駒場では、どこのクラスでも自分たちのクラス名を書いた旗を立てて、クラス単位でデモに行っていた。クラスごとに旗を立ててデモに参加するなんて、今の学生には信じられないことだろうけど、あの頃はごく当たり前のことだった。五九年の秋からそうなっていたと思いますね。

ぼくは一年生のときに駒場の自治会の常任委員になっていたくらいですから、一般の学生に比べると、積極的に関わっていたと言えるかもしれないけれど、あの時代、安保反対は全学生の常識だった。

あのころ学生運動を中心的にやっていた連中は、みんな特定のセクトに属していたんだけど、ぼくだけはどこにも属していなかった。そこがちょっと変わっていたといえば、変わっていましたね。後にいうノンセクト・ラジカルのはしりみたいなものですね。

――特定のセクトとは、どういうものですか。

立花　少し当時の学生運動の説明をしておくと、日本の平和運動や学生運動というのは、戦後長らく共産党がヘゲモニーを握っていたんです。ところが一九五八年に、警職法《けいしょくほう》（「警察官職務執行法」）の改正案が国会に提出される。これに対する反対運動が爆発的に盛り上がって、共産党のコントロールがきかない大きな運動になってしまった。

それをあくまでコントロールしようとする共産党が、共産党の枠をはみだした全学連の幹部たちを除名してしまった。除名された人たちが結成したのがブント(共産主義者同盟)という組織です。これがいわゆる新左翼運動の始まりです。

つまりぼくらの前の世代の学生運動は、すべて共産党と一体になってやっていたんだけど、ぼくが大学に入ったときには共産党はすでに運動のヘゲモニーを失っていた。たしか駒場の自治会は常任委員二〇人に委員長一人を加えた二一人のなかで、共産党系が一〇人、ブントその他の新左翼が一〇人で、勢力が拮抗《きっこう》していたような記憶があります。残りのどのセクトにも属していなかったのがぼくで、意見が対立するとぼくのところに根回しにやってくる(笑)。ノンセクトだったおかげで、ぼくがキャスティングボートを握ってしまうという状況になることもありました。対立する両派の折衷案をぼくが出すと、それが通る。数の論理からいってそうならざるをえない。政治は本質的に足して二で割ることにならざるをえないということを身をもって学びました。

——六〇年一月一六日の羽田空港ロビー占拠事件というのは、岸首相ら安保条約調印団の訪米を阻止するための行動ですね。

立花 そう。ブントが岸渡米を、組織をつぶす覚悟で全力をあげて阻止するという方針を打ち出した。それで全国動員をかけたんだけれど、結果として失敗に終わった。

――それはどうしてですか。

立花　訪米団の出発が、前日になって急にくりあげられたんです。当初は午後一〇時だったのが、午前八時に出発するということになった。前日の一五日は祝日（成人の日）ですから、キャンパスに通学生はいない。大衆動員をかけられるのは駒場寮と、あと二、三の大学の寮しかなかったんですね。

――駒場の寮生というのは、何人くらいいたんですか。

立花　三〇〇人くらいだったんじゃないかな。

――全員参加したんですか。

立花　かなり以前に、駒場の寮生大会で岸の渡米に反対するという決議が通っていたんです。だからそのときいた寮生の大部分は参加したと思います。当時は寮大会の決定には従うという寮自治の意識が非常に強かったからね。ぼくの親しかった空手部の友人や、完全なノンポリの連中もみんな参加していた。

かなり早い時間帯にバスを六台チャーターして羽田に乗りつけたら、警察側の対応がまだできていなかった。バスを空港の入り口の橋のところで停めて歩いて行ったら、警官が一〇〇人くらい現れて阻止しようとした。こっちはバス六台分もの人数がいるから、簡単に突破した。

――さしたるもみあいもなく。

立花　ただ、何人かは運悪くつかまって、足払いをかけられたりしたんですが、その一人がぼくだったんです（笑）。ステンとひっくり返されて頭を打ち、一瞬気を失いました。ハッと気づいたら、空が見えて、警官たちも二、三人のぞきこんでいる。それからなんとか警官たちを振り切って、一目散に走ってみんなに追いついたという記憶があります。

その後、七〇〇人くらいがロビーを占拠したんだけれど、ぼくのまわりはみんな駒場寮の連中で、空手部の人間が空手の型を披露したりして（笑）、あまり緊張したようなところはなかった。結局、ロビーのなかの食堂に立てこもったところを包囲されて、一人ずつゴボウ抜きにされていったんです。

――逮捕はされなかったんですか。

立花　一人ずつゴボウ抜きにされたあと、警官が二列に並んで作っているトンネルの間を歩かされるわけです。公安が一人一人の顔を見て、「こいつは逮捕。こいつはヨシ」といった具合で、ブントの幹部だけを見分けて、引っ張り出して検挙していった。かなり内偵が進んでいて、指導者たちの顔が割れていたんですね。

それ以外のぼくたちみたいなザコは、何十発も殴られたり蹴られたりしながら、トンネルを歩かされた。向こう側に出たところで、さらに警官二人が両腕をつかんで、そこからまた二キロ近く歩かされて、空港の外で放されました。

もう夜明け前になっていました。しかたなしに、一人でトボトボと歩いていたんです。すると右翼が、日本刀を振り上げてウォーと叫びながらこっちに走ってきた。

――右翼がですか。本物の日本刀を振り上げて？

立花　おそらく本物だったと思います。もう必死で走って逃げました。ものすごい恐怖でしたね。あの日は左翼に対抗して、右翼も全国動員をかけていたみたいです。あのころの右翼の主流は児玉誉士夫《こだまよしお》一派なんかですから、半分暴力団みたいな連中で、本当に日本刀を振りまわしていた。

――例の「ＰＬＡＮ」というノートには、「出発までにパクられると出国できなくなるから、注意して運動をやること」と書いてありますけれど（笑）。

立花　ああ、そんなこと書いてたっけ（笑）。でも、すっかり忘れて、運動に熱中していたんですね。

ロンドンからの招待状

――羽田のロビー占拠事件の直後から、また旅行計画のメモが再開されています。

立花 あの事件でブントの幹部が全員逮捕されたので、その後、彼らが四月に出所してくるまで、学生運動は火が消えたようになってしまうんです。ちょうどそこへ、イギリスから一通の手紙が届いたんです。

――ロビー占拠事件からちょうど二週間後の、一月三〇日に届いたとあります。

立花 差出人は、イギリス、ドイツ、オランダの学生連合になっていました。内容は、この四月にロンドンで、学生と青年による「核軍縮（Nuclear Disarmament）会議」が開かれることになった。あなたたちも是非、これに参加してほしいという正式の招待状だったんです。

――どうしてそんな招待状が突然、届いたんですか。

立花 ぼくたちが広島で各国代表にまいた「趣意書」が、誰かの手を経て彼らのもとに届いたんでしょうね。それを読むと、会議のオープニング・スピーチは、ノーベル賞受賞者で、反核運動の世界的な指導者であるバートランド・ラッセルが行なうことになっている。こういう正式な会議からの招待状があれば、渡航許可は得られるのではないかと、駒井君と二人で大喜びしたことを覚えています。

——ついこの間までは学生運動に熱中していたのに、今度は旅行計画のほうが一気に盛り上がるわけですね。

立花　この日からは渡航準備一色の生活になってしまいます。

——ここから出発までは、例のノートに日記形式の記述があります。まずマスコミ発表したんですね。

二月一日　共同通信
二月二日　文化放送より電話インタビュー　六時半のニュースで流れる
二月三日　山下教授と会見　毎日放送インタビュー　安井郁氏と会見
二月四日　原水協訪問
二月五日　新聞記者（毎日、共同）に会う
二月六日　旺文社の記者と会う。発起人への依頼、終了。

立花　渡航の最低条件として、現地での受け入れ、渡航許可、渡航費用の三つがあったわけですが、ロンドンからの手紙で最初の二つはクリアできそうだということで、このあとは渡航費用を捻出するためのカンパ活動に専念することになったんです。しかし、四月にロンドンの大会に参加するという急な話ですから、とにかく行きは飛行機を使わなければならない。前にも言ったように、当時の飛行機代は片道で二五万円、二人だと五〇万円になる。その後の行動を考えると最低でも百万円は集めたいところだけれども、期間はもう二カ月しかない。

——普通は無理だと思うんじゃないでしょうか。百万円というのは、いまの一千万円以上の金額なんでしょう。

立花 よく考えるとそうなんだけれども、このときはそんな後ろ向きの考えはまったくなかった。すぐに翌日から駒井君と二人で、マスコミ各社と連絡をとる一方で、カンパのための発起人の依頼に走りまわったんです。結局、発起人には、前に話した土門拳さんや、原水協理事長の安井郁《かおる》氏、日本キリスト教団の平山照次氏、大学関係ではぼくが属していた陸上運動部顧問の加藤橘夫教授、文学研究会顧問の山下肇助教授、学生部長の早野雄三助教授など、一四人の方々が名前を貸してくれました。なるべく政治的に片よらないような人を選んだ。

カンパに走りまわる日々

二月八日　カンパ開始　学内にビラ　常設カンパ箱の設置
二月九日　出版人　週刊読書人　出版社社長
二月一〇日　総評　代議士　労組関係――駒井オヤジ　文化人関係――橘オヤジ

立花　とにかくカンパのための活動を開始してからは、毎日毎日、目標額の百万円に向かって駆けずりまわる日々が続きました。ぼくはわれながら不思議な性格をしていると思うことがあるんです。普段はとても恥ずかしがり屋のところがあって、とくに初対面の人とうちとけるにはものすごく時間がかかる。ときには数年かかるようなこともあるんです。でも、こういう何らかのミッションのためとか、仕事のときなどは、まったく物おじしない。そういうところがあるんです。だからもう本当に毎日毎日いろんな人の間を駆けずりまわって、目的の実現に向かって前進していきました。

――ノートには、「多くの人とコミュニケーションできる手段があるということは、非常に幸福なことだ」とか、「オヤジのありがたさをつくづくと知る」などというメモもあります。

立花　いろいろな人が協力してくれましたからね。日々、感謝させられることが多かったんです。また、ぼくの父親も、大学に入ったあとはほとんど連絡もしてなかったのに、すごく積極的に協力してくれた。出版関係の団体で働いていたので、出版社の社長などにいっぱい紹介状を書いてくれた。駒井君のお父さんは組合関係が強かったので、労組への紹介状を書いてくれました。

——ところが、三月に入ると、どうも雲行きが怪しくなってくる。カンパが行き詰まってきたような感じが見うけられます。

三月五日　大口カンパの可能性と確実性、他の方面は?
三月八日　発起人への中間報告
三月一〇日　各カンパ帳の冒頭には、今までの協力者名をつけること

立花　新聞やラジオが好意的に報道してくれたおかげで、まったく知らない人からも、かなりの反響があったんです。女子大生が手紙に千円同封してきてくれたり、ぼくが昔住んでいた千葉県の柏市でも資金カンパの運動が起きたりした。高校、大学の友人たちがカンパ帳を持って走りまわってくれたおかげで、直接集めるお金もどんどん増えていった。

でも、それじゃやっぱり限界があるんですね。あらゆるところをまわって頼んだけれども、百万円というお金はあまりに巨額すぎた。カンパ開始から一カ月たった三月のなかごろには、相当集まったけれど、やっぱり無理か。どうも行けそうにないなという雰囲気になってきた。おそらく五〇万円に少し欠けるくらいしか集まっていなかったのではないかと思います。

——その後、次のような記述があります。

三月二二日　保証を待つ最大限の日

立花　それは、いまとなってはよくわからないけど、多分四月の国際会議にギリギリ間に合う飛行機に乗るために、いろんな支払いをしなければならない、そのいずれかの最終期限の日だったんでしょうね。

しかし、その最終期限が目前というのに、三月の下旬になったころには、もう完全に手詰まりの状態でした。出発まであと二週間しかないのに、お金は半分しか集まっていない。もうこれまでのような、草の根的なカンパでは間に合わないから、どこかにまとまったお金を出してもらう必要がある。可能性が高いのはおそらく新聞社だろうが、どうやって頼めばいいのか……。そのとき、多分学生部長をしていた早野助教授だったと思うんですが、「茅《かや》総長にお願いしてみたらどうか」というアイデアを出してくれたんです。そこでぼくらは最後の手段として、茅誠司東大総長を訪ねることにしました。おそらく渡航のためのお金の目処《めど》をつけなければならないこの最後の日、三月二二日のことだったと思います。

読売新聞への電話

立花　緊張して総長室を訪れたぼくたちが趣旨を説明すると、茅さんは思ってもみない行動をとってくれました。「はい。趣旨はよくわかりました」と言った次の瞬間には、もう電話をとりあげて読売新聞に電話をしてくれたんです。そして、「〇〇さんですか。実はこういう学生がいるんだが、そちらで協力してもらえませんか」と言って、すぐに協力をとりつけてくれたんです。なにしろ五〇万円前後の巨額なお金ですから、それがまさか、電話一本で即座にまとまるとは夢にも思わず、こちらはただ驚いて「ありがとうございました」と言うのがやっとでした。

――茅総長とは面識はあったんですか。

立花　ありませんでした。ただ実をいうと、茅総長はこの前年に駒場の自治会から総長不信任案をつきつけられていたんですが、ぼくもその発議に常任委員として参加した一人だったんです（笑）。だから頼みに行くときは、内心忸怩《じくじ》たるものがあった。しかし、いまにして思うと、そういう状況だったからこそ、多少人気回復を狙ったようなところがあったのかもしれませんね。

――しかし、読売新聞もよくそんなお金を電話一本で出してくれましたね。

立花　本当だね。多分、事前にある程度の根まわしがあったんだと思いますが、そのところはよくわかりません。

――いずれにせよ、この瞬間に、前年の六月に思いついた「夢物語」が、ついに実現することになった。今回どうしても聞いてみたかったのは、ここのところなんです。つまり、当時、外国へ行きたかった若者はいっぱいいた。映画をかついで放浪してやろうなんていう計画も、発想そのものは考えついた人はいたでしょう。しかし、立花さんの場合は本当に実現してしまう。その差はいったい何なんでしょう。

立花　それはひたすら運ですよ（笑）。

――でも、ポイントとなる資金集めの期間は、わずか二カ月ですよね。やはり集中力ということなんでしょうか。

立花　それは能力じゃないんです。少々困難に思えることでも、とにかくまずやってみようと思う。そしてとりあえず第一歩を踏み出してみる。それだけの話なんです。あとはその場その場の状況のなかで、どれだけバタつくかということだけですよ。人間、水のなかに放り込まれたら、必死になって泳いで向こう岸にたどり着くでしょう。それと同じですよ。

だから、ヨーロッパ行きが決まったときも、まだまだやらなければならないことが山のようにあったので、嬉しかったのはその日だけだったような記憶があります。そして翌日からまた、渡航へ向けての準備に追われる毎日が始まったんです。

三月二三日　読売新聞社訪問
三月二四日　パスポート申請
三月二九日　審議会　予防注射　歯医者　健保
四月一日　羽田検疫所　黄熱病予防注射　近代映協に借用書を提出　通関証明書をもらう
四月四日　予防注射／日通へ百万円の支払い
四月五日　ジャパンフィルム訪問／渡航費の受領書を読売へ

四月六日　AM10・00出発

出発

――日記を見ると、香港、カルカッタ、カラチ、ベイルート、フランクフルト、ロンドンの順に、南回りの空路ですね。羽田で搭乗したのが四月六日の午前一〇時、ロンドンに着いたのが七日の午前一〇時一五分となっていますので、三三時間もかかったことになります。

立花　暑くてね。ただひたすら疲れきっていたという記憶しかないんだけれど、この日記を見ると、機内でもなかなか楽しそうにやってるね。

――インド人の美人スチュワーデスに言葉やアドレスを教わったり、カナダ人のビジネスマンと、原子力の平和利用について話し合ったりしていますね。それから、

タダだと思ってウィスキーを注文したら、あとから金をとられた。ダブルのオンザロックで2ドル。しかし、うまい。

なんてことも書いてある（笑）。

立花　このころの飛行機は、東京からロンドンまで乗る人なんていないんですね。せいぜい次の空港まで行くくらいで。それで乗り換えのたびにタラップを降りていくんだけど、アジアの空港などでは、現地の人間が金網にへばりついて、空港のなかのぼくたちを一心に見ていた。そんな記憶があります。

四月七日

ロンドン着。

税関で一時間近く待たされたあげく、一四日間の期限つきで入国許可。最初にカレドニアン・ロード五番地へ行く。

バス・ターミナルから地下鉄の駅まで歩いたおかげでヘトヘト。カレドニアン・ロードについて聞くと、キングス・クロスからの方が近いといわれて、そこまでバスで行く。バスに忘れ物、書類入れ。五番地には、「ピース・ニュース」という新聞社があった。なかに入って聞くと、事務局はここではないという話だが、女の人が案内してくれる。そこにも担当者がいないので、彼がくるまで待てとのこと。

昼食のごちそうにあずかる。

どうもぼくらが初めての外国代表らしい。

――空港に迎えも来ていなかったんですね。

立花　だからアドレスを頼りに探し歩いたんだけど、荷物が重くてね。

――映画のフィルムが入ってたわけですよね。新藤兼人監督の『原爆の子』、関川秀雄監督の『ひろしま』、亀井文夫監督の『世界は恐怖する』の三本が。

立花　そう。それを一六ミリに焼き直してもっていったんだけど、フィルムがぎっしりつまったトランクというのは、本当に重いんです。当時はキャスターなんかついてないから、長い距離を歩いてると、泣きたくなるほど辛かった。

――しかも、やっとたどり着いても、事務局には誰もいない。

立花　受け入れ側も初めての試みですから、組織だった対応はまったくできていなかったんです。彼らは結局、約二〇カ国から代表を集めたんだけど、まさか本当に日本から参加者がくるとは思っていなかったようなフシもあった。でも、逆にその分だけ、面倒を見てくれる段階では、とてもあたたかい配慮をしてくれました。

――宿はどうしたんですか。

立花　その日から一週間ほどは、ハンガリーからの亡命カメラマンの家にやっかいになりました。

――なにか、困ったことはありましたか。

立花　洋式トイレの使い方がよくわからなかったのが困った。もうひとつ困ったのが「ガウン」の使い方だった。

――服のガウンですか？

立花　いまから考えると馬鹿みたいな話なんだけど、出発前に日本で出ていた渡航ガイドのようなものを読んだんですね。そうすると、ヨーロッパではパジャマのほかに「ガウン」も必要であると書いてある（笑）。そこで「ガウン」なるものをさがし求めて、実際に持って行ったわけです。でも、パジャマの上から着てみたものの、いつ脱ぐのかがわからない（笑）。結局、最初の日は、疲れきっていたこともあって、ガウンを着たまま寝てしまったんです。すると次の日に、そこの家族に「昨日の夜、寒かったの？」と聞かれた。なんでそんなことを言われたのかずっと不思議だったんですけど、あとになってガウンの使い方がわかったときに、アッと思いました。

国際学生青年核軍縮会議

──ロンドン到着の翌々日から、会議が始まっています。

四月九日

会議のレセプション

考えていたよりもずっと多くの国から参加者がきていた。キプロスの男から、「ゼンガクレン？」と聞かれる。セイロンの男も全学連に興味を持つ。ロシア、イラク、ガーナ、その他各国。

──ヨーロッパ以外の国からも、この日記にあるように多くの国の代表が参加しています。その後、六日間にわたって開かれたこの「国際学生青年核軍縮会議」では、どのようなことが話し合われたんですか。

立花　このころは核兵器を含めた軍縮問題が、世界的な関心を集めていた時期なんですね。東西の冷戦構造が緩和されるのではないかという期待を世界中がもった時期で、ちょうど一カ月前の三月一五日から、ジュネーヴで東西一〇カ国による軍縮委員会が開かれていた。そこで西側と東側がそれぞれ独自の軍縮案を提出して、激しい政治的駆け引きを続けていたんです。

——年表によると、西側が期限未定の三段階の「軍縮案」を出したのに対して、ソ連側は最長でも四年以内の「全廃案」で対抗したとあります。

立花　そういう駆け引きの真っ最中だったんですね。

——すると会議でも、双方の立場からの議論があったわけですか。

立花　まあ、学生が中心ですから、かなり理想主義的な観点から、平和の確立に向けて独自のタイム・スケジュールを出していこうというような話が多かった。でも、どんな国際会議やシンポジウムでも同じことですけれど、会議の内容自体にはあまり大した意味がないことが多いんですね（笑）。その会議が掲げるテーマのために、どういった人たちがどれだけの規模で集まり、世論にアピールできたか、さらにその参加者たちがどれだけ互いに情報を交換しあい、刺激しあったかということが重要なんです。

——その意味では、この会議は大成功だったと。

立花　そう思いますね。それと印象的だったのは、会議の進め方です。まずその日の基調演説があったあとに、いくつものセッションに分かれて、そこで議論を戦わせる。その議論をもとに、さらに全体会議を行なって一日のスケジュールが終わる。

日本の平和会議などでは、だいたい出席者が一堂に会して、それぞれの立場からただ一方的に演説をする。情緒的なアジテーションのための演説をして、それで終わり。議論を戦わせるなんてことはなかったんです。

ところがこの会議では、個別のセッションのなかの議論でも、ある人物の発言をもとに別の人間が発言し、具体的に議論を積み上げていく。さらにそれをその日の全体会議でとりあげ、最終日には正式なコミュニケにまとめて発表した。そういう会議のスタイルをぼくらはまったく知らなかったので、非常に感心したことを覚えています。日本の学生運動の会議なんかだと、みんな党派別にアジ演説を次々にやって終わりですからね。何かを本当にまとめていこうという発想に根本的に欠けている。

――その会議では何か発言したりしたんですか?

立花　いま日本とアメリカの間で新しい安保条約という名の軍事条約が結ばれようとしているが、これは世界の緊張を高め、核戦争の恐れを増すものだから、この会議で反対を表明しようといったら、それが通ってしまって、じゃあ、お前が、決議案の案文を書けということになった。昼休みに大あわてで案文を書いたら、すぐにそれを中心的なメンバーが囲んで、何人かの人が、「この表現はこういう意味でよくない」、

「ここはこうした方がいい」、などといった意見を活発に交換して、たちまち、一つの決議案が起草されていく。これは見ていて、とても勉強になりました。

――そうすると、その「国際学生青年核軍縮会議」で、「日米安保条約反対」が決議されたということですか？

立花　決議されました。最終日のコミュニケにもその内容が取り入れられています。日本にどう報道されたか知りませんが、読売のロンドン支局には、こういう決議がなされたと、その日の夕方には報告していますから、少なくとも読売本社にはそのニュースが届いていたはずです。ぼくらにもう少し政治性があれば、他の新聞社や共同通信の支局にもニュースを伝え、さらに日本の全学連本部に「安保反対決議通る！」なんていう電報でも打っていたところでしょうが、そんなことは考えもつかなかった。ただ、電報を打ったとしても、日本の学生運動はまだ沈滞しきっていたところだったから、反応は悪かったでしょうね。日本の学生運動が復活するのは、四月二八日からだし、安保反対運動が日本で一気に盛りあがるのは、五月一九日の国会での抜き打ち強行採決で、安保条約が通ってしまってからです。ロンドン大会で安保反対の決議が通ったのは、四月一三、四日あたりだったと思いますから、そういうニュースが伝わったとしても、反対運動の助けになるには少しタイミングが早すぎた。だから、ニユースヴァリューがないとして、読売もニュースにしなかったのか。

――じゃあ、読売の支局に決議を届けても、反応はにぶかった？

立花　いや、支局の人は、なかなかやるじゃないかという眼で見てくれました。そのときのロンドン支局長は、嬉野満洲雄《うれしのますお》さんという方で、後に国際問題評論家として名をあげ、著書も何冊かある人なんですが、この人は、ロンドンにいる間、ぼくらをずいぶんかわいがってくれたんです。ずっと後になってわかったことですが、この人は戦前の、三・一五事件などが起きた昭和初期のころに、学生運動に参加して逮捕されたりしたことがある。将来を心配した親がヨーロッパに留学に出した。向こうの大学を出たので、戦争中に新聞社が特派員を出せなかったとき、現地採用で、特派員になった。そういう前歴があるせいか、面白がって、学生の青臭い議論に、ずいぶん熱心に付きあってくれた。

ロンドンには一般の日本人がほとんどいなかった時代だから、珍しくもあり、若い学生に会うのが嬉しくもあったんでしょう。ほとんど一日おきにメシをいっしょに食べていたような気がします。いつもおいしい中華料理をごちそうしてくれた。この人には、大学の先生よりも、親よりも、いろんなことを教わったような気がします。安保反対の決議にしても、いろいろ教えられました。

――たとえばどういうことですか。

立花　これは誰が書いたんだと聞かれたから、ぼくは得意になって、昼休みに大急ぎで書きましたといったら、「バカ」とたしなめられた。

――バカとは？

立花　こういう決議を出すつもりがあったのなら、もっと早くから文章を練った案文を用意しておくものだと。昼休みに書きとばすなどとんでもないと。

――内容がよくないということですか。

立花　いや、基本的内容はこれでいいだろうといってくれたけど、心がまえがよくないというか、準備がなっていないと。それに、他のメンバーから、こういうところを直されたという話をしたら、それは直したほうが正しいと、なぜ正しいかを懇切丁寧に解説してくれた。ああいうものは学生のアジビラを書くのとは、根本的にちがう発想でちがうレトリックの文章を書かなければならないということがわかった。

オールダーマストン・マーチ

――会議が終わった翌日の四月一五日には、ロンドンの西方八〇キロのオールダーマストンという町に移っています。

立花　そこからロンドンへ向けて、五日間にわたる核兵器反対のための行進を始めました。この「オールダーマストン・マーチ」という平和行進は、当時もっとも影響力のあったヨーロッパの反核運動で、実は「国際学生青年核軍縮会議」もこの行進に日時を合わせて開かれたものだったんです。だから会議の参加者は、そのままこの行進に参加するようにスケジュールが整えられていました。

――日本の新聞に連名で送った記事のなかで、立花さんと駒井さんは次のように書いています。

「この町（オールダーマストン）に、イギリスの原子兵器研究施設がある。ちょうど二年前に、背中と腹に「核武装反対」のプラカードをぶらさげた三十代の紳士がいた。この紳士はそのなりで、ポーツマスから三日間、この施設をめざして歩き続けてきたのだ。（略）

同じころスリーピングバッグを背負い、足ごしらえも厳重な若者たちを中心とする一団が、やはりこの施設を目標に歩いていた。女学生もいたし、頭のはげあがった老人もいた。かれらの数は六百人。四日間歩き続けてきたのだ。

かれら六百人とこの紳士はその原子力兵器研究施設の前で劇的な会合をもった。これがオールダーマストン・マーチのはじまりである。（略）

今年はオールダーマストンに最初から七千人が集まった。昨四月十五日のことだ。そして今日二日目は一万人に増えている。私たちは各国の代表が行進している国際部門にいる。前にはフランスの代表団。あごひげ豊かな偉丈夫と、赤いしわくちゃのベレー帽をかぶったおばあさんを中心とする人々だ。その前にはアイルランド、私たちのうしろにはアラブからの代表団がいる。フランスの代表団たちは、ラ・マルセイエーズを繰り返している。

私たち二人は、日本の代表として、このオールダーマストン・マーチに先立つ五日間、ロンドンの国際青年核軍縮会議に出席し、その翌日、すなわち昨日オールダーマストンに自動車でやってきた。（略）もちろん日本人は初参加である。

四つ辻にさしかかると、トランペットやトロンボーン、クラリネット、なべやドラムを持ち出しているグループがある。彼らはにわか編成の楽団なのだ。曲目はジャズとロカビリー専門で、われわれの行進を元気づけようと顔を朱にそめて熱演している。私たちは敬意を拍手で表して行進を続けた。」

立花　ぼくたちが参加した一九六〇年の行進は、第三回目にあたります。これはオールダーマストン・マーチの歴史のなかでも、非常な盛り上がりをみせた行進で、最終的な参加者は四万人、全長九キロ、先頭がトラファルガー広場についてから最後尾が到着するまで二時間以上もかかるという状況になっていました。

——すごい人数ですね。

立花　もともとヨーロッパでは、核兵器といっても通常兵器の強力なものくらいにしか受けとめられていなかった。だから核に対して大規模な反対運動が起こるといったことはなかったんです。

ところが、一九五七年にイギリスが水爆の製造を完了したことを発表し、米ソに次いで三番目の水爆保有国となった。一方、同じ年にソ連が大陸間弾道弾と人工衛星スプートニク一号の打ち上げに成功する。そこで、このままではイギリスの核基地がソ連から核攻撃を受ける可能性があるのではないか、それを防ぐには「一方的な《ユニラテラル・》核武装放棄《ディスアーマメント》」しかないという考えが出てきた。その代表的な論者がバートランド・ラッセルだったんです。オールダーマストン・マーチも、このラッセルの影響力のもとに大きな運動となっていったんです。

——泊まりがけで五日間も行進すると、参加者とはかなり仲よくなるんですか。

立花 そう。日記にもあるようにぼくらは国際部門の列にいたから、まわりにいたスウェーデン人やギリシア人の女の子たちとずいぶん仲よくなった。知らない国の外国人の女の子と仲良くなるのは簡単なんだよ。あなたの国のことばでアイラブユーは何というのかと聞くと、喜んで教えてくれる。そしたら、それをさっそくその相手に使ってやると、キャーキャーいって喜んでくれる。だからぼくはいまでもギリシア語でアイラブユーがいえます。サガポというんだけど、後にギリシア語をちゃんと習ったときに、これはアガペー（愛）の動詞形一人称アガポに、二人称代名詞の目的形「S」を付けたもので、まさにアイラブユーそのものだとわかりました。

もうひとつ面白いのは、お宅の国のニワトリはなんと鳴くのか？ と聞くこと。イギリスではクッカドゥードルドゥーだけど、日本ではコケコッコーなんだというと、喜んでやってくれる。そのときのスウェーデン人の女の子は、この鳴き声がとくにうまくて、大きな声で何度もやってくれた。音声の内容は忘れてしまったけれど、字で書くと変としかいいようがない表現になるけど、音にするとナルホドと思う鳴き声になっていた。

夜になると、その辺でみんなで草の上で横になったり、寝袋に入ったり、ヒザをかかえたままうつらうつらしたり、いろんなかっこうで野宿するんですが、基本はスリーピングバッグです。だけど夜遅くまでしゃべりあう人が多かった。

年輩の人たちも含めて、なぜ自分がこの行進に参加したかという個人的なバックグラウンドを話し合ったり、政治論をやったり、人生論をやったり、とても楽しかったです。日本の学生運動、大衆運動などとはまったく雰囲気がちがう世界です。万人単位の大デモですから、いろんなことが起きる。しかしよく組織されていて、医療救護隊がしっかりできていて落伍者の面倒も見てくれるし、軽い食事や飲料水の用意もある。よく組織されているといっても日本的な官僚主義的統制はまったくなくて、自由そのものの雰囲気でした。オールダーマストン・マーチは、その後、一九六三年までに計六回行なわれていますが、ヨーロッパの核兵器廃絶運動の象徴になり、平和運動のスタイルとしても、他国のモデルとなった意義深いものだったと思います。ベトナム戦争の時代にアメリカのウッドストックで野外コンサートが開かれ、何万人という人が野外に野宿してものすごいエネルギーのほとばしりを見せた。ああいうムーブメントの一つの原型みたいなものです。

映画の上映

——オールダーマストン・マーチが終わった翌日から、今度は映画の上映会や写真の展示会が始まっています。個別の記録は残っていませんが、この日からパリへ出発する一カ月弱の間に、オックスフォード大学をはじめとする一五カ所で核兵器反対のための集会を開き、映画の上映や写真の展示を行なったとあります。こういった集会の準備は、大変だったんですか。

立花　それぞれの協力者の対応によって違いましたね。まず会場の下調べから始まって、プログラム全体の構成を考える。そのなかでどの素材をどの程度使用するかとか、どういう解説をつけるかとか、映写技師との打ち合わせといった準備が必要だった。でも、協力者が熱心なところでは立派なパンフレットを作ったり、会の進行も非常にスムーズでしたね。

——映画は同時通訳のようにして上映したんですか。

立花　『原爆の子』だけは外国上映用のヴァージョンで英文のスーパーを入れたものだったんです。その他の映画のときは、上映しながら簡単な解説をつけていくという形でした。

――反応はいかがでしたか。

立花　それは原爆の被害なんて、欧米の人はリアルには何も知らないわけだから、写真や映画をいろいろ見せられたらショックですよ。とくに、亀井文夫の「世界は恐怖する」で放射能の恐ろしさを科学的に見せつけられ、土門さんの写真で、原爆のいちばん深刻な被害の問題は、何年も何十年もつづく後遺症の問題だということがわかると、これは他の兵器の問題と、同列には考えられない問題なのだということがわかってくるわけですよ。

映画では、新藤兼人の『原爆の子』が受けましたね。英語のスーパーが入っているからみんなわかるし、なんといっても、一つの映画作品としてよくできていて、説得力がありました。これは実は、できた当時、イギリスのアカデミー賞の「国連平和賞」というのを受賞していたから、ある程度知っている人は知っていたんです。それに、新藤さんの『裸の島』という作品がベルリン国際映画祭でセルズニック銀賞を取って間もないときでしたから、新藤監督の名前は、ヨーロッパの映画好きの人々の間では知れ渡っていたんです。

ぼくは『原爆の子』をあちこちで上映したおかげで、この映画を何十回も見たことになり、すべてのカットを暗記するくらい覚えています。次のシーンではカメラがこう入って、こう動いて、この人物がこう動いて、こういうセリフをいうなんてことを、つぶさに覚えています。それくらい一つの作品をくり返しくり返し見ると、映画というものが構造的にわかってきます。映画の作り方までわかってくる。演出、カメラワーク、照明、モンタージュなど、うまい映画のうまさがどこからくるのかがわかってきます。後に映画に熱中して、古い映画を名画座やフィルム・ライブラリーで見まくり、大学を出るころには、一時映画界に入ろうかと考えたりしたこともあるのは、このとき、一つの作品を何度も何度も見た経験が大きいんです。このフィルムを借りるときと、返すときと、その前後に、新藤さんには、近代映協のボロ事務所で何度もお会いして、いろんな話を聞かせてもらって、その人物にも魅せられました。

向こうでの上映会に話を戻すと、他のドキュメンタリーの映画なんかは、わかりやすいところ、大事なところを部分的に抜粋して上映したりしたんですが、『原爆の子』は基本的にフルに上映しました。すると、上映が終わってから、純粋にこれはいい映画だという意味で拍手がわいたことが何度もあります。

そういう集会をして上映が終わると、面白かったのは必ず見た人の間で相当激しい議論が起きたことです。とくにイタリアでは激しかった。共産党系の人と、反共産党系の人が、ソ連の核兵器をどう見るかで激論になることが多かったようです。

ソ連の核兵器を脅威とする反共産党系の人と、ソ連の核兵器は平和のためにあるんだとする共産党系の人と、主張が正反対だったから、あの時代のヨーロッパでは、核軍縮運動の最大の争点はそこにありました。そして、ヨーロッパでは、平和運動や反戦運動に関しては、共産党の影響も強いけれども、反共産主義的な平和運動、市民運動がまた歴史的にものすごく強いんだということがわかりました。

――その双方が議論をする。

立花　先ほどふれたように、東西がそれぞれの軍縮案を出し合って、駆け引きしている最中ですから、市民の間でも白熱した議論になる。共産党系の人間が、ソ連の核は平和のための核兵器だなどといった発言をすると、それに対してたちまちブーイングが起きて、猛然と反論する人間が出てくるんです。ぼくたちが関係をもった団体は、市民主義的な運動をやっているところが多かったので、反共産主義的な参加者が多かった。

また、核兵器そのものの正当性を主張する人などもいて、とにかくそういう人たちが、次々に立ち上がって発言していく。そういうふうに立場がミックスした議論は、日本の運動ではあまり起きない。日本人は群れるのが基本的習性だから、同じ立場の人間が集まって、マスターベーションのような議論をして喜ぶのが普通です。日本の学生運動だと、ただデモをやって、警官隊と押しあいもみあいの肉弾戦をやって汗だくになって自己満足して終わりといった具合で、議論の部分がほとんどない。先の会議の進めかたもそうですけれど、ヨーロッパでこういう体験をつんでいくにしたがって、どうも日本の学生運動、大衆運動というのは、世界的にみて非常に異様な形態のものなのではないかという感を強めていきました。

ディミトリーの革命理論

四月某日

ディミトリーと本屋に行く。

レコードを値切って買う。

本に値段がついていないので自分で値段をつける。

あとで資本家をあざむいたといって喜んでいる。

——一人ずつあげていくときりがありませんが、ロンドンでは面白い人たちに沢山会われたようですね。なかでも上巻第6章にも出てくるこのディミトリーという人物とは、かなり行動を共にされたようですが。

立花　彼は会議で出会った青年たちのなかでも、もっとも印象的な男でした。カナダ代表として参加していたんだけど、このときはイギリスに留学中の学生でしたから、ロンドンには詳しかった。また、体重は百キロを超えるという堂々たる体格で、年も二〇代後半だったと思います。

――でも、まだ学生だったんですね。

立花　三つ目の大学に通っているところだったんです。貫禄もあるし、弁舌もさわやかで、会議の参加者のなかでも非常に目立った存在だった。その彼が、なぜかまだ一〇代でロンドンのことなど何も知らないぼくを、非常に可愛がってくれたんです。ソーホーの一角にあった「パルチザン」という、イギリスの新左翼運動の活動家たちのたまり場だったコーヒー・ハウスに連れて行ってくれたり、「パルチザン・レヴュー」という雑誌を読めとすすめてくれたりした。いっしょにバレエを見にいったり、日曜日にはギリシア正教の教会音楽を聞くために、教会に連れて行ってくれたこともある。（上巻260頁参照）

――何を勉強している人だったんですか。

立花　最初の大学では数学と哲学を学び、次は経済学と政治学、そのころはさらに生物学の勉強に挑もうとしているところでした。彼がなぜそんなに何度も大学に通っていたのかというと、マルクスの革命理論はすでに破綻したとの認識のもとに、彼自身がいろんな学問を基礎から勉強して、それに代わる新しい革命理論を生み出そうという計画を立てていたからなんです。

――壮大な計画ですね。

立花 彼がいつもぼくに熱心に語ってくれたのは次のようなことでした。現代の世界においてもっとも重要な課題は、ナショナリズムを克服することであり、そのための革命を起こすことである。その主張を、彼はスープラ・ナショナリズム（超越・国家主義）と名づけていました。いまはまだ、この世界は右から左までナショナリズムの潮流におおわれている。早くこれを克服しなければ基本的に国家間の戦争は不可避となる。核戦争の可能性をもつ現代においては、それは人類の絶滅につながる。革命といっても、現在の国家をすぐに廃絶して世界政府を作るということではなく、とりあえず国家主権のうち、軍備と交戦権を放棄させることを目指せばいい。そして通信、移動、居住などの基本的人権が、国家の壁を越えられるようにする。イメージとしてはアメリカ合衆国を考えてほしい。そうすれば、現在のように、無数の主権国家が独立国家であるためにバカバカしいコストを払い続けるといった状況はなくなり、世界はいまの何倍もの豊かさを享受することができるだろうというのです。

――趣旨はよくわかりますが、かなり夢物語のような気もします。

立花　ディミトリーも、もちろんその点はよくわかっていました。国家をなくすことを第一義的目標に革命運動を起こすなど、君は夢物語だと思うかもしれないということも言っていた。しかし、現在のわれわれが直面している問題、核戦争とその結果としての人類絶滅の可能性を考えれば、それは夢物語どころか、もっとも優先順位の高い現実的な課題であるというのが彼の主張だったんです。

彼はある日、ぼくを古本屋に連れて行くと、そこで一冊の本を買ってプレゼントしてくれました。いまでも持っているんだけど、エメリー・リーブスの『平和の解剖』（"*The Anatomy of Peace*"）という本です。一九四五年六月に出版されて、世界的大ベストセラーになった本です。

――四五年六月というと、ヨーロッパで第二次大戦が終わった直後ですね。

立花　第二次大戦への深刻な反省のもとに、世界政府の必要性について論じた本です。その後、二五カ国で出版されて高い評価を受け、国連の設立にも影響を与えた有名な本です。日本でも終戦直後に翻訳されて大きな影響を与えています。

――先ほどのディミトリー氏の考えも、世界政府思想のひとつのような気がしますが。

立花 国家が主権をもつかぎり、戦争は必至であるというリーブスの論旨は、ディミトリーの考えと基本的に同じものでした。しかし、この本をぼくにくれたディミトリーは、リーブスたちの思想が自らに影響を与えたことは認めつつも、現在の世界政府運動はお遊びとしての政治的自慰行為にすぎない、それを革命運動に転化して、現実的な政治運動を展開しなければならないと主張していたんですね。

――そのときの立花さんの感想は、どんなものだったんですか。

立花 ぼくはなにしろそのとき一九歳ですから、そういう本をもらって読んだり、世界政府思想について語り合うだけで、充分に知的な刺激を受けていました。ただ、彼の革命運動の方法論も組織論も、あまり現実的なものではないということには、もちろん気づいていた。

後に日本に帰ってから、彼からの手紙を受けとったことがありました。しかし、依然として彼の革命論に現実性が感じられなかったぼくは、「ディアー・ドリーミー・ディミトリー」で始まるかなり挑発的な手紙を書いて送りました。国家は廃絶されるべきだという君の目的には全面的に賛成する。しかし、目的の正しさだけでは運動は起こらないし、起きても有効な運動たりえない。君の思想は相変わらず、夢想論の段階にとどまっているようだと。ぼくとしては、その後の論争を期待するようなところもあったのですが、それっきり、ディミトリーからの返事は来なくなってしまいました。

――その後も、会われたことはないんですね。

立花　ありません。

――しかし、立花さんには深い印象を残している。

立花　そういう政治的な議論より、芸術や文化的な面で、ずいぶんといろんな手ほどきをしてくれた人ですからね。いまでもぼくは、彼の革命論を夢想論と評価することに変わりはないけれども、一般論として、夢想論を夢想論であるが故に退けることも誤りであると、最近は思っています。

ぼくはあのころ彼の考えを、「人はパンにて生きる」式の、かなり図式的な下部構造決定論によって否定した。しかし、それもまた、ひとつの単純な観念論にすぎないんですね。「人はパンにて生きる」という命題それ自体は正しいが、「人はパンのみにて生きるにあらず」という命題もまた同じように正しい。そして二〇世紀後半の歴史が証明したことは、「人はパンにて生きる」という命題の上に革命的な社会変革運動を起こすことは、先進国ではもはや不可能であるということです。

考えてみると、われわれのもっている憲法九条というのは、直接的には歴史的政治的偶然によってもたらされたものにすぎないけれど、間接的には第二次大戦後の前述したような世界政府思想の影響のもとに生み出されたものなんですね。世界中が戦争に対して深刻な反省をもった時代に、その結果として生み出されたものです。いってみれば、憲法九条はエメリー・リーブスの思想の直系の子孫なんです。現実の日本では憲法九条は換骨奪胎《かんこつだったい》され形骸化したものになってしまっていますが、巨視的にみれば、それは国家廃絶、非ナショナリズムの世界へ人類が向かう過程の重要な一里塚になるはずのものだった。

――そういう視点から憲法九条が語られることは、現在ではほとんどなくなってきているような気がしますが。

立花　だからぼくは同世代の友人たちと話していると、自分たちの世代は世代として孤立しているんじゃないかと思うことがよくあるんです。ぼくらは第二次大戦直後の、純粋すぎるほど純粋な平和教育と民主主義の教育を受けている。それ故に、ぼくらの前の世代に対してはもちろん、後の世代に対しても、彼らの平和に対する感覚や民主主義に対する感覚に違和感を覚えることが多いんです。

たとえば憲法九条の理念を、単なる夢想論として片づけるのではなく、日本を核とした不戦条約の網の目を広げていくというような形で、現実の政治状況のなかで展開していく。もしそのようなことができたなら、それこそディミトリーの構想していた国家廃絶革命の第一歩に、もっとも近い運動になるのではないか。そう考えると、四〇年前に単純に彼の思想を批判した自分の不明を恥じたいような気もしてくるんです。

パリへ

五月一四日

汽車に乗ってパリへ。
ビクトリア駅から海を越えて、パリ北駅に着く。
汽車の中で旅券、税関。
インターナショナル・ホテルを断られ、夜中のパリを歩く。
美しかった夜のカフェー。
連れ込み宿にとまる。

五月一五日

ゾラの小説に出てくるようなアパルトマンにマリー（ネズミのような女）の委員会をたずねる。

ヴェルサイユに住む老婦人の家を紹介される。

五月某日

この数日、食い物らしい食い物を食わなかった。

飢えと疲れで倒れそうになる。

――パリでは、生活に困っていたようですね。

立花　パリでは結局、上映の受け入れ先が決まらなかったんです。だから、ロンドンのように生活の面倒を見てくれる人がいない。日記にもあるように、最初の日は連れ込み宿のようなホテルのダブルベッドに駒井君と二人で寝て（笑）、次の日からはロンドンで教えてもらっていた政治団体を訪ねて、なんとかタダの宿を確保しました。でも、まだまだ前途は長いので、極端に食費を切りつめていたら、フラフラになってしまったんです。

――宿のあてもないのに、パリに向かったんですか。

立花　ちょうどこのとき、パリで東西首脳会談が開かれることになっていたんです。五月二八日から開かれることになっていたから、おそらくそれに合わせて行ったのだと思います。

——日付はわかりませんが、「プレスコンファレンス帰りのフルシチョフの車の一行と会う」というメモがありますね。それから、「シャイヨー宮の記者クラブに新聞記者のふりをして入りこみ、コミュニケをばらまいてくる」というメモもあります。

立花　アイゼンハワーとフルシチョフが参加したこの首脳会議は、先にふれた三月のジュネーヴでの東西軍縮委員会を受けて開かれたものでしたから、世界中から報道陣が集まっていたんですね。そのための記者クラブがシャイヨー宮殿に設けられていたので、そこに行って、各国から来た記者たちのメール・ボックスにロンドンの青年核軍縮会議のコミュニケを投げ入れてきたんです。

——東西がそれぞれの軍縮案を出し合った直後の首脳会談だから、いよいよ冷戦構造が終わるのではないかと期待されていた。

立花　まあ、それほど単純なものではなかったけれど、雪どけムードがもっとも高まった時期であったことは確かです。しかし、首脳会談の直前に「U—2」事件というのが起きて、状況が一変するんです。

――年表で見ると、会談直前の五月五日にフルシチョフが、五月一日にソ連の領空を侵犯したアメリカ機を撃墜したこと、それが「U―2型機」でその目的はスパイ行為であったことを発表したとあります。

立花　もちろん会談のスケジュールに合わせた、きわめて政治的な演出でした。この事件を理由にフルシチョフは、東西首脳会談の延期を主張し、予定されていたアイゼンハワーのソ連訪問も拒否する。結局、会談は成立せずに流れてしまうんです。

――ソ連側は直前に「四年以内の軍備全廃案」という非現実的な軍縮案を出していた。それなのに自ら会議を流して、その責任をアメリカにかぶせたわけですね。

立花　「U―2」事件そのものは事実ですから、アメリカはろくに反論もできず、大恥をかかされる。ぼくの先ほどのメモは、交渉のイニシアティブを完全に握ったフルシチョフが、シャイヨー宮のプレスハウスで演説したあと、意気揚々と引き上げてくるところに出会ったときのものです。フルシチョフが勝ち誇ったような赤ら顔でオープンカーに乗っていたことがいまでも思いだされます。自分は一人の見物人にすぎなかったけれども、東西の巨大パワーが激突し、その情報が世界中に配信されていく現場に立ち会った。眼の前で世界が動いているという実感を強くもちました。

ランザ・デル・バスト

五月某日

自動車でマルセイユに旅立つ。朝の七時半に出発。時速一四〇キロ。自動車に酔って、一五時間何も食べない。

途中、ランザ・デル・バストのコミュニティを訪ねる。ガンジー、はだし、糸つむぎ。一緒に食事をする。

――パリに一週間ほど滞在したあと、南仏に向かったわけですね。

立花　具体的な経緯は忘れましたが、南仏のエクス・アン・プロヴァンスという町で上映会ができることになり、まずマルセイユに向かったんです。ちょうどマルセイユまで車で帰る人がいたので、それに乗せてもらいました。

――ランザ・デル・バストというのは、地名ですか。

立花　アッハッハ、違うよ。知らないかな。この人はガンジーの弟子で、もともとはシチリアの貴族の家系に生まれたイタリア人なんです。インドでガンジーとしばらく生活を共にしたあと、フランスで「ラルシュ」（方舟の意味）というガンジー主義的生活共同体を創設して、仲間たちと共に、自ら耕し、必要なものは何でも自分たちで作るという自給自足の生活を送っていたんです。当時、彼らが暮らしていたマルセイユ近郊の彼らの生活拠点を訪ねて、ランザ・デル・バスト本人とも一緒に食事をしたんです。非常に質素な食事だったけど、とてもおいしかった。たしかパンとスープだけだったけど、そのパンがたとえようもなくおいしかった。自然食そのもので、いまでいう全粒粉《ぜんりゅうこ》のフランスパン風のパンでした。

この人は日本ではあまり知られていないけれど、実は大変な人なんです。著書も二〇冊以上あり、ヨーロッパでは二〇世紀を代表する思想家の一人と考えられています。哲学者でもあり、詩人でもあり、造形芸術家でもあったけど、何より若くしてガンジーのもとをたずねて弟子入りし、残りの一生をガンジーのごとく生きた人として知られています。

このラルシュというコミュニティもガンジーの作った自給自足生活共同体、「アシュラム」に範をとったものです。これは非常に独特なものだったので、多くの信奉者を集め、フランスの田舎で信奉者に囲まれて、一生ガンジーのような生活を送った人です。ガンジーのような生活というのは、政治的にはあらゆる不正に非暴力主義で抵抗し、生活者としては、質素そのものといってよい自然に則した自給自足生活を送る。

コミュニティの基本ルールはあらゆる意味での分かちあいと和解の精神とする。そして、余暇は思索と祈りにささげるというものです。

具体的に非暴力主義的抵抗活動を展開した対象として、一つは戦争と暴力の問題があり、古くはアルジェリア独立戦争、近くは、旧ユーゴスラビアをめぐる戦乱などがあります。核の問題にも熱心で、フランスの核武装、核実験に対して一貫して最も熱心な反対運動を展開してきた人として有名です。

といってもランザ・デル・バストは本当はあまり政治的な活動が好きでなく、静かな生活を何より好み、事実、ときどき激しい抵抗運動をする以外は、ほとんど静謐《せいひつ》そのものの暮らしを送った人です。会って話をしても、口数は少なく静かな人でした。ときどきもらす言葉にとても威厳があり、何とも存在感がある人でした。会った時間はおそらく三〇～四〇分程度だったでしょうが、いまでも忘れられない人です。

特定の既成宗教の信奉者ではないけれど、宗教的精神を非常に重んじていた（ガンジーがそうだった）ので、ラルシュに参加しようとする者には何らかの既成宗教に属することを推奨し、ラルシュの共同体の中でそれぞれの宗教心を深め、宗教的な生活を送ることを求めていました。しかし、同時に、宗教心がかもしだす、対決心と憎悪の感情から暴力が生まれることを何よりも警戒していたので、自分の信じる宗教以外の宗教の価値体系を学び、それを重んずることをラルシュにおける絶対の原則としていました。

――誰かから紹介されて行ったんですか。

立花　彼らの仲間の一人が、ロンドンの会議に参加していたんですね。マルセイユまで車に相乗りさせてくれた人も、ラルシュの支援者だった。ラルシュの人々はガンジーの生活スタイルをまねて、はだしで生活していた。思想的にも、ガンジーの「反暴力直接行動主義」という原理に立って、反戦、反原爆をはじめとするさまざまな運動に関わっていました。断食やデモといった行動は行なうけれども、暴力を否定しているから、官憲とぶつかっても抵抗しない。そのまま平気で逮捕されてしまうんです。ヨーロッパの平和運動には、こうした人たちのグループや、絶対平和主義の立場に立つクウェーカー教徒のような人たちが、いつも大きな勢力として関わっている。そして、デモの現場でも、驚くほどの強靭《きょうじん》さを見せるのは、そういう個人の信念や信仰に支えられた人たちなんですね。日本の平和運動とはまったく違う土壌の上に立つ、驚くほど強い平和運動が連綿として続いている。そういったことに、だんだんと気づいていきました。

サクランボの木とアルジェリア問題

五月某日

マルセイユにて一泊。翌日、エクス・アン・プロヴァンスに出発。
だれもいない家に着く。サクランボの木、犬、ハト、ネコ、子ネコ。
テイジィ。大学四年。生物学専攻。いつも勉強している。お母さんの話によると、
若い娘がこんなに勉強ばかりしてるのはおかしいとのこと。
サクランボをとる。
大学での外国人学生へのレセプションに招かれ、シャンパンを飲む。
古城のあとをドライブする。

――生活に困っていたパリに比べて、エクス・アン・プロヴァンスでの一週間はいかにも楽しそうですね。

立花　ここは半年間の旅行のなかでも、一番いい思い出がある町です。家の主人はリセの英語教師をしている中年の美しい未亡人で、テイジィという大学生の次女が一緒に住んでいました。その未亡人ともう一人のリセの先生が中心になってくれて、近

くの大学で上映会を開くことができたんです。その未亡人も非暴力の抵抗運動家で、朝出かけるときに、ズックにはきかえて、「今日はデモをして逮捕されに行くのよ」なんて、とても気軽に出かけていく。本当に無抵抗主義だから、あまりエネルギーも使わず、夕方とても気軽に帰ってくる。いっしょに生活すると、非暴力主義の活動家の生活スタイルがよくわかってとても面白かった。

プロヴァンスというのは、本当に気候がよくて、暮らしやすいところなんです。だから、昔からセザンヌなど、有名な芸術家たちがここに住みついた気持がわかります。パリではろくに食事もできなかったほどだったから、まったくの別天地に来たという感じがしました。

とくにぼくが泊めてもらったこの家は、庭に大きなサクランボの木があって、その下にテーブルと椅子が置かれている。昼間の食事は、ほとんどそこで食べるんです。食後は手を伸ばすとサクランボがとれるので、それを手当たりしだいにもいで、デザートにする。日本のサクランボよりも、ずっと大きく、まろやかな甘味がありました。あんなにおいしいサクランボは、その後、食べたことがありませんね。

夜になるとテイジィがピアノを弾いてくれたし、五月二八日の朝に今日はぼくの誕生日だというと、お母さんのほうが、いつのまに用意したのか、昼食のときに万年筆を一本プレゼントしてくれました。この町には、そういい思い出が沢山あるんです。

六月某日　マルセイユ

海水浴に行く。人の来ない入り江。山登りのようなまねをしなければ、海辺に行きつけない。アルジェリアに似た地形なので、軍隊が訓練をしている。（略）すべての青年は二八カ月間、アルジェリアで戦役に服さねばならない。亡命する者もいて、そのための組織もある。

――フランスでは、アルジェリア問題に関する記述が多いですね。長年フランスが植民地として支配していたアルジェリアで、五四年からFLN（アルジェリア民族解放戦線）が武装蜂起し、五八年にはカイロにアルジェリア共和国の臨時政府が樹立される。立花さんが旅行する直前の六〇年一月にも、フランス軍と解放軍の激しい戦闘が起きていますし、同じ年の一〇月には、サルトルやフランソワーズ・サガンたちが、青年に兵役拒否をすすめる宣言を行なっています。

立花　だから、あまり日本では知られていないんだけど、このころのフランスの青年たちは、ちょうどその後のベトナム戦争でアメリカの青年たちが直面したような、まったく出口のない状況にいたんです。みんな徴兵されて二年半の服役ですからね。ぼくたちをマルセイユで世話してくれたのは、ジャックとゼットという同棲中のカップルだったんですが、ジャックのほうがその年の秋にはアルジェリアへ行かなければならない状況に置かれていた。

ジャック、一〇月にアルジェリアへ。徴兵を拒否すれば投獄され、二年後に再び行くかどうか聞かれて、拒否すればまた二年投獄される。国外脱出者はすでに三〇〇〇人いるが、よい選択ではないとのこと。アルジェリアからFLN（アルジェリア民族解放戦線）側へ逃げるのは監視がきびしいし、たとえうまくいっても、友だちへ銃を向けることになる。

立花　このあたりの一行一行には、それぞれ重い意味があるんです。戦争に行くのも、徴兵を拒否するのも、いずれも望ましい選択ではない。フランス国内はもちろん、ヨーロッパ中にFLNの支援運動があって、徴兵拒否者を逃亡させる組織も生まれていたけれど、ジャックはその道も拒否していた。またその一方で、自分はFLNを支持しているが、「現実に友だちが殺されていくのを見ると、怒りがこみあげてくる」ということも言っていた。こうしたフランスの青年たちが陥っていた閉塞状況は、クロード・シャブロル監督の「いとこ同志」など、当時のフランス映画のなかによく描かれています。

アルプスを越える

六月某日　グルノーブル

バスで九時半〜四時半

途中で昼食のため一時間停車

ビスケットとバナナ二本が二人分の昼食

グルノーブルについても、むかえの人が誰もいないので、アドレスをたよりにさがし歩く。雨が降りだす。アルプスの見える町。アパート十階の大学教授（社会学と政治学）の家に泊めてもらう。

水虫が極度に悪化し、歩行にも困難を感じる。

立花 「ビスケットとバナナ二本が二人分の昼食」か。大変だね(笑)。

――そのうえ、出迎えもないまま雨に降られ、水虫にまで悩まされています(笑)。

立花 そうそう。水虫というのは、悪化すると大変なことになるんですね。普通に歩くこともできなくなったから、世話になっていた大学教授の奥さんに医者に連れて行ってもらったんです。そうしたら、前にエクス・アン・プロヴァンスでもらってい た薬はただの汗止めで何の役にも立たないと言われた(笑)。六つも薬をもらってきて、ベタベタとつけたら大分ましになりました。

――このあと、グルノーブルからスイスを経て、イタリアに入っています。アルプスを越えて行くこのコースは、すべて車での移動ですね。

立花 そうです。それぞれの町で世話をしてくれた組織が、また別の組織を見つけてぼくらを引き継いでくれる。ある町ではそれが共産党系の組織だったり、別の町では反共産主義の組織だったりするんだけど、ぼくらには組織どうしの関係はよくわからなかった。とにかく世話をしてくれる人たちを信頼して、次々と手渡されていくしかなかったんです。

――あらかじめスケジュールが決まっているという形ではなく。

立花 その町に行ってみるまでは、次にどこに行くかもわからなかったんです。

——バケツ・リレーのようにして、手渡されていったわけですね。そのリレーは、ずっと途切れなかったんですか。

立花　だって、それが途切れたら、ぼくらはもう食えないんだから（笑）。あっちもそのことがわかっているから、それぞれ一生懸命に次を探してくれたんでしょうね。「この街まではオレたちが面倒を見るから、ここから先はお前たちが見てくれ」といった形でした。なにしろぼくらは一九、二〇歳の本当の少年ですから、次を見つけてやらないと「この子たちはどうすることもできない」といった感じだったんでしょう。

またヨーロッパには、各地の組織がそのように協力して政治亡命者を逃がしてやるという伝統があったわけです。ナチスの時代には反ナチの活動家を逃がしてやったし、アルジェリア問題では徴兵忌避者を脱出させてやったりという歴史がある。ヨーロッパの国境地帯、あるいは大都市の地下部分では、そういう横の信義関係だけでつながっているつながりが機能しているんです。多分いまでもつづいていると思いますよ。そのおかげで、ぼくたちも一度も飢えずにすんだのでしょうね。

韓国人青年とキリスト教

六月某日　ジュネーヴ

バス。国境なんなく通過。ただパスポートを調べられただけ。パリで会ったオジサンに迎えられ、学生会館のような所に行く。ぼくらの部屋は一室六人、二段ベッド。食事はよし。ピンポン、バレーボール、日光浴をする。

韓国の学生に会う。キム。二六歳。彼は日本語を話す。戦争中、五年まで小学校で学ぶ。韓国に恋人。一〇センチ位たまったラブレター。生計を立てるため、この学生会館で働いている。

たびたび夜、腹が減ったときにキッチンで手製の料理を作ってくれた。シナソバのようなもの。誰でもなんでも食べてよいのかと聞くと、そんなことはありませんが、誰がやったかわからないので皆よくやりますという。

立花　このころヨーロッパを旅行していても、東洋人にはほとんど会わないんです。ぼくは鏡を見るのが嫌いなので、いつのまにか自分が東洋人であることを忘れている。

ときどき、ショーウインドウに映った自分の姿を見て、ギョッとするんです（笑）。ものすごく異様なものを見たという感覚になる。だから、久しぶりにジュネーヴでキムという韓国人学生に会ったときは、ホッとしました。

――彼は敬虔《けいけん》なクリスチャンだったようですね。キリスト教について、かなり長く話し合ったというメモがあります。

立花　ぼくも両親が無教会派のクリスチャンだったんです。とくに母親とは、子どものときからキリスト教の問題について議論を戦わせるという関係でしたから、精神形成をする上で、キリスト教から受けた影響はすごく大きいんです。それで彼とはずいぶんつっこんだ話をしたんだけれど、一言でいうと、どうもヨーロッパのキリスト教は堕落しているのではないかという結論になった。彼もぼくも、自分たちの国にいたときにイメージしていたキリスト教と、現実にヨーロッパで見たキリスト教が全然違っていることに驚いていたんです。

――それはどういう点なんですか。

立花　これはなかなか簡単には説明できない。ぼく自身、それがはっきりとわかってくるのは、その後三〇代になって、イスラエルや東方教会の世界を旅してからなんですね。このことについては、いずれ一冊の本にまとめてみようと思っています。

――でも、概略だけお願いします。

立花 非常に大ざっぱにいうと、ヨーロッパ社会の現在形のキリスト教というのは、生活のあらゆる側面に入りこんだ土着宗教なんですね。生活習慣とか風習とか、何もかもがごちゃまぜになった、きわめて多面的なものなんです。そのことが、日本や韓国にいると、まったくわからない。ぼくや韓国人の青年が知っていたのは、そういう土俗的な要素が全部洗い落とされて、純化され、抽象化されたキリスト教でしかなかった。

――日本の無教会派というのは、その極致のようなところがありますね。

立花 そう。だから、そういう純化された知識をもったままヨーロッパのキリスト教世界の日常生活のなかに入っていくと、聖書の教えとは明らかに矛盾した習慣がいっぱいある。どうもこれは違うんじゃないか、堕落してるんじゃないかと思ってしまう。まさにルターがローマ教会の土着化したキリスト教に見たものと、同じような印象をもつわけです。

ジュネーヴというのはカルヴァンが教会改革に着手し、その後長らくヨーロッパのプロテスタンティズムの牙城《がじょう》となった街です。それにもかかわらず、キム君はこの街のキリスト教に非常に堕落したものを感じていた。そういった理解は本当は間違いなんだけど、このときはぼくもヨーロッパを旅行してきて同じような印象をもっていたので、話が合ったわけです。

六〇年安保

——ちょうどジュネーヴにいたときに、日本では六〇年安保が最終局面を迎えています。立花さんの日記にも、

朝出がけに買った新聞で日本の記事を読む。六・一五の統一行動で樺さんが殺されたという話を知る。

という記述があります。六〇年の六月一五日、学生たちが国会に突入して、東大生の樺美智子《かんば》さんが死亡した。六〇年安保のもっとも象徴的な出来事のわけですが、立花さんは樺さんとは面識があったんですか。

立花　ありませんでした。

——この記事を読まれたときの印象というのは。

立花　それは簡単には言えません。たしか、見出しに「東京で暴動」とあったから、驚いて新聞を買った記憶はあるんだけど、なにしろ四月以降は日本にいなかったから、何がどうなっているのかよくわからなかった。ただ、あとになって振り返ってみると、この時期に日本にいたら、ぼくのその後の人生はずいぶん違うものになってたんじゃないかと思うことはあります。

――それはどういうことですか。

立花　ある人間の人生というのは、無数の選択の上になりたっているものでしょう。ひとつひとつの局面で、ギリギリの選択を迫られて、そのときにどう行動するかということで、その後の人生も変わる。六〇年安保、とくにこの六・一五の統一行動なんていうのは、学生たちがみんな、まさにそのようなギリギリの選択を迫られた事件だったんですね。逮捕覚悟で暴力的に国会に突入していったわけだから。本人の主体的な選択もあっただろうし、人間関係のしがらみのなかで、どうしてもそう行動せざるをえなかったという選択もあったでしょう。ところがぼくは、たまたま外国にいたために、そのような選択をしないですむような状況にあった。

――もし、このとき立花さんが日本にいたら、どのような行動をとっていたんでしょうか。

立花　それは実際にはわからない。ただ、ぼくは冷静なところもあるんだけれど、基本的にはすごく血の気が多い人間なんですよ。それと、思考のパターンからいっても、このとき日本にいたら、相当過激な行動をとっていた可能性がありますね。日本にいたらまちがいなく、国会突入組の一員になっていたと思いますよ。

——思考のパターンというのは。

立花　何か目的が設定されると、合理的にあらゆる可能性を考える。そのときに、あまりタブーというものがないんですね。本人が腹をくくりさえすれば、どんな選択だっていいじゃないかと思うところがある。だから、「安保を阻止することが目的なら、こういう方法もあるじゃないか」という形で、非常に過激な行動をとっていた可能性もあると思う。

——そういえば立花さんの親族に、昭和七年の五・一五事件で「帝都暗黒化」をもくろんだ、橘孝三郎《たちばなこうざぶろう》という人物がいますね。（上巻22頁参照）

立花　ぼくは一族のなかで、「孝三郎に一番似てるのはお前だ」って言われてるんですよ（笑）。ただ、あの人は有名だけれど、実はあんまり大したことはやってないんです。犬養首相を暗殺した決起部隊と呼応して変電所を襲ったんだけど、技術的な知識がなかったから、あまりうまく壊せず、帝都は暗黒にならなかった（笑）。

――立花さんなら、完璧に壊してたのにと（笑）。

立花 あの程度の決断なら、ぼくはやっていてもおかしくない。そういうアナーキーな血を引いているところがあるんですね。

美術品を生で見ることの意味

――ミラノに入ったあと、ヴェローナ、ピアチェンツァ、フェラーラ、ボローニャ、フィレンツエと、イタリアではローマにたどり着くまで、ずいぶん多くの町を訪れていますね。

立花 イタリアは町と町との距離が近いし、それぞれの町がまた独自の文化や歴史をもっているでしょう。だから、こういう集会を開けるだけの力をもった町が多かったんですね。

それにイタリア人というのは基本的に映画好きなんですね。もちろん集会の趣旨に賛同して集まってくるんだけれど、映画そのものを作品として評価するという姿勢も強かった。だから他の国では、持って行った三本のフィルムから少しずつ編集して上映するなんてことをよくやったけれど、イタリアでは作品としてすぐれている「原爆の子」一本に絞って上映することが多かったように思います。

――ボローニャでは、

集会に市長も出席した。どの集会にも二〇〇人以上が集まる。

とあるのに、ヴェローナでは

写真を貼るのさえ危険だからというので中止。アメリカのミサイル基地が近くにあり、警察がうるさい。

機関銃をもった警官隊。あらゆる通りのすみずみにまでいる。

となっていますね。町によって全然対応が違ったんですね。

立花　イタリアは左右の対立がとくに激しい国なんですね。ボローニャなんか、たしか市長が共産党だった。戦争中は反ファシズムの活動が強かったし、戦後は反共産主義の活動も強い。だから集会の冒頭で駒井君がしたスピーチに、これは共産党寄りだと大声で批判する男が出て、集会そのものが流れてしまったこともありました。

――私服の警官にも、つきまとわれていたみたいですね。

立花 ぼくらもしばらくしてから知ったんだけど、イタリアのそういう集会には必ず私服の警官が来ていたらしい。ぼくたちが次の町に移動すると、私服も一緒についてきたこともあったようです。一見、すごく自由に見えるんだけど、イタリアには形ばかりの自由しかないんだと、知り合った青年が熱心に語ってくれたこともありましたね。

――でも、生活そのものは楽しかったんじゃないですか。

立花 食べ物もおいしかったしね。国としては一番気に入ったんじゃないかな。

――立花さんは仏文の出身なのに、そうだったんですか。

立花 ぼくが仏文に行ったのは、あそこが一番自由な雰囲気があって、一番授業に出なくてよかったからで(笑)、フランス的な知性というのはあまり好きじゃないんです。

――へえ。意外ですね。

立花 文章にしても、読んでいて嫌になることが多い。だいたいレトリックが過剰なんだよね。なんでこんな、もってまわった言い方をするんだ、もっとストレートに言いたいことを言えって思うことが多いですね(笑)。

そこへいくとイタリア人というのは、日常の生活そのものがどこか芝居がかったドラマチックな感じで、しかもそれが嫌味じゃない。とくに感心したのが演説ですね。イタリア語のいい演説には、聞いてる人間の心を根本から揺さぶるようなところがある。音声構造がそうなってるんです。だから、集会などで普通のオヤジさんが立ち上がって演説をしただけで、全体がエモーショナルに動かされてしまうようなところがあった。あれは不思議でしたね。

それと、イタリアだけではなく、イギリスでもフランスでもそうなんだけど、この旅の間に膨大な数の美術品を見ることができた。これは大きかったですね。生で美術品を見ることが、そんなに大きな体験だということが、それまでまったくわからなかった。

——たとえば、どんな作品ですか。

立花　それはひとつひとつの作品じゃないんです。質かける量の、総体としての芸術体験ということです。とくにイタリアなんて、どんな小さな町に行っても、驚くような美術品があるでしょう。また、それまでにまったく見たことのない、これは何だろうと思うようなテーマの絵もある。それを知りたいと思って調べだすと、しだいにその背後にある巨大な文化の体系が見えてくる。一種、打ちのめされるような衝撃がありました。ヨーロッパ文化のそのような厚みを、自分はそれまでまったく知らなかった。なんてものを知らないんだろうと思いましたね。

帰国へ

ローマ

集会ナシ。カナダのビザをとる試み。熱を出す。

駒井君が、スリに30ドルだましとられる。お昼ごはんにモモを買って食べる。

――イタリアを南下していって、その次はどこへ行こうと思っていたんですか。

立花 当初の計画では、アラブ連合やガーナなどのアフリカ大陸にも行くことになっていたし、できればアメリカやカナダにも行ってみたいと思っていた。カナダへは、例のディミトリーが友人を紹介してくれていたこともあって、最後まで可能性を探っていたんです。でも、結局ビザもとれないし、何よりお金がほとんど底をついてしまっていた。だから、おそらくこのローマのあたりで帰国の決意をしたのだと思います。

――帰りは船でしたね。

立花　ローマから、パリ経由のオランダ行きの列車の切符を買い、その後どこかの町で、ロッテルダムから日本までの貨物船の切符を買ったのだと思います。

七月某日　パリ

パンと酒とチーズを買ってきて、セーヌの河畔に腰をおろして食事をする。オナカがペコペコだったので、安ブドウ酒ですっかり酔う。

――そうすると、このときはもう旅が終わりに近づいていたんですね。

立花　そうです。もう映画の上映もないので、誰かの世話になるわけにもいかない。宿だけはタダのところを紹介してもらっていたけれども、その他のことはすべて残った乏しいお金のなかからやりくりしなければならなかった。そこでこの日記のように、一番安いワインとパンとチーズを買ってきて昼食にしたんです。考えてみると、それまでメシは基本的に人に食わせてもらうばかりで、自分たちの金でレストランでメシを食ったことはなかった。しかし、いざ自分の金で食事をしようと思って、レストランをさがしたら、どんな安レストランでも、店の前に出ているメニューを見ると、高くてとても入れない。そこで食料品店で買い食いすることにしたんです。

——でも、ずいぶんいい気持になったみたいですが。

立花　全旅行をとおして、この日の食事ほど、貧しかったがおいしい食事もなかった。ワインはおそらく一本百円もしない本当に水より安い安ワインだったと思います。フランスでは本当にミネラルウォーターより安いワインがあるんです。それを、セーヌ河畔までぶら下げて行ったんです。

いまは、セーヌ河の河岸は大きな自動車専用道路になっていますが、当時はあそこが遊歩道になっていた。そこに腰をおろして、のんびりと食べたんです。フランスパンと赤ワインとチーズというのは、フランスにおけるもっとも安価にして、最高の取り合わせなんですね。ぼくも駒井君も酒飲みではなかったので、そのときがはじめて自分たちでワインを買って飲むという体験をしたのではなかったかな。それまでは人に飲ませてもらうことはあっても、自分で買ってまで飲もうとは思わなかった。酒を飲みなれていなかったせいもあって、二人で一本あけたら、たちまち酔っ払ってその場にゴロリと横になってしまった。

——旅の終わりを感じつつ、怠惰な午後を過ごしたわけですね。

立花　セーヌ河を行きかう小舟を寝ころんで見ながらね。これほど貧しい食事が、人間の気持をここまで幸せにしてくれるのかと不思議に思ったことを覚えています。

八月某日　アムステルダム

日本に八月一〇日に帰ることになる。（略）
ピーターの船の修理を手伝う。マストをけずって、ラッカーを塗り直す。（略）
ハーグの日本大使館の書記官のところで昼食をごちそうになり。オニギリと週刊朝日をもらう。（略）
八月一〇日の乗船予定が九日になり、ふたたび一〇日になる。
一〇日乗船、霧のため一一日になってようやくロッテルダムを出港。六時近く。

――アムステルダムでは、船に泊まっていたんですか。

立花　あの国は、自分の船を運河に浮かべて、そこで暮らしている船上生活者がいっぱいいるんです。そのひとりを紹介してもらって、泊めてもらってたんです。そのお礼に船の修理などを手伝ってね。オランダでは完全にお金がなかったので、美術館に行くことぐらいしかできませんでした。この町にも、ロンドンの核軍縮会議の参加者たちが何人かいて、その人たちの活動をいろいろ見せてもらうくらいのことはしましたが、積極的な参加はしなかった。

——そして、ついに八月一〇日、帰りの船に乗る。

立花　これは日記には書いてないけれども、このあとまた、船旅の途中でいろんな町に寄ってるんですよ。ジブラルタル海峡を通って地中海に入り、スエズ運河を抜けて紅海からインド洋に出た。日本に着くまでに、ジェノヴァ、アレクサンドリア、ジブチ、バンコク、香港、上海など、十数カ所の町に寄港しています。船が荷物の積みおろしをしている間は、昼間は町に出かけて行ってあちこち探訪し、夜になると帰ってきて寝るという生活でした。それぞれの町に数日停泊していたから、バンコクにいたときは近郊のアユタヤまで足をのばしたりしています。

——そして、名古屋に上陸した。

立花　文字通りの文無しでした。本当は船旅では、船賃の一〇パーセントほどをチップとして置いてくる慣習になっているんですが、そんなお金はなく、その一〇分の一も置いてこられなかったと思います。一九六〇年の一〇月一二日のことです。ぼくが忘れられないのは、この日上陸してちょっと町を歩いたら、新聞の号外配りに会って、見ると、「社会党浅沼委員長刺殺さる」という大見出しで、まさに刺殺される場面の写真がのっていた。エエッと思いました。たった半年間いなかっただけで、日本という国は、なんて変わってしまったんだろうと思いました。

旅がもたらした認識

――ごく大ざっぱにですが、こうして四〇年ぶりに日記帳をご覧になった感想はいかがですか。

立花 やはりこの旅行をしていた半年間は、人生で最大の勉強をしていたんだと思いますね。ことさら何かを勉強するという意識は何もなかったけれど、いつのまにか、日々に膨大な情報を吸収していて、わずか半年間の経験でしたが、この旅行から帰ってきたあと、物事がまったく以前と違って見えてきたことを、いまでもはっきりと覚えています。とくに出発前に関わっていた学生運動についてはそうでした。

――そのころ、安保はどうなっていたんですか。

立花 ぼくたちがヨーロッパにいる間に、六〇年安保はすべて終わっていました。安保の主役だったブントは壊滅して、残っているのは共産党と、新左翼では中核、革マルという時代に移っていった。それぞれのセクトが、帰ってきたぼくや駒井君をとりこもうとするような動きもあったやに聞きますが、ぼくも駒井君もその後、学生運動からは完全に離れてしまうんです。

——自治会の委員もやめてしまったんですか。

立花　やめました。日本の政治運動、とくに学生運動に対する興味が完全になくなってしまったんですね。

——それはどうしてなんでしょうか。

立花　これも一口で言うのはちょっとむずかしいんだけど、もっと大きなものが見えてきたということじゃないんでしょうか。あの頃、大学に入るとすぐに学生運動の活動家が「クラスまわり」といって、クラスを一つ一つまわってアジ演説をしてまわったわけです。

そして、いま世界はこうなっている。歴史はこういう状況にある。日本の政治構造はこうだ。経済が置かれている状況はこうだ。近未来の世界はこう動く。日本はこうなる。だから学生はいまこう考え、こう行動しなければならない。そういうことを滔々《とうとう》と述べたてて、だから、何月何日の反安保統一行動の日のデモに立ち上がれというようなアジを授業前のほんの短い時間を利用して、次々にやっていくわけです。同じような内容のビラが配られる。

アジもビラも、やる人、作る人によって内容の水準はいろいろでしたが、なかなかのものがありました。ほほう、なるほどと思わせるものが確かにあった。そういうことをやっていた連中の中から、後の政治家、経済学者、大学教授、著述家などが輩出してくるわけですから、事実、なかなかの連中がいたわけです。内容的には、おそらく、「世界」「中央公論」などの総合雑誌に書かれていたものや、「赤旗」の論説、解説記事の焼き直し的なものが中心だったんでしょうが、後に彼らの活動の内部に入ってみると、彼らの内部では、一つの活動方針をたてるにあたっても、ビラを書くにあたっても、相当激烈な議論があって、下手なことを書こうものなら、クソミソにやられたりする。きびしい世界なのだということがわかってきました。

ぼくも自治会の常任委員会名義のビラを書いたことがありますが、そういうときにはよく、お前の書くものには、世界情勢分析が欠けているとか、歴史的分析が欠けているとか、情緒的で甘すぎるとかいわれがちでした。当時は、どんな主張をするにも世界情勢分析からはじめるというのが、確立したスタイルになっていましたから、安保反対でも、授業料値上げ反対でも、アタマに世界情勢分析がないと理論水準が低いと批判されるわけです。

しかしぼくは、人間を行動にかりたてるのは、理論より、情念だと思っていましたから、「ナルホド、ワカッタ！」と思わせるより、「ナンダ、コレハ！　ケシカラン！」と怒りを感じさせ、「こんなことを許しておいていいのか」と憤激させるほうが大事だと思っていました。だから、情緒的な文章を書きつづけていました。そして、自分では、そのほうがいいと思っていましたが、理論闘争的な議論をすると世界情勢分析派、歴史分析派に太刀打ちできないわけです。そして、彼らのほうが世界がずっとよく見えているし、歴史も見えていて、自分はまだまだ勉強が足りないんだとコンプレックスを感じていました。

しかし、ヨーロッパでさまざまの人々に会って、いろんな会話を交しているうちに、おかしいのは日本の学生運動のほうだと気がつくわけです。世界が見えていないし、歴史が見えていないのは、日本の学生運動の活動家たちだと思うようになるわけです。それは学生運動にかぎったことではなくて、日本の社会全体、日本人全体がそうなのだということがわかってくるわけです。日本の社会というのは、基本的にいままでも、数百年にわたってつづいた鎖国時代の延長としてあり、意識がぜんぜん開かれていない。外国の思想や文化にしても、翻訳でわかったつもりになっているだけで、じつはどこか本質において根本的な理解が欠けているということがわかってくるわけです。

安保反対のデモで走りまわるよりもっと大事なやるべきこと、なすべきことが、自分個人の問題としても、日本社会の問題としても、山のようにあるということに気がついたということです。

それと、社会運動としては、こういうことがあるんです。ぼくらはヨーロッパで、いろんな活動家やグループと関わりをもったでしょう。一緒に会議をしたり、平和行進をしたり、協力して映画を上映したりした。その結果として、いろいろな政治思想の源流やその後の歴史が、もちろん精密にとは言えないけれど、だいたい全部見えたという感じがあったんです。しかもそれが、一つ一つ具体的な顔をもって迫ってくる。

――旅行中に知り合った、一人一人の人物ということですか。

立花　そう。そういう個々具体的な担い手の記憶と結びついた形で、それぞれの運動や思想の諸潮流の源が「見えた」と思った。それがこのときの体験のもっとも大きかった部分だと思います。

――具体的な人間というのは、たとえば世界政府思想を語っていたディミトリーや、非暴力主義のランザ・デル・バスト、または平和行進に参加していたクウェーカー教徒のある人物ということですか。

立花　彼らはそのなかのほんの一部にすぎないんです。共産党員にも沢山会ってるし、労働党員にも会ってる。アナキストやサンジカリストにも会っている。ヨーロッパの平和運動や反戦運動の伝統というのは、ものすごい層の厚み、日本人には想像を絶するような歴史の厚みに支えられている。

たとえばぼくがオールダーマストン・マーチで会った五〇代の男の人は、胸に「ウォー・レジスター（戦争抵抗者）」と書かれたバッジをつけていました。鉄砲を両手でポキンと折っている図柄でちょっとかっこいいんです。「このバッジが何だかわかるか？」と聞くので、わからないといったら、説明してくれましたが、「ウォー・レジスター・リーグ（戦争抵抗者連盟）」というのは、一九二八年に作られた組織で、それぞれの国で第一次大戦に抵抗した人々が集まって、また戦争がはじまるようなことがあったら国境をこえて断固抵抗しようということで作られた組織なんです。それから一〇年ほどで第二次世界大戦がはじまるんですが、各国のメンバーたちは本当にそれぞれの国で抵抗運動を繰り広げ、各国で数百人の人々が投獄されています。ウォー・レジスターの組織はアメリカにも作られ、アメリカでベトナム戦争反対運動を最も熱心に繰り広げた組織の一つとして知られています。欧米の平和運動の歴史のなかには、こういう運動もあるんですね。

――そういう日本では知られていない、さまざまな運動がある。

立花　いろんな時代に、いろんな人々が、いろんな団体を作って活動を行なっている。それらは必ずしもずっと長続きするような性質のものではありません。しかし、それはそれでいいんです。あれほど大きな盛り上がりをみせたオールダーマストン・

マーチだって、たった六年で終わっている。運動とは、そういうものなんですね。ある時期、ある問題に関して、ワッと燃えて集まって、組織を作って運動する。しばらくするとそれは、歴史のなかに消えていくんだけれども、消える一方で消えることなく歴史の底に積み上がっていく部分もある。新しい運動が起きるときは、そのなかからまた新しい力が引っ張り出される。そういう関係なんです。

だから、たとえばフランスでアルジェリア問題が起きると、それに触発され、ヨーロッパの各地で沢山の人々がＦＬＮの支援運動に立ち上がった。それぞれいろんな個人的バックグラウンドをもった人たちが、その一点で集まってくるわけです。

——オールダーマストン・マーチで夜になると、人々がそういうバックグラウンドを話し合っていたということでしたね。

立花　たとえば第二次大戦中にナチスに支配されていた国では、ナチスに対する抵抗運動のなかで、親や兄弟が殺されたり、あるいは友人に裏切られたり、いろんな複雑な、われわれが文学の上でしか知らないような出来事が、現実に沢山起きている。一九六〇年といえば、ナチスへの抵抗運動などは、まだごく最近の出来事なわけでしょう。それを現実に体験した人たちがそこにいる。ホロコーストに遭ったユダヤ人の生き残りなんて、ヨーロッパのいたるところにいたんです。ぼくがロンドンで最初に泊めてもらったハンガリー人の家もそういうホロコースト逃れのユダヤ人の家だった。そういう家だから、反核運動で突然ロンドンにやってきた東洋人が住むところに困っているというと、すぐに何泊かさせることを引き受けてくれたんです。一人一人がそういう個人的な歴史をもった上で運動に参加している。具体的事実に支えられて運動が成立している。だから強いんだということが、実際に参加して、参加者と話してみるとわかってくるんです。

しかし、日本ではそうした歴史的な蓄積がないから、あらゆる運動を純抽象的に見てしまっている。それはキリスト教の理解と同じなんです。ぼくとジュネーヴで出会った韓国の青年が、本来歴史的存在であり多面的なものであってよいはずの宗教を、抽象的で純化されたモデルに合わないからといって、それを腐敗堕落したものとして見ていた。それはやはり間違いなんです。ところが日本の政治運動は、まさにそれと同じような形で、純抽象的な理論の流れだけを見て、こちらが歴史的に正しいとか、正しくないとかいう視点だけで争っている。運動への参加も、組織がバスをチャーターするといったような形で運んでしまうから、ひとりひとりの歴史的な体験知を交換しあう場がまったく存在しない。

そして、日本の政治活動というのは、口では民主主義を唱えながら、全然民主的じゃないんですね。共産党にしろ、中核、革マルにしろ、その組織の内部は、ほとんど天皇制に近いものになっていくようなところがある。ヨーロッパの伝統ある政治運動や市民運動とは、スタイルも人間も発想もまったく違う。日本の政治運動はどこか根本的におかしなところがある。そう感じたので、その後の日本の左翼的な活動からは完全に切れてしまったんです。

――その後、七〇年代に書かれた『中核VS革マル』や『日本共産党の研究』は、立花さんの同年代の人たちの著作に比べると、政治運動から距離を置いた、かなり異質な視点からの著作に思えましたが、その原因はこのときのヨーロッパ旅行にあったということでしょうか。

立花　そういうことでしょうね。ぼくはあの頃から、日本の左翼の運動をいっさい信じなくなっている。現実の政治運動の担い手たちを信じないし、その背景の政治理論も信じません。みんなどこか根っ子のところが狂っていると思う。あの一連の本ではその狂いを書きたかったということもある。

思索は旅に始まる

――その他の著作を考えてみても、『宇宙からの帰還』や『臨死体験』など、立花さんの代表作とされる作品には、人間が異世界を体験して、その結果どのような意識変化がもたらされたかというテーマが多いように思うんですが。

立花　自分で自分の作品を分析したことはないから、それはよくわからない。ただ、いま言ったような政治運動だけでなく、あらゆる点で、旅行の前と後で物事の見方が変わったことは事実なんです。それはイタリアのところでふれたように、総体としてのヨーロッパ文化の厚みを感じたことが大きかったんだと思います。

もちろんその時点では、まだそれほどはっきり整理できていたわけじゃないんですよ。でも、自分がまったく知らない、巨大な文化体系がこの世界には存在するんだということを痛感した。一九、二〇歳の若造がわかったようなつもりになっていた世界など、本当にちっぽけなものにすぎない、どうやら自分が想像していたよりも、この世界というのはあらゆる意味で広くて大きくて深いようだ。そういう認識をあの時期に得たことの意味がとても大きかったと思います。だからあのあとの一〇年以上、政治的なものへの関心がほとんどなくなって、もっぱら文化的なものに心を奪われています。文化のほとんどあらゆる領域に首を突っこんでは貪欲にむさぼり食い、むさぼり読みをするという感じの人生を送っています。

――立花さんが膨大な読書によって独自の世界観を構築されてきたということはよく知られていますが、そうすると旅もまた、そのための方法だったということになりますか。

立花　「旅もまた」じゃなくて、「旅が」ですよ。人間すべて実体験が先なんです。これは何だろうという驚きがまずあって、それを理解したいから、本を読んだり、考えたりするんです。これは外国文化だけの話ではありません。ひとつの文化体系を本を読むことだけで勉強しようとしても、基本的には無理なんです。それはとても勉強しきれるものではない。ある文化体系を理解しようと思ったら、そこに飛びこんでその中に身を置いてしまうしかないんですね。

――それは受けとる情報の量が違うということでしょうか。

立花　必ずしも量だけとは言えない。理解とは、百科全書的な知識をただ自分の頭のなかに移し替えて獲得できるという性格のものではないということです。自分の全存在をその中に置いたときに、初めて見えてくるものがある。あるひとりの人が、ある具体的な人間存在として、あるときある場所で、ある具体的な世界を見ている。そういう具体的な事実関係抜きの認識なんてないんです。あらゆる認識は、その認識が成立したときの具体的事実関係に根ざした色がついている。無色透明の認識なんてないんです。

だから一般的な理解などというものはないんです。それぞれの人がいろいろな場所で、いろいろな知識を吸収して、自らの世界観を形づくっていく。そして次に、どこかの段階で、一度作り上げたものを壊すという過程が始まる。異なった文化体系にふれるということは、その重要な契機になるんです。ある知識体系が、その人の精神構造の奥深くに入っていればいるほど、それを壊すのは難しいしエネルギーもいるんだけれど、そういう過程を経なければ、自分自身の視点は生まれてこないし、底の浅いものになってしまう。何かひとつの論理体系のなかに簡単にとりこまれてしまって、外から見ると歴然とおかしなことでも、本人はまったく気づかないということになってしまうんです。

——日記帳の最後に、「人間の一生は、教育あるいは環境によって作り上げた偏見を壊すための止むことなき闘いである」と書かれています。立花さんのこの一九歳のときの旅行は、まさにそういう契機を与えてくれたわけですね。

立花　いま思い返すと、この旅行をしていたころのぼくは、一言でいうなら大人になったつもりの少年でした。世界について、人間について、自分自身について、あらゆることをしたり顔で語ってはいたものの、本当のところは何もわかっていない少年でした。

しかし、それでいいのだと思います。したり顔というのは、若者の特権だからです。大人になったと勘違いして、背伸びしているうちに、人間は本当に大人になっていくんです。無知で傲慢で不遜でいながら、それに気づかないでいられること。それが若さの特権なんです。物事がわかりすぎて、考えすぎてしまったら、行動なんてできない。適当なところでわかったつもりになれるから、若者はがむしゃらに行動することができるんです。

――だからまず、度胸よく飛びこんでしまえと。

立花　そうすると必然的に、恥多き日々を過ごすことになる。しかし、あとで振返ってみて、自分がもうそのようながむしゃらな行動ができなくなったことに気づいたとき、初めてそれができた日々がいかに貴重なものであったかがわかるのだと思います。

エクス・アン・プロヴァンスの庭で、手当たりしだいにサクランボをもいで口のなかに放り込んでいたとき、これほどおいしいサクランボにその後四〇年近く出会うことがないだろうと知っていたら、ぼくはおそらくあれほど気楽に味わうことはできなかったでしょう。二〇歳前後というのは、あれこれ難しいことを考える前に、とりあえずかたっぱしからなんでも口のなかに放り込んで食べてしまうべき年代なんだと思います。

（一九九六年八月のインタビューに、二〇〇四年八月大幅加筆）

上巻　初出一覧

第1章▼無人島生活六日間（文藝春秋『週刊文春』一九八二年七月一日号・八日号〈無人島生活六日間〉）

第2章▼モンゴル「皆既日食」体験（新潮社『SINRA』一九九七年六月号〈モンゴル「皆既日食」体験〉）

第3章▼「ガルガンチュア風」暴飲暴食の旅（文藝春秋『文藝春秋』一九八四年八月号〈「ガルガンチュア風」暴飲暴食の旅〉）

第4章▼フランスの岩盤深きところより（平凡社『太陽』一九八七年一一月号〈フランスの岩盤深きところより〉）

第5章▼ヨーロッパ・チーズの旅（柴田書店『月刊専門料理別冊』一九八六年三月号〈ヨーロッパ・チーズの旅〉）

第6章▼神のための音楽（共同通信社『FMファン』一九八四年二月一三日号〜三月一二日号〈宗教と音楽〉）

第7章▼神の王国イグアス紀行（文藝春秋『文藝春秋』一九八七年五月号〈神の王国イグアス紀行〉）

第8章▼ヨーロッパ反核無銭旅行（一九九六年八月・書籍情報社編集部によるインタビュー）

写真家・Rafael Marquez様、岡田忠様を探しております。連絡先に関する情報をお持ちの方は、小社までご一報ください（小社ホームページ http://www.chikumashobo.co.jp/ 電話03-5687-2693）。お力添えの程、何卒よろしくお願いいたします。

本書は、二〇〇四年一〇月に書籍情報社より刊行された『思索紀行――ぼくはこんな旅をしてきた』を二分冊にして文庫化したものです。

ちくま文庫

思索紀行《しさくきこう》（上《じょう》）
――ぼくはこんな旅《たび》をしてきた

二〇二〇年六月十日　第一刷発行
二〇二四年五月十日　第二刷発行

著　者　立花　隆（たちばな・たかし）
発行者　喜入冬子
発行所　株式会社　筑摩書房
東京都台東区蔵前二―五―三　〒一一一―八七五五
電話番号　〇三―五六八七―二六〇一（代表）
装幀者　安野光雅
印刷所　ＴＯＰＰＡＮ株式会社
製本所　加藤製本株式会社

ISBN978-4-480-43665-8　C0195